COBALT RED
코발트 레드

코발트 레드
콩고의 피는 어떻게 우리 일상을 충전하는가

초판 1쇄 인쇄일 2024년 12월 20일   초판 1쇄 발행일 2024년 12월 27일

지은이 싯다르트 카라 | 옮긴이 조미현
펴낸이 박재환 | 편집 유은재 신기원 | 마케팅 박용민 | 관리 조영란
펴낸곳 에코리브르 | 주소 서울시 마포구 동교로15길 34 3층(04003) | 전화 702-2530 | 팩스 702-2532
이메일 ecolivres@hanmail.net | 블로그 http://blog.naver.com/ecolivres | 인스타그램 @ecolivres_official
출판등록 2001년 5월 7일 제201-10-2147호
종이 세종페이퍼 | 인쇄·제본 상지사 P&B

ISBN 978-89-6263-296-5 03300

코발트 레드

콩고의 피는 어떻게 우리 일상을 충전하는가

싯다르트 카라 지음 | 조미현 옮김

에코리브르

나의 딸에게

차례

약어 표기

———

CDM Congo DongFang Mining 콩고 둥팡 광업

CMKK Coopérative Minière Maadini kwa Kilimo 마디니 콰 킬리모 광산협동조합

CMOC China Molybdenum Company 중국 몰리브데넘 컴퍼니

COMAKAT Coopérative Minière et Artisanale du Katanga 카탕가 장인광산협동조합

COMIAKOL Coopérative Minière Artisanale de Kolwezi 콜웨지 장인광산협동조합

COMIKU Coopérative Minière KUPANGA 쿠팡가 광산협동조합

COMMUS La Compagnie Minière de Musonoie Global SAS 무소노이에 국제광산회사

FARDC Forces Armées de la République Démocratique du Congo 콩고민주공화국 정부군

Gécamines La Générale des Carrières et des Mines 공공 채석장 및 광산 회사

IDAK Investissements Durables au Katanga 카탕가의 지속 가능한 투자

KCC Kamoto Copper Company 카모토 구리회사

KICO Kipushi Corporation 키푸시 코퍼레이션

MIKAS La Minière de Kasombo 카솜보 광산

MUMI Mutanda Mining Sarl   무탄다 광업주식회사

SAESSCAM Service d'Assistance et d'Encadrement du Small-Scale Mining   소규모 광

산업 지원 및 관리 기구

SAEMAPE Service d'Assistance et d'Encadrement de L'Exploitation Minière Artisanale et de

Petit Echelle   장인·소규모 광산업 지원 및 관리 기구

SICOMINES Sino-Congolaise des Mines   중국·콩고 광산회사

TFM Tenke Fungurume Mining   텐케 풍구루메 마이닝

UMHK Union Minière du Haut-Katanga   오카탕가 광산연합

ZEA Zone d'Exploitation Artisanale   장인 채굴 구역

서문

당시 주요 임무는 다음과 같았다.
콩고의 이런 참상이 의심의 여지 없는 사실일 뿐만 아니라 우연이나 일시적인,
혹은 내부에서 바로잡을 수 있는 현상이 아님을 세상에 납득시키는 것……,
그것이 노예 노동, 노예 무역이 잔존이자 부활임을 증명하는 것.

-에드먼드 모렐(Edmund D. Morel), 《콩고 개혁 운동의 역사》

카밀롬베(Kamilombe)의 광산 지역으로 들어가려는 마을 사람들에게 거친 병사들이 눈을 부릅뜨고 무기를 겨눈다. 지척에 있는 가족한테 다가가려 버둥대지만 접근은 차단당한다. 여기서 무슨 일이 일어났는지 봐서는 안 된다. 기록이나 증거가 있어서도 안 된다. 희망이 사라진 이곳에선 저들의 사라지지 않을 기억만 있을 뿐이다. 그냥 잠자코 있으라며 가이드가 나를 말린다. 상황을 예측하기가 너무 어렵다. 주변에 있자니 자세한 사건을 파악하기 힘들다. 거대한 구덩이의 풍경이 빛의 진입을 차단하는 납빛 실안개에 가려져 있다. 저 멀리 나지막한 산들이 느실대는 짐승의 실루엣처럼 희미하게 보일 뿐이다.

조사를 위해 좀더 가까이 다가간다. 들끓는 인파 속에 조심조심 발을 내디딘다. 눈에 들어오는 흙 속의 시신 한 구. 먼지바람과 절망의 폭풍 속에 꼼짝 않고 누운 어린아이다. 소년의 얼굴 특징을 파악하려 했지만 잘 보이지 않는다. 시신 주위의 황톳빛 자갈이 적갈색이나 녹슨 금속처럼 진한 붉은색으로 얼룩져 있다. 이때까지 콩고의 땅이 진홍빛을 띠는

건 흙 속의 구리 성분 때문인가 싶었는데, 이제는 대지에 흘린 수많은 피 때문이 아닐까 하는 의심을 지울 수 없다.

아이를 더 정확히 보려고 저지선 쪽으로 조금씩 움직인다. 군인들과 마을 사람들 간의 갈등이 고조되어 폭동으로 치달을 기세다. 화가 난 병사 한 명이 고함을 지르며 나를 향해 총구를 흔든다. 너무 가까이 다가갔고, 너무 오래 머물렀다. 마지막으로 한 번 더 아이를 쳐다본다. 이제 얼굴이 보인다. 극도의 공포에 사로잡힌 얼굴. 내가 눈에 담은 콩고의 영원한 이미지다. 아프리카의 심장부는 곧 한 아이의 피투성이 시신이다. 그 아이는 단지 코발트를 캐고 있었다는 이유로 죽었다.

———

콩고민주공화국(Democratic Republic of the Congo, 이하 민주콩고—옮긴이)에서는 코발트(cobalt)를 가급적 더 빨리 더 많이 추출하려는 광란의 쟁탈전이 벌어지고 있다. 이 은빛 희소 금속은 오늘날 제조되는 거의 모든 충전식 리튬이온 배터리의 필수 소재다. 기후 지속 가능성 목표를 달성하려면 중요하다고 해서 새로이 부상하고 있는 저탄소 혁신 기술에도 여기저기 사용된다. 콩고 남동부 모퉁이의 카탕가(Katanga) 지역에는 지구상의 나머지 지역 매장량을 다 합친 것보다 더 많은 코발트가 있다. 이곳에는 구리, 철, 아연, 주석, 니켈, 망간, 게르마늄, 탄탈룸, 텅스텐, 우라늄, 금, 은, 리튬 등 다른 유용한 금속도 풍부하다. 광산들은 다른 나라에서 흙의 값어치를 매기기 전까지 영겁의 세월 동안 늘 그곳에 가만히 있었다. 산업적 혁신은 금속 하나하나에 대한 수요를 차례차례 촉발했는데, 마침 그게 전부 카탕가에 있었다. 콩고의 다른 지역도 천연자원이 넘쳐나기는 마찬가지다. 해외 열강은 이 나라 구석구석에 침투해 상아, 팜유, 다이아몬드, 목재, 고무 등 풍부한 물자를 추출하고 …… 이곳 국민을 노예로 삼았다. 어떤 나라도 콩고만큼 다양하고 풍요로운 자원의 축복을 받지 못했다. 지구상 어떤 나라도 콩고만큼 악랄하게 착취당하지 않았다.

코발트 쟁탈전은 콩고자유국(Congo Free State)의 군주로서 1885년부터 1908년까지 가혹한 집권기에 콩고의 상아와 고무를 빼돌린 레오폴드 2세(Leopold II)의 악명 높은 약탈을 연상시킨다. 레오폴드 정권에 대해 조금이라도 아는 사람이라면 그 시대에 벌어진 참극과 오늘날의 피해 사이에 등식이 거의 성립하지 않는다고 마땅히 지적할 터이다. 그도 그럴 것이 레오폴드의 콩고 통치기 동안 생긴 인명 손실은 당시 식민지 인구의 절반에 해당하는 1300만 명에 달한 것으로 추정되기 때문이다. 반면, 오늘날 광산 사고로 인한 직접적 인명 손실이나 광산 지역의 독성 노출 및 환경 오염으로 인한 간접적 인명 손실은 1년에 수천 명이다. 하지만 우리는 다음과 같은 중요한 사실을 인정해야 한다. 즉, 아프리카인의 노예화가 수 세기 동안 식민주의의 본질이었다는 것이다. 현대에 들어 노예제는 보편적으로 철폐되었고, 기본 인권은 국제법상 **예외 없이 적용되는 강행 규범**으로 여겨진다. 콩고 최빈층에 대한 부유층 권력자들의 지속적 착취는 현대 문명의 이른바 도덕적 토대를 백지화하고, 아프리카 인민을 그들의 대체 원가로만 평가하던 시대로 인류를 되돌리는 짓이다. 그 자체로 폭력의 한 형태인 이런 도덕적 퇴행의 영향이 중부 아프리카뿐만 아니라 인류의 방대한 하위 계층이 세계 경제질서의 밑바닥에서 노예 같은 조건 아래 인간 이하의 삶을 연명하고 있는 글로벌 사우스(global south: 지구의 남반구 혹은 북반구 저위도에 위치한 아시아, 아프리카, 남아메리카 등의 개발도상국을 통칭하는 말—옮긴이) 전역에서 나타나고 있다. 인정하고 싶지 않겠지만, 식민지 시대 이후 변한 것은 생각보다 많지 않다.

콩고 코발트 광산업의 가혹한 실태는 공급망의 모든 이해관계자에게 골칫거리다. 스마트폰, 태블릿 PC, 노트북, 전기 자동차의 작동에 쓰이는 충전식 배터리에 위험한 환경에서 농민과 어린이들이 채굴한 코발트가 들어 있다는 사실을 인정하고 싶어 하는 기업은 하나도 없다. 코발트 공급망 최상위에 있는 기업들은 전형적으로 정보 공시와 보도 자료를 통해 국제 인권 규범, 아동 노동 무관용 정책, 최고 수준의 공급망 실사 준수에 대한 자신들의 약속을 들먹인다. 다음은 몇 가지 사례다.[1]

애플은 환경을 보호하며 채굴 단계부터 제품 조립 설비에 이르기까지 당사의 공급망과 관련된 수백만 명의 안녕을 지키기 위해 노력합니다. ······ 2021년 12월 31일 현재, 당사 공급망의 모든 제련소와 정제소는 애플의 책임 있는 광물 조달 요구 사항을 충족하는 제삼자 감사에 참여했거나 그것을 완료한 것으로 확인되었습니다.

삼성은 글로벌 운영의 모든 단계에서 국제 표준 및 관련 국가 법규가 금지하는 아동 노동에 대해 무관용 정책을 시행하고 있습니다.

테슬라의 책임 있는 조달 관행은 모든 광물 및 공급망 파트너사에 적용되지만, 당사는 민주콩고의 특정 코발트 장인(artisanal, 匠人) 광산들과 관련된 작업 환경을 인지하고 있습니다. 테슬라 공급망 안에서 코발트의 윤리적 조달을 보장하고자 당사는 코발트 조달의 선별적 실사 절차를 시행하고 있습니다.

다임러(Daimler: 메르세데스 벤츠 등을 자회사로 둔 세계적 자동차 기업─옮긴이)에 인권 존중은 책임 있는 기업 거버넌스의 핵심 측면입니다. ……우리는 당사 제품이 인권과 환경 기준의 위반 없이 채굴·생산한 원료 및 기타 소재만을 함유하길 원합니다.

글렌코어(Glencore: 스위스 기반의 세계 최대 원자재 중개업체─옮긴이)는 당사의 사업장과 공급망에서 현대판 노예제 및 인신매매가 발생하는 일을 예방하기 위해 최선을 다하고 있습니다. 당사는 아동 노동, 어떤 형태의 강제 노동이나 담보 노동, 인신매매 또는 기타 어떤 형태의 노예제도 용납하지 않으며, 당사의 공급망에서 이것들을 찾아내 제거하기 위해 적극적으로 노력합니다.

코발트 채굴 환경에 대한 정밀 조사가 늘어나자 이해관계자들은 자신의 공급망을 고스란히 유지할 수 있도록 국제 연합체를 조직했다. 대표적인 두 곳이 '책임 있는 광물 이니셔티브(Responsible Minerals Initiative, RMI)'와 '국제배터리동맹(Global Battery Alliance, GBA)'이다. RMI는 유엔의 기업과 인권 이행 원칙(Guiding Principles for Business and Human Rights)에 따른 책임 있는 광물 조달을 기치로 내건다. RMI의 플랫폼에는 독립적인 제삼자의 코발트 공급망 진단을 지원하고 민주콩고의 코발트 채굴 현장에서의 아동 노동 감시를 목적으로 한 '책임 있는 광물 보증 공정(Responsible Minerals Assurance Process)'이 포함되어 있다. GBA는 충전식 배터리 원료 채굴 과정의 안전한 근로 조건을 내세운다. 현장 감시와 제삼자 진단을 통해 "코발트의 가치 사슬에서 아동 노동과 강제 노동을 즉각적이고 긴급하게 제거"[2]하기 위해 '코발트 행동 파트너십(Cobalt Action Partnership)'을 개발하기도 했다.

콩고에서 지내는 동안 나는 기업의 국제 인권 기준 약속이라든가 제삼자 감사라든가 강제 노동 및 아동 노동에 대한 무관용 정책은 고사하고, 이 두 연합체 중 어느 한 곳과 관련된 활동을 보지도 듣지도 못했다. 오히려 내가 노예제와 아동 노동을 연구한 지난 21년 동안 국제 코발트 공급망의 밑바닥에서 목격한 것보다 더 극심한 이윤 포식은 본 적이 없다. 콩고 코발트 함유 제품을 판매하는 거대 기업들은 수조 달러의 가치를 지니지만, 흙에서 코발트를 캐는 사람들은 극심한 빈곤과 끔찍한 고통으로 얼룩진 밑바닥 생활을 겨우겨우 이어나간다. 이들은 외국 광산 회사들이 독성 쓰레기 하치장처럼 취급하는 환경 속에서, 인간 삶의 벼랑 끝에 존재한다. 수백만 그루의 나무가 잘려나가고, 수십 개의 마을이 철거되고, 강과 공기가 오염되고, 농경지가 파괴됐다. 우리의 일상은 콩고의 인적·환경적 참사에서 동력을 얻고 있다.

재생 에너지라는 명목으로 코발트 채굴이 이 시대에 초래한 파괴는 규모 면에서 유례를 찾기 어렵지만, 채굴의 모순적 성격만큼은 하나도 새로울 게 없다. 광물과 금속을 찾아 땅을 파헤치지 않았다면, 인류 문명에서 가장 혁신적인 발전의 일부는 불가능했을 터이다. 혁명은 약 7000년 전 사람들이 캐낸 광물에 처음 불을 붙이면서 시작되었다. 녹은 금속은 무역용, 장식용, 무기용 물건으로 변모했다. 5000년 전 주석을 발견했는데, 구리와 혼합하자 원료인 금속들보다 훨씬 단단한 최초의 합금, 바로 청동이 되었다. 이로써 청동기 시대가 도래했고, 금속 가공의 출현은 인류 문명에 급속한 발전을 가져왔다. 청동은 무기, 농기구, 동전을 만드는 데 쓰였다. 최초 형태의 문자가 발달하고, 바퀴를 발명했으며, 도시 문명이 발전했다. 도자기에 색을 입히는 데 코발트를 맨 처음 사용한 것도 바로 청동기 시대였다. 철기 시대에는 철광석을 채굴하고 강철로 제련해 더 강한 도구와 무기를 만드는 데 썼다. 군대가 생기고, 제국이 출현했다. 중세 초기에는 유럽인이 최초로 광구(鑛區)를 설립했다. 정부는 상업 법인체들로부터 수익의 일부를 받는 대가로 토지의 광물 채굴권을 제공했고, 이 제도는 오늘날까지 이어지고 있다.

광부들이 중국산 검은색 가루로 커다란 바위를 폭파하기 시작한 중세 말에 채굴 기술은 한층 도약했다. 신세계에서 유입된 광물 자원, 특히 금은 르네상스 시대의 주요 자금원으로 떠올랐고, 이는 현대식 광산업을 탄생시킨 산업혁명으로 이어졌다. 탄광업은 산업화의 원동력이었는데, 그와 더불어 환경 오염, 대기질 저하, 기후 변화 악화라는 골치 아픈 역사도 수반했다. 산업혁명은 채굴 장비의 향상을 더욱 촉진해 기계식 드릴이 단단한 암석 채굴의 효율을 높였고, 수작업으로 하던 적재와 운송은 전기 컨베이어, 광차(鑛車), 중량 자동차(heavy-duty vehicle)로 대체되었다. 이 외에도 여러 기술이 발전하면서 광산 회사들은 그 어느 때보다 더 깊이 더 넓게 채굴할 수 있었다.

20세기 말에 이르러 광업은 현대 생활의 거의 모든 측면에 이바지했다. 강철은 빌딩, 주택, 교량, 선박, 기차, 자동차, 비행기에 들어갔다. 알루미늄, 주석, 니켈 등은 수천 가지 산업재 및 소비재 응용에 사용되었다. 구리는 전기 배선 및 회로, 군수품, 산업 장비에 쓰였다. 석유 파생물은 우리에게 플라스틱을 제공했다. 채굴된 광물로 제조한 기계가 없었다면 농업 생산력 증진은 불가능했을 터이다. 오늘날 수조 달러의 세계 광산업에서 주로 채굴하는 것은 석탄, 철, 보크사이트, 인산염, 석고, 구리지만 현대의 첨단 기술 기기와 재생 가능 에너지에 쓰이는 이른바 '전략 자원'인 희토류의 경제적·지정학적 중요성이 급증하고 있다. 이 전략 광물 다수가 중부 아프리카에서 발견되는데, 그중 대표적인 것이 바로 코발트다.

역사적으로 광산 회사들은 흙 속에서 광석을 채취하는 노예와 가난한 노동자를 착취해 굴려왔다. 이들은 안전 따위는 고려하지 않는 위험한 환경에서 보상도 거의 없다시피 한 채 땅을 파야 했다. 오늘날 이런 노동자들은 고풍스러운 용어인 **장인 광부**(artisanal miner)라 불리며 **장인·소규모 채굴**(artisanal and small-scale mining, ASM)이라는 세계 광산업계의 어두운 밑바닥에서 노역에 허덕인다. **장인**이라는 말에 깜빡 속아 ASM을 숙련된 장인들이 수행하는 즐거운 채굴 활동이라고 생각한다면 오산이다. 장인 광부들은 글로벌 사우스 전역 80여 개국의 위험한 환경에서 기초 도구만 가지고 수십 가지 광물과 보석을 채굴한다. ASM은 거의 다 비공인 업체들에 의해 이뤄지므로 장인 광부들에게 임금과 근로조건이 포함된 공식 계약서는 없다. 부상에 대한 지원이라든가 학대에 대한 보상을 요청할 길도 없는 경우가 다반사다. 장인 광부들은 늘 작업량을 기준으로 쥐꼬리만 한 임금을 받으며, 부상·질병·사망의 위험을 일체 본인이 감수해야 한다.

ASM은 온통 위험한 환경에 둘러싸여 있으나 급성장 중인 분야다. 직접적으로 ASM에 종사하는 인력은 전 세계에 약 4500만 명인데, 이는 놀랍게도 전 세계 채굴 인구의 90퍼센트를 차지한다. 정식 광산업체들은 기계와 기술이 그렇게 발전했는데도 최소한의 비용으로 생산량을 증진하고자 장인 광부들의 노역에 크게 의존한다. ASM은 전 세계 탄탈룸 공급량의 26퍼센트, 주석 및 금 25퍼센트, 다이아몬드 20퍼센트, 사파이어 80퍼센트, 코발트 최대 30퍼센트 등 기여도가 대단히 높다.[3]

나는 콩고의 코발트 채굴 실태를 파헤치기 위해 콩고 광산 지역의 두 중심지인 오카탕가주(Haut-Katanga州)와 루알라바주(Lualaba州)를 찾아갔다. 어떻게 조사할지 꼼꼼한 계획을 세웠건만, 이 나라와의 첫 대면에서 그 계획은 와르르 무너지고 말았다. 과격한 보안대, 강도 높은 감시, 고립된 지역에 있는 많은 광산, 외부인에 대한 불신, 중세 수준의 근로 조건에서 수십만 명이 미친 듯 코발트 채굴에 몰두하는 엄청난 규모 등 악조건의 연속이었다. 광산 지역으로 가는 여정은 어떤 때는 마음이 불편한 시간 왜곡이었다. 세계 제일의 최첨단 가전제품과 전기차가 농민들이 물집 잡힌 손으로 곡괭이, 삽, 쇠꼬챙이를 써서 캐낸 물질에 의존하고 있다니 말이다. 노동의 가치는 센트(cent) 단위로 매겨지고, 사람의 생명은 아무런 가치도 없다. 콩고 역사에는 오늘날 광산업 부문에서 벌어지는 일보다 더욱 피비린내 나는 사건이 수두룩하지만, 그중 어떤 사례도 전 세계 수십억 명의 생활과 이만큼 필수 불가결하게 연결되어 있으면서 이토록 막대한 이익을 내려고, 이렇게 극심한 고통을 수반하지는 않았다.

이 책을 위한 현장 조사는 2018년, 2019년, 2021년 콩고의 광산 지역을 답사하며 이뤄졌다. 2020년은 코로나19 팬데믹 때문에 여행 자체가 불가능했다. 전 지구를 덮친 팬데믹이 코발트를 캐는 극빈층에 어떤 영향을 미쳤는지는 제대로 된 분석조차 없는 상태다. 산업 광산들이 장기간 폐쇄되었던 2020년과 2021년에 코발트 수요는 다행인지 얼어붙지 않았다. 오히려 전 세계인이 재택근무나 원격 수업을 유지하기 위해 그

어느 때보다 충전식 기기에 더 많이 의존하는 바람에 증가했다. 수요가 늘자 일당 1~2달러 없이는 살아갈 수 없는 수십만 명의 콩고 농민은 코발트 공급량을 맞추느라 보호 장비 하나 없이 구덩이와 터널로 기어 들어가야 했다. 마스크 착용과 사회적 거리 두기가 불가능한 콩고의 장인 광산에서 코로나19는 빠르게 퍼졌다. 감염자와 사망자 수는 집계되지 않았고, 안 그래도 암울한 이 업계의 기록에 미확인 수치가 하나 더 늘었다.

 이 책에 수록한 증언을 얻기 위해 나는 광산 지역에서 일하며 살아가는 이들의 이야기를 듣는 데 최대한 시간을 할애했다. 어떤 이들은 자기 이야기를 들려줬고, 또 어떤 이들은 망자를 대신해 얘기해줬다. 장인 광부를 비롯해 모든 정보원과의 인터뷰는 기관감사위원회(institutional review board, IRB)의 인간 대상 연구 프로토콜을 따랐다. 이는 연구 참여로 인한 부정적 결과로부터 취재원을 보호하기 위해 마련한 것으로 인터뷰 수행 전에 충분한 설명과 함께 사전 동의 얻기, 개인 신상 정보 일절 기록하지 않기, 수기나 타이핑한 메모는 반드시 연구자가 늘 소지하기 등의 내용이 들어 있다. 이런 절차는 외부인과의 대화가 극도로 위험한 콩고에서 특히나 중요하다. 대부분의 장인 광부와 그 가족은 폭력적인 보복이 두려워 나와 얘기하기를 꺼렸다.

 민주콩고 현지 조사는 지역 사회에서 신망이 두터운 가이드 겸 통역사들의 도움이 있었기에 비로소 가능했다. 이들은 여러 채굴 현장에 들어갈 수 있게 해줬을 뿐만 아니라, 거기서 고되게 일하는 사람들과도 접촉할 수 있게 도와줬다. 나와 함께한 가이드들은 하나같이 상당한 개인적 위험을 감수했다. 콩고 정부는 역사적으로 광산 지역의 실태를 은폐하려 온갖 노력을 기울여왔다. 기자든 비정부기구(NGO) 활동가든 연구원이든 외국 언론이든 실상을 폭로할 것 같은 사람은 체류 기간 중 철저히 감시한다. 콩고 군대와 각종 보안대가 광산 지역 곳곳을 지키고 있어 현장 접근은 위험하고 때로는 불가능하기도 하다. 골칫거리로 찍히는 순간 체포되거나 고문당하거나 그보다 더 나쁜 상황에 빠질 수도 있다. 신중에 신중을 기하는 차원에서 가이드들과 이 책에 수록된 증언을 해준 용기 있는 분들의 이름은 가명 처리했다. 또 개인과 그 가족을 위험에 빠뜨릴 수 있으므로 해당 인물을 식별하는 데 쓰일 수 있는 설명이나 정보도 배제했다.

코발트 채굴로 야기되고 있는 피해의 심각성은 안타깝게도 콩고인들에게는 새로운 경험이 아니다. 1500년대 초부터 수 세기에 걸친 유럽의 노예 무역은 토착민에게 회복할 수 없는 상처를 남겼고, 오늘날까지 계속되는 착취의 기반을 마련한 레오폴드 2세의 식민화에서 정점을 찍었다. 레오폴드 정권에 대한 서술은 유감스럽지만 현대 콩고에도 그대로 적용된다.

조지프 콘래드(Joseph Conrad)는 《암흑의 핵심(Heart of Darkness)》(1899)에서 다음의 네 단어로 레오폴드 치하 콩고자유국의 악랄함을 박제했다. "The horror! The horror!(무서워라! 무서워라!)" 그는 이어서 콩고자유국을 가리켜 "인류 양심의 역사를 더럽힌 가장 부도덕한 전리품 쟁탈전" "흑인에 대한 무자비하고 조직적인 잔인함이 행정의 기초"인 곳이라고 묘사했다. 《암흑의 핵심》 출간 이듬해에 케이프타운부터 카이로까지 아프리카를 걸어서 종단한 최초의 인물로 알려진 그로건(E. S. Grogan)은 레오폴드의 영토가 "흡혈귀처럼 증식"했다고 표현했다. 콩고자유국 주재 영국 영사를 지낸 로저 케이스먼트(Roger Casement)는 《케이스먼트 보고서(Casement Report)》(1904)에서 이곳을 "진정한 지상의 지옥"이라고 묘사했다. 레오폴드 정권 종식을 위해서라면 포기를 몰랐던 케이스먼트의 동지 에드먼드 모렐은 콩고자유국을 "상상할 수 없는 만행과 엄청난 인명 살상을 동반한 완벽한 억압 체제"라고 썼다.[4]

이 같은 모든 묘사는 현재 코발트 채굴 지역의 상황을 고스란히 전달하기도 한다. 땟국물에 절은 카탕가 지역 아이들이 코발트를 찾아 땅을 뒤지는 모습을 잠시 지켜보라. 그들이 레오폴드를 위해 일하는지, 아니면 테크 회사를 위해 일하는지 구분이 안 될 것이다.

콩고 국민은 수 세기 동안 착취에 시달렸지만, 1960년 독립 초기에 나라의 향방을 급선회할 섬광과도 같은 순간이 있었다. 이 나라에서 처음 민주적으로 선출된 파트리스 루뭄바(Patrice Lumumba) 총리는 콩고 국민이 자신들의 운명을 스스로 결정하고, 국가의 자원을 다수의 이익을 위해 사용하며, 그것을 계속해서 착취하려는 해외 열강의 간섭을 거부할 수 있는 미래 구상을 제시했다. 그것은 콩고 및 아프리카 전체 역사의 흐름을 바꿀 대담한 반식민주의적 비전이었다. 그러나 벨기에, 유엔, 미국 및 이들을 대변하는 신식민주의 이해 집단들이 루뭄바의 비전을 즉각 거부했다. 아울러 그의 암살을 공모하고 그 대신 폭력적인 독재자 조제프 모부투(Joseph Mobutu)를 내세웠다. 모부투는 32년간 서구의 어젠다를 지지했고, 카탕가의 광물을 그들에게 유출시켰으며, 이전의 식민지 개척자들만큼이나 터무니없이 많은 부를 축재했다.

콩고가 겪은 모든 비극 중에서 가장 큰 비극은 아마도 오늘날 광산 지역에서 벌어지고 있는 참상을 전적으로 방지할 수 있었다는 사실일 터이다. 그러나 문제가 있다고 아무도 생각하지 않는데 어떻게 해결되겠는가? 우리는 대부분 콩고의 코발트 광산에서 무슨 일이 벌어지고 있는지 모른다. 실상이 다층적인 다국적 공급망 뒤에 감춰져 있어 책임을 약화시키는 역할을 하기 때문이다. 코발트 광산에서 힘겹게 일하는 어린이부터 전 세계 소비자에게 판매되는 충전식 기기 및 자동차까지 일련의 사슬을 추적하다 보면, 그 연결 고리가 마치 사기꾼의 야바위 게임처럼 엉뚱한 방향으로 알아볼 수 없게끔 흘러가곤 했다.

국제 공급망에서 최하위에 있는 가난한 유색 인종 착취가 얼마나 심각한지를 은폐하는 이런 시스템의 기원은 수 세기 전까지 거슬러 올라간다. 1700년대 아침 식탁에 앉은 영국인 중 자신의 홍차에 단맛을 내는 설탕이 서인도제도의 잔혹한 환경에서 아프리카 노예가 고생하며 수확한 것임을 아는 사람은 거의 없었다. 노예제 폐지론자들이 그 실상을 영국 국민 바로 코앞에 갖다놓기 전까지 노예는 영국인의 아침 식탁과는 한참 동떨어진 존재였다. 이해관계자들은 이 시스템을 유지하려 안간힘을 썼다. 들리는 이야기를 절대 믿지 말라고 영국 대중에게 말했다. 아프리카인은 고통받는 게 아니라 검은 대륙의 야만성으로부터 '구원'받고 있는 것이라며 노예 무역의 위대한 인류애를 찬양했다. 그들은 아프리카인이 그 섬들의 만족할 만한 환경에서 일한다고 거짓말했다. 이 주장이 제대로 먹히지 않자 노예 상인들은 농장에서 벌어지는 위반 행위를 바로잡으려 변화를 꾀하고 있다고 피력했다. 하기는 누가 서인도제도까지 가서 그들의 주장이 거짓이라 입증할 것이며, 설사 입증한다 한들 누가 그것을 믿겠는가?

하지만 진실은 여기에 있다. 바로 설탕의 수요와 그것의 판매로 축적되는 막대한 수익이 없다면 '설탕 노예제' 경제 자체가 존재하지 않았을 것이라는 사실이다. 더욱이 인간의 존엄성, 안전, 임금 및 자유를 박탈한 필연적 결과는 공급망의 밑바닥에서 착취당하는 사람들의 완전한 인간성 말살일 수밖에 없다.

오늘날 거대 테크 기업들도 코발트에 관해 비슷한 말을 할 것이다. 자신들은 국제 인권 규범을 준수하며 특정 공급망은 깨끗하다고 말이다. 상황은 보기보다 나쁘지 않으며, 아프리카의 최빈층에게 자신들이 상업·임금·교육 및 발전을 가져다주고 (또는 그들을 '구원'하고) 있다고 확언할 것이다. 또한 적어도 자신들이 코발트를 사들이는 광산에서는 현장의 문제를 바로잡기 위해 변화를 꾀해왔다고 장담할 것이다. 하기는 누가 콩고까지 가서 그들의 주장이 거짓이라 입증할 것이며, 설사 입증한다 해도 누가 그것을 믿겠는가?

하지만 진실은 여기에 있다. 바로 코발트에 대한 수요와 스마트폰, 태블릿 PC, 노트북 및 전기차 판매로 축적되는 막대한 수익이 없다면 '코발트 때문에 피 흘리는' 경제 자체가 존재하지 않을 것이라는 사실이다. 더욱이 전쟁으로 피폐해진 나라에서 코발트를 둘러싼 무법 쟁탈전의 필연적 결과는 공급망의 밑바닥에서 착취당하는 사람들의 완전한 인간성 말살일 수밖에 없다.

정말 많은 시간이 흘렀지만, 변한 것은 많지 않다.

콩고 코발트 광부들의 상황은 여전히 극도로 암울하지만, 그럼에도 불구하고 희망을 가질 이유는 있다. 그들의 역경에 대한 관심이 커지고 있고, 그와 더불어 그들의 목소리가 더 이상 깊은 구덩이가 아닌 사슬 반대편에 있는 사람들의 마음에도 가닿을 거라는 희망, 그리하여 흙 속에 누워 있는 저 피투성이 아이의 시신이 자신들의 일부임을 마침내 깨닫게 되리라는 희망도 커지고 있기 때문이다.

1

"이루 말할 수 없이 풍부한 자원"

———

거대하고 잔혹한 거짓말이 사방에서 판을 치고 있습니다.
실상이 끔찍하지만 않다면, 차라리 그 훌륭한 완성도가 재미라도 있을 텐데 말입니다.
—조지프 콘래드, 로저 케이스먼트에게 보낸 편지, 1903년 12월 17일

지금 세계가 화석 연료에 얼마나 많이 의존하고 있는지는 모르는 사람이 없다. 해저, 사막, 산, 육지 할 것 없이 석유, 석탄, 천연가스를 지구 곳곳에서 채굴하고 있다. 땅속의 전체 화석 연료 중 약 4분의 3이 가로 400킬로미터에 세로 100킬로미터 정도인 땅덩어리에서 추출된다고 잠시 가정해보자. 그리고 이 땅덩어리 안에 있는 석유의 절반 정도가 한 도시의 안팎에 있는데, 매장지가 삼만 있으면 누구나 팔 수 있을 정도로 얕다고 치자. 분명 이곳은 지구상에서 가장 없어서는 안 될 도시일 것이다. 시추업체들이 떼로 몰려와 부를 거머쥐겠다며 말뚝을 박고, 반경 수 마일 내 지역의 주민들도 마찬가지일 터이다. 금싸라기 땅을 차지하려고 폭력 사태도 분출할 것이다. 환경 보호는 뒷전일 테고 말이다. 지방 관리 체계는 부정부패로 엉망이 될 것이다. 수익은 불균형하게 분배되어 공급망 최상위에서 권력을 쥔 이해관계자들은 최대 이익을 축적하는 반면, 현지 주민들은 피폐해질 것이다. 이는 바로 과거의 화석 연료만큼이나 우리 미래에 중요해질 결정적인 광물을 둘러싸고 오늘날 벌어지고 있는 상황이다. 그 광물이 코발트이고, 그 도시는 콜웨지(Kolwezi)다.

콜웨지는 민주콩고 남동부 모퉁이의 안개가 낀 듯 흐릿한 산들에 둘러싸여 있다. 대부분은 들어본 적 없는 도시겠지만, 콜웨지가 없다면 전 세계에서 수십억 명이 일상생활을 영위할 수 없을 것이다. 콜웨지 없이는 오늘날 제조되는 거의 모든 스마트폰, 태블릿 PC, 노트북, 전기차의 배터리를 충전할 수 없다. 이곳의 땅에서 나오는 코발트는 충전식 배터리에 최대의 안정성과 에너지 밀도를 제공해 더 많은 충전량을 유지하면서도 더 오랜 시간 안전하게 작동할 수 있게끔 해준다. 배터리에서 코발트를 제거한다면 스마트폰이나 전기차를 전원에 훨씬 더 자주 연결해야 하며, 머지않아 배터리에 불이 붙을 수도 있다. 전 세계 어디에도 콜웨지의 땅속만큼 규모가 크고, 접근하기 쉽고, 고등급 코발트를 함유한 광석 매장지는 없다고 한다.

코발트는 자연 상태에서 보통 구리 결합 화합물로 발견되며, 콩고의 구리·코발트 매장지는 콜웨지에서 잠비아(Zambia) 북부까지 400킬로미터의 초승달 모양 지역을 따라 다양한 농도와 등급으로 펼쳐져 있어 중앙아프리카 구리 벨트를 형성한다. 이 구리 벨트는 전 세계 구리 매장량의 10퍼센트와 코발트 매장량의 약 50퍼센트 등 방대한 광물 자원을 보유한 광상생성기(鑛床生成期)의 기적이다. 2021년에는 전 세계 공급량의 72퍼센트에 해당하는 총 11만 1750톤의 코발트를 민주콩고에서 채굴했는데, 소비자 대상 테크 기업과 전기차 제조업체들의 수요가 매년 증가하고 있는 만큼 그 기여도는 더 높아질 것으로 보인다.[1] 혹자는 콜웨지를 용감한 탐사자들이 떼돈을 버는 신흥 도시라고 능히 예상할 만하다. 하지만 실제로는 전혀 그렇지 않다. 콩고 구리 벨트의 다른 도시들처럼 전 세계 소비자들의 품에 도착하기까지 공급망에 코발트를 보급하는 광란의 쟁탈전 때문에 상처만 가득한 곳이다. 파괴의 규모도, 고통의 크기도 헤아릴 수 없을 정도다. 콜웨지는 새로운 어둠의 심장부이자 식민화, 전쟁, 수 세대에 걸친 노예제 등 콩고의 과거 참극을 이어받은 고통의 상속자다.

한 차례 여행으로 아프리카 대륙 중심부를 횡단한 최초의 유럽인인 영국의 버니 로벳 캐머런(Verney Lovett Cameron) 중위는 불길하게도 1876년 1월 7일 자 〈타임스(The Times)〉에 콩고에 관해 이렇게 썼다.

> 내륙 곳곳에 이루 말할 수 없이 풍부한 자원이 있는 멋지고 건강한 나라다. 내가 질 좋은 석탄 표본을 조금 갖고 왔는데, 이 외에 금·구리·철·은 같은 광물도 풍부하며, 현명하고 과감하게 (낭비하라는 게 아니라) 자금을 지출한다면 세계 최대 내륙 항행 시스템 중 하나를 활용할 수 있을 것이다. 이 일에 착수한 진취적인 자본가들은 30~36개월 사이에 투자금을 회수할 것이라고 확신한다.[2]

캐머런의 글이 게재되고 10년도 지나지 않아 그 "진취적인 자본가들"은 콩고의 "이루 말할 수 없이 풍부한 자원"을 약탈하기 시작했다. 거대한 콩고강(Congo River)과 모세혈관 같은 그 지류들은 아프리카 중심부로 진입하는 유럽인에게 천연 항행 시스템이 되어줬을 뿐 아니라, 귀한 자원을 내륙에서 대서양 연안으로 수송할 수 있는 수단도 제공했다. 애초에는 콩고가 전 세계가 원하는 거의 모든 자원의 최대 공급처가 되리라고는 아무도 생각하지 못했다. 피아노 건반, 십자가상, 틀니, 조각품에 쓰이는 코끼리 상아(1880년대), 자동차와 자전거의 타이어용 고무(1890년대), 비누에 쓰이는 팜유(1900년대부터), 산업용 구리, 주석, 아연, 은, 니켈(1910년대부터), 재물 용도의 다이아몬드와 금(항상), 핵폭탄에 쓰이는 우라늄(1945년), 마이크로프로세서에 쓰이는 탄탈룸과 텅스텐(2000년대부터), 충전식 배터리에 쓰이는 코발트(2012년부터) 등 주로 새로운 발명품이 나오거나 공업이 발달하는 시기에 약탈은 더욱 심했다. 그런 발달로 새로운 자원의 수요가 창출될 때마다 새로운 보물 수색자 대열이 밀려들었다. 콩고 국민은 자국 자원의 수익화로 역사상 어느 시점에도 어떤 의미로든 혜택을 본 적이 없다. 대신 최소한의 비용과 최대치의 고통으로 자원을 추출하는 노예 인력 역할을 주로 맡아왔다.

코발트를 향한 탐욕은 전 세계적으로 화석 연료에서 재생 에너지원으로 넘어가는 전환과 오늘날의 기기 중심 경제가 합쳐지며 나타난 직접적 결과다. 자동차 제조업체들은 2015년 '기후 변화에 관한 파리 협정(Paris Agreement on climate change)' 이후 정부의 탄소 배출량 감축 노력에 부응하며 전기차 생산량을 빠르게 늘리고 있다. 이러한 책무는 2021년 COP26(제26차 유엔기후변화협약 당사국총회)을 거치면서 증폭되었다. 전기차의 배터리 팩에는 스마트폰 배터리에 들어가는 양의 1000배 넘는 최대 10킬로그램의 정제 코발트가 필요하다. 그에 따라 코발트 수요가 2018년부터 2050년까지 거의 500퍼센트 상승할 것으로 예상되는데,[3] 민주콩고 말고는 지구상에 이 정도 양의 코발트를 구할 수 있는 곳이 없다.

콜웨지 같은 지역의 코발트 채굴은 세계 최강 부자 기업들로 이어지는 복잡한 문어발식 공급망의 밑바닥에서 일어난다. 애플, 삼성, 구글, 마이크로소프트, 델, LTC, 화웨이, 테슬라, 포드, 제너럴 모터스, BMW, 다임러·크라이슬러는 중국, 일본, 한국, 핀란드, 벨기에에 있는 배터리 제조업체와 코발트 정제소를 통해 코발트의 일부나 대부분 또는 전부를 민주콩고로부터 구매하는 기업의 일부에 불과하다. 이 기업들은 하나같이 콩고의 열악한 코발트 채굴 환경을 용납할 수 없다고 주장하지만, 이들은 물론 다른 어떤 누구도 이런 환경을 개선하려는 노력은 충분히 기울이지 않는다. 사실 콩고의 코발트 채굴이 불러온 부정적 결과에 자기들의 책임이 있다며 수긍하는 곳은 하나도 없는 듯하다. 콩고 정부도, 외국계 광산업체도, 배터리 제조업체도 그렇다. 메가캡(mega-cap: 시가 총액 2000억 달러 이상인 기업─옮긴이) 테크 기업과 자동차 업체들은 말할 것도 없다. 책임은 원석을 휴대폰 및 자동차와 연결해주는 불투명한 공급망을 거치는 동안 카탕가 골짜기의 아침 안개처럼 사라진다.

  콩고 정치 지도자와 외국계 광산업체의 수상한 관계로 인해 광물과 자금의 흐름은 한층 더 불투명해지는데, 어떤 정치인들은 수천만 명의 콩고 국민이 극심한 빈곤, 식량 불안, 내전에 시달리는 동안 나라의 광산 채굴권을 경매에 부쳐 가증스러울 만큼의 부를 쌓았다. 콩고에서는 파트리스 루뭄바가 초대 총리로 취임한 1960년부터 펠릭스 치세케디(Félix Tshisekedi)가 권좌에 오른 2019년까지 평화적인 정권 교체가 단 한 차례도 없었다. 1965년에서 1997년까지 콩고를 지배한 조제프 모부투부터 1997년에서 2001년까지 통치한 로랑데지레 카빌라(Laurent-Désiré Kabila), 2001년에서 2019년까지 군림한 그의 아들 조제프 카빌라 모두 폭력적인 쿠데타로 권력을 잡았다. 내가 **지배**와 **군림**이라는 단어를 쓴 이유는 모부투와 카빌라 부자가 신음하는 국민을 내팽개치고 나라의 광물 자원으로 자기들 배만 불리면서 전제 군주처럼 국가를 운영했기 때문이다.

2022년 현재, 깨끗한 코발트 공급망 같은 것은 콩고에 존재하지 않는다. 민주콩고 출처의 코발트는 모두 노예제, 아동 노동, 강제 노동, 채무 노동, 인신매매, 위험하고 유독한 작업 환경, 초저임금, 부상과 사망, 극심한 환경 공해 등 갖가지 차원의 학대로 얼룩져 있다. 사슬의 연결 고리마다 악당이 있을지라도, 최상위 기업들이 그토록 많은 코발트 수요를 창출하지 않는다면 이 같은 사슬은 애초에 존재하지 않았을 터이다. 해결책은 바로 거기서, 오직 거기서부터 출발해야 한다. 이해관계자인 기업들이 전파하는 콩고의 코발트 채굴 조건에 관한 소설이 광부들 스스로가 경험하는 현실로 대체될 때에만 비로소 해결책은 의미가 있을 것이다.

이러한 현실을 이해하기 위해 먼저 이번 장에서는 콩고와 코발트 채굴 공급망에 관한 약간의 기초 지식을 쌓고자 한다. 그런 다음 루붐바시(Lubumbashi)라는 오래된 식민지 광산 마을에서 여행을 시작한다. 그곳에서 외딴 도로를 따라 광산 지역을 가로질러 코발트 구역의 심장부로 깊이 들어간다. 코발트를 캐는 어린이, 여성, 남성들의 체험담은 물론 광물 거래상, 정부 관리, 다국적 기업과 이들의 노동으로 이익을 보는 여타 이해관계자에 관한 나의 취재 기록을 통해 곳곳에서 코발트 광산업계의 상황이 드러날 것이다. 아울러 콜웨지의 코발트 중심지에 가까워질수록 더욱 어두운 진실, 더욱 헤아릴 수 없는 진실의 증언과 맞닥뜨릴 것이다. 나는 그것을 2019년 9월 21일 카밀롬베라는 장소에서 목격했다. 나의 여정 그대로, 진실에 도달하는 유일한 이 길로 여러분을 안내하고자 한다.

아프리카의 중심부

아프리카 대륙의 중심부 전체를 차지하는 민주콩고는 대자연으로 충만한 특별한 땅이다. 야생의 숲, 험준한 산, 드넓은 대초원, 굽이치는 강물이 대지를 채운다. 북쪽으로는 중앙아프리카공화국, 북동쪽으로는 남수단, 동쪽으로는 우간다·르완다·부룬디·탄자니아, 남쪽과 남동쪽으로는 잠비아, 남서쪽으로는 앙골라, 서쪽으로는 콩고공화국(민주콩고와는 인접한 다른 나라다—옮긴이)과 접해 있으며, 콩고강이 대서양으로 흘러 나가는 지점에서 해안선과 약간 맞닿아 있다. 남서쪽으로는 킨샤사(Kinshasa)에서 바다 방향으로, 남동쪽으로는 구리 벨트를 따라 반도 방향으로 커다란 점토 덩어리의 양쪽 끝을 꼬집었다고 상상해보라. 콩고 북부의 3분의 2는 아마존 다음으로 큰, 세계 최대 유인원 서식지인 열대 우림으로 덮여 있다. 그 숲 남쪽으로는 고원이 내리막 경사면을 이루다 드넓은 초원을 펼쳐 보인다. 르웬조리(Rwenzori)산맥의 험준한 봉우리들은 열곡(rift valley, 裂谷: 2개의 평행한 단층애로 둘러싸인 좁고 긴 계곡—옮긴이)과 아프리카의 커다란 호수들에 인접한 북동쪽 국경을 지키고 서 있다. 적도가 콩고 북부의 3분의 1 지점을 가로지르므로 적도 한쪽이 우기일 때 다른 쪽은 건기다. 그래서 어딘가에는 항상 비가 내리며, 민주콩고는 세계에서 뇌우 발생 빈도가 가장 높은 나라이기도 하다.

민주콩고의 가장 큰 도시로는 우선 콩고강 유역 남서부 끝자락에 위치한, 분주한 수도 킨샤사가 있다. 아프리카에서 가장 급성장 중인 대도시로 1700만 명 넘는 '키누아(Kinois: 킨샤사의 또 다른 이름으로, 그곳에 거주하는 사람을 가리키기도 함—옮긴이)'들의 터전이다. 음부지마이(Mbuji-Mayi)는 카사이오리앙탈(Kasai-Orientale)의 주도(州都)로 콩고 중남부에 위치하

며 세계 최대 다이아몬드 매장지가 있다. 초포(Tshopo)의 주도 키상가니
(Kisangani)는 수많은 금광이 인근에 있고 콩고강 중심부의 무역 허브 역
할을 한다. 키부(Kivu) 호수의 남쪽 하단에 자리 잡은 고마(Goma)는 르
완다 국경에 위태롭게 위치한 도시로 커피와 차를 비롯한 농산물 재배
지다. 킨샤사에서 남동쪽으로 약 2300킬로미터 떨어진 반대편 끝에는
오카탕가의 주도이자 광산 지역의 행정 중심지인 루붐바시가 있다. 콜
웨지는 구리 벨트의 또 다른 반대편에 인접한 루알라바의 주도다. 루붐
바시와 콜웨지를 제외하면 위에서 언급한 어떤 도시도 도로나 철도로
연결되어 있지 않다.

　민주콩고의 혼(魂)은 그곳의 특별한 강에 있다. 콩고강은 세계에서 가
장 깊으며, 그 지류를 다 합치면 인도만 한 크기의 지역을 흐른다. 초승
달 모양 덕분에 세계에서 유일하게 적도를 두 차례나 가로지르는 강이
기도 하다. 강물이 대서양에 다다를 무렵에는 비워내는 힘이 얼마나 강
한지 퇴적물로 100킬로미터 연안까지 흐릿할 정도다. 콩고강의 발원지
는 아프리카 지리학의 마지막 최대 수수께끼였는데, 이것을 풀려던 유
럽 탐험가들의 욕망이 결국 콩고의 운명을 비극적으로 바꿔놓았고, 오
늘날 광산 지역에서 벌어지는 모든 참상의 씨앗이 되었다.

　역사상 민주콩고의 남동부 모퉁이 지방은 주로 카탕가라고 불렸다.
그리고 이곳의 막대한 광물 자원이 완전히 세상에 드러나기 이전인
1891년 레오폴드 왕에 의해 콩고자유국에 합병되었다. 카탕가는 민주
콩고에서 늘 변방이었다. 카탕가 주민들은 대부분 자신을 카탕가인이라
여기고, 그다음으로 콩고인이라 생각한다. 결정적으로, 카탕가 지도자
들은 그들의 광물 자원을 국가와 공유해야 한다는 전제에 완전히 동의
한 적이 결코 없다. 벨기에인은 콩고 독립 이전 카탕가에 대규모 채굴

기업을 설립했고, 독립 이후에는 루뭄바 총리 암살 사건 직후 카탕가주의 분리 독립을 조율하는 등 이 지방의 통제권을 유지하기 위해 갖은 노력을 기울였다. 막대한 돈이 걸려 있는 만큼 카탕가 장악을 둘러싸고 언제나 피비린내 나는 사건이 벌어졌다.

카탕가의 방대한 광물 자원으로는 아동 교육을 향상시키고, 아동 사망률을 경감하고, 위생 및 공공 보건을 개선하고, 콩고의 전력화를 확대하는 수많은 프로그램에 틀림없이 자금을 댈 수 있으련만, 그 대부분이 국외로 유출된다. 수조 달러 가치의 미개발 광물 매장량이 있음에도 불구하고, 민주콩고의 2021년도 국가 총예산은 고작 72억 달러로, 인구가 민주콩고의 50분의 1인 미국 아이다호주의 예산과 비슷한 수준이다. 민주콩고는 유엔 인간개발지수(Human Development Index)에서 189개국 중 175위를 차지한다. 인구의 4분의 3 이상이 빈곤선(poverty line: 해당 국가에서 최소한의 생활 유지에 필요한 소득 수준—옮긴이) 이하로 살고 있으며, 3분의 1은 식량 불안에 허덕인다. 기대 수명은 겨우 60.7세에 아동 사망률은 세계 11위다. 게다가 깨끗한 식수의 접근성은 26퍼센트, 전력화는 9퍼센트에 불과하다. 교육은 18세까지 국가에서 지원하게끔 되어 있으나, 학교와 교사에 대한 지원이 부족해 그 비용을 충당하려면 한 달에 5~6달러의 수업료를 부과할 수밖에 없다. 하지만 민주콩고에서는 수백만 명이 이 금액을 감당하지 못한다. 그 결과, 많은 아이들이 가족을 부양하기 위해 어쩔 수 없이 노동판에 나가는데, 특히 광산 지역 상황이 그러하다. 코발트는 거대한 테크 기업과 자동차 기업에 막대한 부를 창출해줌에도 불구하고, 코발트 장인 광부 대부분의 일당은 고작 1~2달러에 불과하다.

유독한 구덩이에서 반짝이는 진열대까지

국제 코발트 공급망은 콩고 장인 광부들의 일당 1달러를 사슬의 최상
위에서 분기 이익 수십억 달러로 둔갑시키는 메커니즘이다. 이 사슬의
양쪽 끝은 인적·경제적 가치라는 측면에서 극도로 단절되어 있지만,
그럼에도 일련의 복잡한 공식·비공식 관계들을 통해 연결되어 있다.
이 관계들의 연결 고리는 결국에는 정식 공급망으로 유입될 수밖에 없
는 광산업 최하위의 지하 경제 속에 존재한다. 비공식적인 것과 공식적
인 것, 장인적인 것과 산업적인 것의 이러한 결합이야말로 코발트 공급
망에서 우리가 이해해야 할 가장 중요한 측면이다. 상반된 주장이 있기
는 해도, 장인 광부들의 코발트를 산업 생산에서 분리하기란 거의 불가
능하다.

  아래 그림은 국제 코발트 공급망이 어떻게 돌아가는지를 보여주는
대략적 스케치다. 상자 안의 관계는 여러 공급원의 코발트가 뒤섞일 수
있는 지점을 나타낸다.

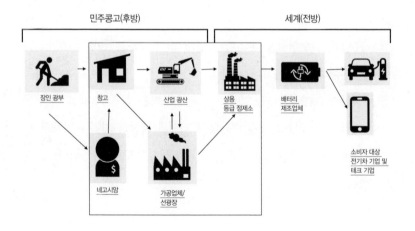

장인 광부들은 이 사슬의 근간을 이룬다. 현지에서 크루제르(creuseur, 채굴꾼)라 불리는 이들은 기초 도구를 사용해 구덩이와 터널을 파고, 구리·니켈·코발트 그리고 이따금 우라늄도 함유한 헤테로제나이트(hetero-genite)라는 광석을 찾는다. 콩고의 장인 채굴 부문은 세마프(SAEMAPE)— 2017년까지는 세스캄(SAESSCAM)이라고 불렸다—라는 정부 기구의 규제를 받는다.[4] 세마프는 구리 벨트 전역에 걸쳐 장인 채굴업을 허가받은 100개소 미만의 현장을 장인 채굴 구역(Zones d'Exploitation Artisanale, ZEA)으로 지정했다. 코발트를 캐서 어떻게든 먹고살려는 수십만 명을 수용하기에는 슬프게도 부족한 수치다. 그 결과, 장인 광부들은 구리 벨트 전역에 흩어진 수백 개의 무허가 구역에서 땅을 판다. 이런 곳 중 대다수는 산업 광산 인근에 위치하는데, 지하에 값비싼 광석이 묻혀 있을 가능성이 높다는 걸 그들도 알기 때문이다. 콩고 법률상으로는 금지되어 있지만, 많은 산업 광산에서는 장인 채굴도 함께 이뤄진다.

장인 광부의 코발트는 네고시앙(négociant, 상인), 그리고 메종 다샤(maison d'achat, 구매소)라고도 불리는 콩트와르(comptoir, 창고)로 이뤄진 비공식 생태계를 거쳐 공식적인 공급망으로 진입한다. 이들은 장인 광산이 출처인 광물을 세탁해 정식 공급망에 들여보내는 역할을 하는 모호한 연결 고리다. 네고시앙은 장인 광산 현장의 안팎에서 일하며 장인 광부들한테서 코발트를 사들이는 독립 사업자다. 이들은 거의 다 젊은 콩고 남성이며, 자루당 고정 가격을 지급하든 혹은 창고에 판매한 가격의 일부를 떼어준다. 네고시앙은 오토바이와 픽업트럭에 자루를 싣고 나면 광석을 팔아넘길 창고로 운송한다. 규모가 좀더 큰 일부 장인 광산 구역에는 현장에 창고가 있고, 이 경우 장인 광부들이 직접 판매하기도 한다.

창고와 구매소는 한눈에 알아볼 수 있게 분홍색 방수포에 '100만 달러 창고'라든가 '구리 코발트', 아니면 그냥 숫자(555)나 주인 이름〔보스 시(Boss Xi)〕을 써 붙인 작은 판잣집이다. 오카탕가와 루알라바 주위에는 수백 개의 창고가 흩어져 있다. 어떤 창고도 구매할 광석의 채굴 출처나 채굴 환경은 묻지 않는다. 창고는 네고시앙이나 장인 광부한테서 광석을 사들이고 나면 자신들의 물량을 산업 광산업체 및 가공 시설에 팔아넘긴다. 이 시점부터는 장인 생산을 산업 생산과 분리하는 게 불가능하다. 콩고 법률에는 오직 콩고 국민만이 광물 창고를 등록하고 운영할 수 있다고 규정되어 있으나, 오카탕가와 루알라바의 거의 모든 창고는 중국인 중간상들이 운영한다. 장인 채굴 생산량은 민주콩고에서 채굴되는 전체 코발트 중 최대 30퍼센트를 차지한다지만, 장인 생산분과 산업 생산분을 정확히 구분할 길이 없으므로 수치는 훨씬 더 높을 수 있다.

공급망의 공식 부문은 구리 벨트 전체에 걸쳐 있는 대규모 구리·코발트 산업 광산들에서 시작된다. 텐케 풍구루메(Tenke Fungurume)와 무탄다(Mutanda) 같은 일부 광산업체는 유럽 자본만큼이나 규모가 크다. 민주콩고의 산업 광산 운영은 일반적으로 국영 광산 기업인 제카민(Gécamines)과 외국 광산 기업 간 합작 투자 구조로 되어 있다. 내가 2021년 11월 최종적으로 집계한 바에 따르면, 오카탕가와 루알라바에는 19개의 대규모 구리·코발트 광산업 단지가 있고, 이 중 15개는 중국 광산 회사가 소유하거나 자금을 댄 곳이었다. 내가 가본 대부분의 중국인 소유 광산 현장은 민주콩고 정부군(FARDC)이라 불리는 군대나 정예 공화국 수비대가 보안을 담당하고 있었다. 다른 산업 현장과 많은 비공인 채굴 지역은 콩고 국가 경찰, 광산 경찰, 민간인 용병, 비공인 민병대 등 온갖 무장 단체가 보초를 선다. 이 무장 보안 인력들이 전념

하는 임무는 두 가지, 곧 눈을 부릅뜨고 감시하는 것과 광물의 안전을 유지하는 것이다.

민주콩고에서 코발트 함유 광석을 수출하려면 그에 앞서 코발트를 광석의 다른 금속과 분리하는 예비 가공 단계를 거쳐야 한다. 이 가공의 일부는 산입 현장에서, 또 일부는 콜웨지, 리카시(Likasi), 루붐바시에 있는 전용 가공업체에서 이뤄진다. 예비 가공을 하고 나면 보통 수산화코발트(cobalt hydroxide) 결정이나 코발트 정광(精鑛)이 생성된다. 이 반(半)정제 형태의 코발트를 트럭에 실어 일단 다르에스살람(Dares Salaam: 탄자니아의 무역항—옮긴이)과 더반(Durban: 남아프리카공화국의 무역항—옮긴이)으로 운송하면, 대부분은 중국의 상용 등급 정제소로 수출된다. 2021년에 중국은 전 세계 정제 코발트의 75퍼센트를 생산했다. 단일 정제소로 최대 업체는 시장 점유율 22퍼센트인 화유 코발트(Huayou Cobalt)다.[5] 화유는 민주콩고의 최대 구리·코발트 광산업체 중 하나인 콩고 둥팡 광업(Congo DongFang Mining, CDM)의 모기업이다. 최근 몇 년 새 코발트 공급망 전반에 걸쳐 중국 기업들의 수직적 통합이 가속화하면서 충전식 배터리 산업에서 중국의 우위는 더욱 공고해졌다. 민주콩고가 코발트를 상용 등급 형태로 정제해 가치 사슬을 더욱더 통제한다면 이득이 될 듯싶긴 하지만, 제카민의 한 고위 관료는 이렇게 설명했다. "콩고에는 코발트를 정제할 수 있는 충분한 전력 생산 능력이 없습니다."

완전히 정제된 코발트는 다른 금속과 결합해 양극재(cathode)를 만든다. 배터리에서 양전하를 띠는 부분이다. 세계 최대 리튬이온 배터리 제조업체는 중국의 CATL과 BYD, 한국의 LG에너지솔루션과 삼성SDI 그리고 SK이노베이션, 일본의 파나소닉이다. 2021년에 이 6개 업체가 전 세계 충전식 리튬이온 배터리의 86퍼센트를 생산했고, CATL은 혼자서 전 세계 점유율의 3분의 1을 차지했다.[6] 이 배터리들에 사용된 코발트 대부분이 콩고에서 왔다.

코발트와 구리 벨트

대부분의 인류 역사에서 코발트는 하나의 색에 지나지 않았다. 과거 페르시아 제국과 명나라 시대에는 그림과 도자기의 청색 안료를 만드는 데 쓰였다. 현대에 와서는 다양한 산업적 기능이 추가됐다. 코발트는 터빈 및 제트 엔진용 초합금, 청정 연료의 촉매제, 절삭 공구 제조용 탄화물, 치과 및 뼈 수술 재료, 화학 요법, 충전식 배터리의 양극재 제조에 사용된다. 광범위한 용도를 고려해 유럽연합은 코발트를 20개의 '중요' 금속·광물 중 하나로, 미국은 '전략 광물'로 지정했다. 현재 중국의 독점을 피해 가며 안정적인 정제 코발트 수급을 확보하려는 계획이 미국과 유럽연합에서는 지정학적으로 상당히 중요한 사안이 되었다.

 지리적 행운 덕분에 중앙아프리카 구리 벨트는 전 세계 코발트 매장량의 절반가량인 350만 톤을 보유하고 있는 것으로 추정된다.[7] 하지만 제아무리 지리적 행운이 있다고 한들 삽으로도 접근할 수 있을 만큼 매우 얕은 깊이에 상당량의 코발트가 매장되어 있지 않다면, 민주콩고에서 장인 광산 위기는 일어나지 않았을 것이다. 중앙아프리카 지질학 전문가 머리 히츠먼(Murray Hitzman)에 따르면, 구리 벨트의 구리·코발트 매장지가 매우 얕은 이유는 그것이 오직 "퇴적암에 배태된 층상의 광상"에서만 발견되기 때문이다. 이런 유형의 매장지는 코발트 함유 광석이 애초 물속에 쌓였던 퇴적암의 개별 층에서 생겼음을 나타낸다. 지각 변동에 의해 지표면으로 밀려 올라갈 가능성이 있는 유일한 매장지가 바로 이런 유형이다 보니 장인 광부들이 접근하기 쉬운 것이다. 중앙아프리카 구리 벨트는 마침 세계에서 이런 지각 변동의 가장 극적인 사례 중 하나인 동아프리카 열곡대(East African Rift)의 서쪽 어깨 부분에 위치해 있다.

동아프리카 열곡대는 요르단에서 모잠비크까지 6500킬로미터에 이르는 지표면이 균열된 것이다. 그것은 3개의 판, 즉 누비아판(Nubian plate)·소말리아판·아라비아판이 서로 잡아당기면서 생겨났다. 약 8억 년 전에 시작된 이 균열 지각 운동으로 구리 벨트 지역의 분지에 바닷물이 유입되었다. 대부분의 바닷물은 증발했으나 일부 염수가 분지 안의 퇴적물로 순환했고, 거기서 구리와 코발트를 포함한 금속들을 떼어 냈다. 6억 5000만 년에서 5억 년 전 사이 어느 시점엔가 지각 운동으로 인해 소금층이 위로 이동하기 시작하자 암석의 중심부가 수 킬로미터 위로 이동하면서 지표면을 관통해 돔형 암석, 즉 암염 다이어피어(salt diapir)를 형성했다. 비슷한 과정이 미국의 멕시코만 연안에서도 진행되었는데, 수많은 유전과 가스전 시추가 가능해진 것은 이 때문이다.

바닷물의 퇴적과 이후에 일어난 지각 운동의 결과, 구리 벨트의 구리·코발트 광석은 지하 심층부와 지표면 인근 모두에서 발견된다. 변동하는 지하수위보다 낮은 곳에서 구리와 코발트는 광물 캐롤라이트(carrollite)의 유황과 결합하는데, 이것이 콩고 산업 광산에서 채굴되는 코발트의 주요 출처다. 지표면 인근에서는 물이 황과 결합해 황산을 생성하면서 광석이 '부식'한다. 이러한 풍화 작용은 황화물을 산화물로 바꾼다. 산화된 코발트는 광물 헤테로제나이트 안에 수산화코발트를 형성한다. 히츠먼에 따르면, "카탕가의 수산화코발트 광체(鑛體)는 독특하다. 그것들은 케이크 속 건포도처럼 떠다니는, 길이가 수십 미터에서 수 킬로미터에 달하는 블록을 형성한다". 장인 광부들은 이 헤테로제나이트의 '건포도'를 찾기 위해 최대 60미터 깊이의 터널을 판다. 코발트 '건포도'의 최대 매장지 중 하나로 알려진 곳이 콜웨지 인근의 카술로(Kasulo) 광산으로, 지구상 어느 곳과도 비교할 수 없는 터널 채굴의 아수라장이다.

전기차 혁명의 이면

코발트가 민주콩고의 지표면과 얼마 떨어지지 않은 대규모 고등급 매장지에서 발견된다는 사실은 이 나라의 광산 지역에서 발생하는 방정식의 공급 측면을 설명해준다. 수요 측면은 코발트가 전 세계의 거의 모든 충전식 리튬이온 배터리에 쓰인다는 사실이 잘 보여준다. 리튬이온 배터리 개발은 석유수출국기구(OPEC)의 원유 금수 조치 당시 엑슨(Exxon)에서 대체 에너지원을 탐색하던 1970년대로 거슬러 올라간다. 1990년대 초에 소니가 최초의 상용 리튬이온 배터리를 생산했는데, 당시에는 주로 소형 가전제품에 쓰였다. 리튬이온 배터리 시장은 스마트폰·태블릿 혁명과 더불어 최초의 긍정적인 수요 충격을 받았다. 2007년에 애플은 아이폰을 출시했고, 2008년에는 안드로이드 스마트폰이 나왔다. 그로부터 수십억 대의 스마트폰이 판매되었는데, 스마트폰은 한 대당 배터리에 몇 그램의 정제 코발트가 필요하다. 태블릿 시장에서도 마찬가지로 수요가 폭발했다. 애플은 2010년에 아이패드를, 바로 뒤이어 삼성은 갤럭시 탭을 출시했다. 그 이후 수십억 대의 태블릿

이 판매되었는데, 태블릿은 한 대당 배터리에 최대 30그램의 코발트가 사용된다. 거기에 노트북, 전기 스쿠터, 전기 자전거 및 기타 충전식 가전제품까지 더하면 바퀴가 4개 이상인 차량을 제외한 모든 기기에 필요한 코발트 총량은 매년 수만 톤에 달한다.

하지만 전기차 시장이야말로 코발트 수요가 폭발적으로 증가한 부문이다. 최초의 충전식 전기차는 1880년대에 발명되었으나 그것을 상용화 규모로 생산한 것은 1900년대 초 들어서였다. 1910년이 되자 미국의 차량 중 30퍼센트 정도가 전기 엔진으로 움직였다. 이 추세가 지속되었다면 우리 모두는 더 깨끗하고 더 시원한 지구에서 살고 있을 터이다. 그러나 그 대신 내연 기관이 차세대 자동차 산업을 지배하게 되었다. 가솔린 구동 차량으로 전환한 이유로 인용되는 몇 가지 발전이 있다. 첫째, 미국 정부는 1916년 연방도로지원법을 필두로 도로 인프라를 확충하기 위해 막대한 투자를 감행했다. 미국 전역을 운행하려면 당시 전기차 기술로 가능한 범위보다 더 긴 주행 거리가 필요했다. 게다가 텍사스, 캘리포니아, 오클라호마 등지에서 대규모 석유 매장지가 발견되면서 내연 기관 자동차의 운행비가 훨씬 더 저렴해졌다.

전기차는 2010년에 시작된 재생 에너지원 촉구가 전기차 르네상스로 이어지기 전까지 틈새시장으로 밀려났다. 이 르네상스는 195개국이 지구의 평균 기온 상승을 산업화 이전 수준에서 섭씨 2도 이내로 유지한다는 공동 목표에 합의한 2015년 파리 협정 이후 가속화되었다. 이 목표를 달성하려면 2040년까지 이산화탄소 배출량을 2015년 수준보다 적어도 40퍼센트는 감축해야 한다. 유일한 해결책은 이산화탄소 배출량의 약 4분의 1이 내연 기관 차량에서 발생하는 만큼 배터리로 움직이는 운송 수단을 확대하는 것뿐이다.

2010년만 해도 전 세계 도로에 운행 중인 전기차는 1만 7000대에 불과했다. 2021년이 되자 그 수가 천정부지로 치솟아 1600만 대에 달했다. 파리 협정의 야심을 충족하려면 2030년까지 적어도 총 1억 대의 전기차를 이용해야 한다. 2017년에는 이보다 훨씬 더 야심 찬 EV30@30 캠페인이 시작되었는데, 2030년까지 전기차 판매 시장 점유율 30퍼센트를 달성하도록 전기차 보급을 가속화하는 게 목표다. EV30@30의 목표를 실현하려면 2030년까지 전 세계에 2021년의 14배인 2억 3000만 대의 전기차가 필요하다.[8] COP26에서 24개국이 2040년까지 휘발유 구동 차량 판매를 전면 중단하기로 약속한 만큼, 전기차 판매량은 훨씬 더 늘어날 수 있을 것이다. 그러자면 수백만 톤의 코발트가 필요할 테고, 그 수요를 충족하기 위해서는 수십만 명의 콩고 여성과 남성 그리고 어린이들이 위험한 구덩이와 터널로 계속해서 내몰릴 것이다.

리튬이온 배터리에 왜 코발트가 필요한가

계획한 수준의 전기차 대중화를 이루려면 전기차 배터리가 저렴해져야 하고, 충전 간 주행 거리도 늘어나야 한다. 리튬이온 배터리 팩의 가격은 전기차 제조업체들이 내연 기관 차량과의 비용 등가를 달성하기 위해 노력하면서 꾸준히 낮아지고 있다. 킬로와트시당 가격으로 측정한 리튬이온 배터리 팩의 생산비는 2010년 1200달러/kWh에서 2021년 132달러/kWh로 89퍼센트 감소했다. 2024년이 되면 생산비는 지극히 중요한 100달러/kWh 고지에 도달할 것으로 예상되는데, 바로 전기차가 휘발유 구동 자동차와 비용 등가를 이루는 시점이다.[9] 전기차 대중화를 앞당기는 데 비용만큼 중요한 것은 자동차가 한 번 충전으로 주행할 수 있는 거리다. 주행 거리를 늘리려면 배터리의 에너지 밀도가 더 높아야 하는데, 현재로서는 코발트 양극재를 사용한 리튬이온 화학 물질만이 열 안정성을 유지하면서도 최대 에너지 밀도를 제공할 수 있다. 그 이유를 알기 위헤서는 배터리가 어떻게 작동하느지 간단히 살펴볼 필요가 있다.

배터리는 양극과 음극 사이의 화학적 불균형을 재조정함으로써 휴대용 전기 에너지를 공급한다. 양극과 음극은 전해질이라는 화학적 장벽으로 분리되어 있다. 양극과 음극이 장치에 연결되면 회로를 생성하고, 이는 음극에서 양이온과 음전자를 발생시키는 화학 반응으로 이어진다. 양극에서는 정반대의 반응이 일어난다. 자연은 늘 균형을 추구하므로, 음극의 양이온과 음전자는 양극으로 이동하지만 목적지에 도달하기까지 택하는 경로가 서로 다르다. 이온은 바로 전해질을 통해 양극 쪽으로 흐르는 반면, 전자는 외부 회로를 통해 양극으로 향한다. 전자는 그 화학적 성격이 장벽으로 작용해 전해질로 이동하지 못하고, 외부 회로/장치를 통과하게 된다. 이런 전자의 흐름이 장치에 전력을 공급하는 에너지를 생성한다. 배터리가 전력을 생성함에 따라 배터리 내부의 화학 물질은 서서히 '소모'된다. 반면, 충전식 배터리는 모든 것을 시작점으로 되돌리는 또 다른 전력원을 사용해 전자와 이온의 흐름 방향을 바꿔준다. 물질마다 전자와 이온을 방출 및 유인하고 저장하는 능력이 다른데, 리튬과 코발트가 바로 이 대목에서 등장한다.

리튬 기반의 화학 물질이 충전식 배터리의 지배적 형태가 된 것은 리튬이 세계에서 가장 가벼운 금속이라 가전 기술 및 전기차에 적용하는 데 확실히 이점이 있기 때문이다. 코발트가 리튬이온 배터리의 양극재에 쓰이는 것은 배터리가 반복적인 충전과 방전 주기 동안 높은 에너지 밀도에서도 늘 안정적으로 유지될 수 있게끔 해주는 독특한 전자 배열을 갖고 있기 때문이다. 에너지 밀도가 더 높다는 것은 배터리가 충전을 더 오래 유지할 수 있다는 뜻이고, 이것이 전기차의 충전 간 주행 거리 최대화의 핵심이다.

오늘날 사용되는 충전식 리튬이온 배터리의 세 가지 주요 유형은 리튬·코발트 산화물(LCO), 리튬·니켈·망간·코발트 산화물(L-NMC), 그리고 리튬·니켈·코발트·알루미늄 산화물(L-NCA)이다. 리튬은 각 유형의 배터리에 사용되는 물질 중 7퍼센트만을 차지하는 반면, 코발트는 최대 60퍼센트까지도 가능하다.[10] 각 배터리마다 화학 물질 구성에는 장단점이 있다.

LCO 배터리는 에너지 밀도가 높고, 따라서 배터리 무게당 더 많은 전력을 저장할 수 있다. 이런 속성 때문에 휴대폰, 태블릿, 노트북 같은 전자 기기에 사용하는 데 이상적이다. 대신 단점은 수명이 짧고 전력량이 낮다는 것인데, 그래서 전기차에 사용하기에는 부적합하다.

L-NMC 배터리는 L-NCA 배터리를 사용하는 테슬라를 제외하고 대부분의 전기차에 쓰인다. 2015년부터 이 배터리의 추세는 니켈의 비율을 높이고 코발트의 의존도를 낮추는 것이다.[11] 단, 니켈은 코발트보다 열 안정성이 낮으므로 니켈 사용 비율이 높을수록 배터리의 안정성과 안전성은 약해진다.

코발트의 제한적인 공급과 높은 가격을 전기차 업계에서 간과했을 리 없다. 배터리 연구자들은 코발트 의존도를 최소화하거나 아예 없앨 대안을 설계하는 데 공을 들이고 있다. 현재 무(無)코발트 대안은 거의 에너지 밀도, 열 안정성, 제조 비용, 수명과 관련해 상당한 단점을 갖고 있다. 게다가 이것들 대부분이 상용화 규모로 생산하려면 10년 넘는 시간이 필요하다.

가까운 미래에 콩고의 코발트를 피해 가기는 불가능할 듯하다. 이는 곧 코발트 채굴이 민주콩고 광산 지역의 사람들과 환경에 가하는 파괴 역시 피해 갈 수 없다는 뜻이다. 하지만 충전용 배터리 설계자들이 성능이나 안전성을 포기하지 않으면서도 코발트를 제외할 방법을 찾아낸 이후에도 콩고인들의 고통은 끝나지 않을 것이다. 세계 경제로 인해 가치가 올라갈, 잠자는 흙 속의 또 다른 자원이 분명 나타날 것이기 때문이다. 그것이 수 세대 동안 콩고를 덮친 저주였다. 이루 말할 수 없이 풍부한 자원이 콩고 국민에게 가져다준 것은 이루 말할 수 없이 큰 고통뿐이다.

100여 년 전, 모렐은 콩고자유국을 "잔인함의 악취가 진동하는 거대한 노예 농장"이라고 묘사했다.[12] 코발트 채굴장은 이 노예 농장의 완성판이다. 경제 사슬의 맨 밑바닥에 있는 아프리카인을 착취함으로써, 인건비가 거의 없다시피 한데도 위선적인 인권 보호 선언을 내세운 기민한 혼돈 전략 때문에 모든 관계자의 책임이 면제받는다. 그야말로 절대적 이익을 위한 절대적 착취 시스템이다. 코발트 광산업은 콩고 국민을 학대해온 '거대하고 잔혹한' 거짓말의 기나긴 역사에서 가장 최근의 거짓말이다.

진실은 언젠가 밝혀진다.

"여기서 태어나지 않은 게 더 낫죠"

루붐바시와 키푸시

인간이 인간을 착취하는 모든 수치스럽고 악명 높은 편법 중에서 ……
이 사악한 짓을 감히 무역이라고들 부릅니다.
-로저 케이스먼트, 외무부에 보낸 편지, 1903년 9월 6일

도착하는 승객에게 루붐바시의 존재감은 확실하다. 공항 옆으로 루아시 (Ruashi)라는 노천 구리·코발트 광산의 어마어마한 구덩이가 보이는 탓이다.

"루붐바시에 착륙할 때 비행기가 바로 그 위를 지나갑니다." 첫 여행을 시작하기 전에 현지 가이드 필리프가 내게 말했다.

광산은 절대 지나치려야 지나칠 수 없었다. 그것은 움푹 파인 어마어마한 땅으로 거대한 구덩이 3개로 이뤄져 있는데, 구덩이마다 지름이 수백 미터는 되었다. 구덩이의 계단식 가장자리를 따라 달리는 중장비 굴착기들이 마치 작은 노랑개미처럼 보였다. 구덩이 옆에는 수많은 화학 물질 저장통과 직사각형 물웅덩이가 딸린 광물 처리 시설이 있었다. 여기서 나온 독성 폐기물은 1제곱킬로미터 정도 되는 정사각형 모양의 커다란 보관 창고에 버려졌다. 전체 현장은 10제곱킬로미터 남짓으로,

우리가 콜웨지로 가는 길에 마주칠 거대한 산업 단지보다는 훨씬 작지만, 그래도 장관은 장관이었다.

활주로에서 본 루아시 광산의 흙벽은 마치 카키색 울루루(Uluru: 원주민들이 신성시하는 오스트레일리아의 거대한 바위산—옮긴이)처럼 지평선 위로 솟아 있었다. 다양한 붉은색과 갈색 계열의 벽돌 오두막 수천 개가 광구 옆으로 빽빽이 들어차 서쪽으로 수 킬로미터나 늘어섰다. 1910년 벨기에인들은 루아시 바로 남쪽에 카탕가 최초의 광산인 에투알 뒤 콩고(Étoile du Congo, '콩고의 별')를 개발하려고 엘리자베트빌(Élisabethville)이라는 광산촌을 세웠다. 1919년에는 루아시 광산의 채굴이 뒤따랐다. 백인 소유 업체들은 유럽인이 최초로 정착한 지역의 가로수 길들 사이에 자리를 잡았다. 아프리카인 광산 노동자들의 숙소는 에투알과 루아시 근처에 세워졌다. 두 광산은 지금도 여전히 운영 중인데, 인근 주민들 다수의 노동 및 생활 환경은 벨기에인들이 처음 도착한 이래 거의 변한 게 없다.

콩고의 시간은 천천히 흘러가지만, 정권이 바뀔 때마다 이름은 달라진다. 콩고자유국은 소유권이 국왕 레오폴드 2세에서 벨기에 정부로 넘어가면서 벨기에령 콩고(Belgian Congo)로 개명됐다. 이 국명은 1960년 독립과 더불어 콩고공화국(Republic of Congo)으로 바뀌었다. 1970년대 초에는 조제프 모부투가 식민지식 이름을 전부 아프리카식으로 변경하는 '아프리카화(化)' 캠페인을 시작하면서 엘리자베트빌은 루붐바시, 레오폴드빌(Léopoldville)은 킨샤사, 카탕가는 샤바(Shaba), 콩고공화국은 자이르(Zaire)가 됐다. 1997년에는 로랑 카빌라가 나라를 침공해 모부투한테서 정권을 빼앗고 국명을 콩고민주공화국으로 변경했다. 카탕가 출신인 그는 샤바를 다시 카탕가로 바꿨다. 2001년 카빌라가 암살당한 후 정권을 잡은 그의 아들 조제프는 기존의 11개 주(州)를 26개로 세분화했다. 이에 따라 카탕가는 4개 주로 쪼개졌다. 그중 아래쪽에 있는 오카탕가주와 루알라바주는 이 나라의 모든 구리·코발트 광산을 보유하고 있다.

카탕가라는 이름은 벨기에인들이 엘리자베트빌을 처음 세운 장소 인근의 한 마을에서 유래했다. 카탕가 원주민은 유럽인이 도착하기 한참 전부터 이 지역의 방대한 매장지에서 구리를 채굴하고 있었다. 카탕가 구리는 일찍이 16세기에 포르투갈 노예 상인을 통해 유럽에 처음 진출했다. 1859년 스코틀랜드 탐험가 데이비드 리빙스턴(David Livingstone)은 남아프리카공화국에서 출발한 트레킹 도중 카탕가에 도착했는데, 그곳에서 지불 수단으로 쓰이는 "세인트앤드루(St. Andrew) 십자가 모양의" 커다란 구리 조각들을 발견했다.[1] 이 여행에서 그는 유럽인 최초로 음웬다 음시리 응겔렝와 시탐비(Mwenda Msiri Ngelengwa Shitambi)라는 이름의 군벌 지도자와 마주쳤다. 구리를 유럽인의 총기와 맞바꾸며 강력한 군사력을 쌓은 음시리는 폭력적이기로 명성이 자자했고, 하얗게 빛나는 인간 두개골을 수집하는 것으로 악명이 높았다. 아마도 이것이 《암흑의 핵심》에 나오는 커츠(Kurtz)의 두개골 수집에 영감을 준 듯싶다.

1867년 여름, 리빙스턴은 나일강의 발원지 탐사차 카탕가를 다시 찾았다. 그는 말라카이트(malachite)를 녹여 대문자 I 모양의 커다란 구리 덩어리를 만드는 원주민에 대해 썼는데, 그중 어떤 것은 무게가 50킬로그램이 넘었다. 그다음으로 카탕가를 언급한 유럽인으로는 1874년 대륙 횡단 트레킹을 시작한 버니 로벳 캐머런이 있다. 그 역시 커다란 구리 덩어리, 그리고 카탕가 구리를 대가로 음시리에게 노예를 팔아넘기는 거래에 주목했다. 1886년에는 스코틀랜드 선교사 프레더릭 스탠리 아노트(Frederick Stanley Arnot)가 원주민에게 기독교를 전파하겠다는 희망을 품고 카탕가에 도착했다. 그가 묘사한 현지의 구리 채굴 방법은 오늘날 장인 광부들이 코발트를 파낼 때 쓰는 기법과 놀랍도록 비슷하다.

> 헐벗고 험준한 구릉지 꼭대기에서 구리 추출 원석인 말라카이트가 대거 발견된다. 원주민은 이걸 찾으려고 15~20피트 되는 작고 둥근 갱도를 판다. 그들은 수평 채굴 작업은 전혀 하지 않는데, 갱도가 너무 깊어진다 싶으면 놔두고 다른 갱도를 판다.[2]

아노트의 이런 설명(1886)이 유명한 로즈 장학제도(Rhodes Scholarship: 세계 최고의 엘리트들에게 2년간 옥스퍼드 대학 유학 및 생활 비용을 제공하는 장학금—옮긴이)를 설립한 영국의 제국주의자 세실 로즈(Cecil Rhodes)의 눈길을 사로잡았다. 로즈는 카탕가를 영국 자치령으로 삼는 조약을 맺을 심산으로 자신의 이름을 딴 로디지아(Rhodesia, 지금의 잠비아)에서 카탕가로 북행을 감행해 음시리와 만났다. 음시리는 로즈를 빈손으로 돌려보냈다. 1885년에 콩고자유국을 막 얻어냈던 레오폴드 국왕은 이 소식을 들은 즉시 음시리와의 조약을 따내려고 세 팀을 파견했다. 벨기에 탐험가 알렉상드르 델코뮌(Alexandre Delcommune)이 이끄는 원정대가 1891년 10월 6일에 처음 도착해 음시리를 만났다. 델코뮌은 로즈처럼 퇴짜를 맞았다. 이어 영국인 변절자 윌리엄 그랜트 스테어스(William Grant Stairs)가 이끄는 잔지바르(Zanzibar: 탄자니아의 자치령—옮긴이) 용병들의 두 번째 원정대가 1891년 12월 20일에 도착했다. 스테어스는 음시리와 만났으나, 다음 날 그가 이웃 마을로 떠나버렸다. 스테어스는 음시리를 설득하기 위해 자신이 가장 신임하는 두 부하를 보냈다. 그런데 사흘간의 협상이 수포로 돌아가자 그들은 음시리를 총으로 쏴 죽이고, 레오폴드 국왕과 콩고자유국에 대적한 결과를 모두가 볼 수 있도록 그의 머리를 베어 장대에 꽂았다.[3] 카탕가의 자원을 차지하겠다고 피를 보고야 만 것이다. 이제 되돌릴 수 없었다.

레오폴드 국왕이 파견한 세 번째 팀은 1892년 1월 30일에 도착했는데, 그들은 그 도시에 이미 콩고자유국의 깃발이 펄럭이는 것을 보았다. 마침 이 팀에는 벨기에 지질학자 쥘 코르네(Jules Cornet)가 속해 있었다. 1892년 8월 8일부터 9월 12일까지 이 지역을 조사하며 광물 매장량 목록을 작성한 그는 이때 "진정한 지질학적 스캔들"이라는 표현을 썼다. 이로써 코르네는 훗날 '중앙아프리카 구리 벨트'라 불릴 이곳의 어마어마한 구리 매장량을 기록한 최초의 유럽인이 되었다. 심지어 그는 이 지역의 광석 하나에 자신의 이름을 따서 코르네타이트(cornetite)라는 명칭을 붙이기도 했다. 1902년에는 벨기에인들을 대신해 미국의 광산 전문가 존 패럴(John R. Farrell)이 이끄는 추가 탐사대가 구리 매장량을 더욱 자세히 산정했다. 패럴은 레오폴드 국왕에게 제출한 보고서에 이렇게 썼다.

금세기 동안 전하의 산화 광물(oxidized ore)을 소진하기는 절대 불가능할 것입니다. ……그러니까 구리 생산량은 전적으로 수요의 문제로서, 광산을 얼마든지 공급할 수 있다는 말씀입니다. 현재 가동 중인 어떤 광산보다도 더 많은 구리를 훨씬 더 저렴하게 생산할 수 있습니다. 전하의 광산은 장차 전 세계의 구리 공급원이 될 것이라 사료됩니다.[4]

그 구리에는 거의 대부분 코발트가 붙어 있었다. 물론 충전식 배터리

혁명으로 코발트가 구리보다 10배 더 큰 가치를 갖기까지는 110년이 더 지나야 했지만 말이다,

카탕가를 확보한 레오폴드는 말 그대로 노다지를 얻은 셈이었고, 벨기에인들은 신속히 개발 태세로 전환했다. 1906년 10월 18일, 카탕가 지역의 구리 매장지를 개발할 오카탕가 광산연합(Union Minière du Haut-Katanga, UMHK)이 설립됐다. 벨기에 정부는 광물 자산 개발에 써먹을 아프리카 노동자들을 데리고 도심을 건설 및 관리하는 권한 등 거의 국가기관에 준하는 광범위한 권력을 UMHK에 부여했다. 엘리자베트빌은 에투알과 루아시를 중심으로 빠르게 성장했고 얼마 지나지 않아 호텔, 영국 영사관, 스포츠 클럽, 바 그리고 오늘날에도 여전히 존재하는 키포포(Kipopo) 호수 인근의 골프장 등이 생겨났다. 급성장하는 UMHK의 광산업 노동력을 충당하기에는 카탕가의 원주민 인구가 부족했으므로 회사는 수천 명의 노동자를 모집하고 광산에서 일할 노예를 사들였다. 아프리카 노동자들은 금방이라도 무너질 듯한 비좁은 막사에서 지내며, 아프리카 노예제 사상 가장 혹독한 제도를 떠올리게 하는 강제 노동 체제하에서 착취당했다. 특히 제1차 세계대전이 발발한 이후 수익이 급증했는데, 영국군과 미군이 발사한 총알 수백만 발을 이 기간에 카탕가 구리로 제조했기 때문이다.[5]

UMHK가 구리 벨트 전역으로 채굴 범위를 확대하면서 유럽인들은 기회를 찾아 엘리자베트빌로 몰려들었다. 어떤 이들은 UMHK에서 일하러, 어떤 이들은 사업을 시작하러, 또 어떤 이들은 신축 학교에서 유럽 아이들을 가르치러 왔다. 현재 로스앤젤레스에 거주 중인 할리우드 작곡가 데이비드 프랭코(David Franco)는 그런 교사 중 한 명의 아들로 엘리자베트빌에서 1940년부터 1960년까지 인생의 첫 20년을 보냈다.

엘리자베트빌에서는 삶의 모든 측면이 UMHK를 중심으로 이루어졌습니다. ……모국과 멀리 떨어져 있음에도 불구하고 벨기에가 현지는 물론 유럽 출신 주요 인재들을 식민지 전역에 불러들여 미술과 음악 분야의 활발한 문화생활을 영위했죠. 제 기억에 새겨진 그런 사례 중 하나는 아홉 살때 부모님과 함께 관람한 세계적인 바이올리니스트 예후디 메뉴인(Yehudi Menuhin)의 연주회입니다. 당시 〔그는〕 클래식 음악계에서 제일 유명한 사람이었거든요. 상상이 가시나요? 저는 그의 공연에 완전히 매료됐어요. 그날이 바로 제가 음악을 하기로 결심한 날입니다.

제2차 세계대전 동안 카탕가는 금, 주석, 텅스텐, 코발트 그리고 80만 톤 넘는 구리를 군수품 제조 공장에 공급하며 연합군의 전쟁 수행에 없어서는 안 될 곳임을 다시금 입증했다. 벨기에령 콩고의 피에르 리크망(Pierre Ryckmans) 총독은 1940년 6월 이렇게 선언했다. "이번 전쟁에서 벨기에령 콩고는 벨기에의 가장 중요한 자산입니다. 이곳은 전적으로 연합군에, 그럼으로써 조국에 이바지하고 있습니다. 인력이 필요하면 인력을 제공하고, 일이 필요하면 조국을 위해 일할 것입니다."[6] 콩고인 수만 명은 구리 광산에서 등골이 빠지도록 혹사당하고, 전쟁터로 보내져 벨기에와 유럽 연합군을 위해 목숨을 바쳤다.

1960년 6월 30일 독립 당시 공식적인 콩고 경제는 대부분 카탕가주의 광물 채굴에 기반을 두고 있었다. 이러한 채굴 대부분은 고수익 광산 사업과 결별할 생각이 추호도 없던 UMHK가 통제했다. UMHK와 벨기에 군부는 카탕가의 정치인 모이즈 촘베(Moise Tshombe)를 도와 콩고공화국 독립 11일 만에 이 나라로부터 카탕가의 분리 독립을 선언했다.

"한밤중 도로의 콘크리트에 덜커덩거리는 금속성 소리 때문에 잠을 깬 기억이 나요." 프랭코는 이렇게 회상했다. "커튼 사이로 탱크들이 지나가는 게 보였죠. ……저는 부모님을 깨워 여기서 나가야 한다고 말했어요. 우리는 사람들이 피신 중이던 한 고등학교로 갔죠. 며칠 후에는 차를 몰고 남쪽 로디지아 국경으로 갔습니다. 모든 걸 다 버리고 떠난 거죠."

그것은 카탕가의 광물 자원을 차지하려는 또 하나의 쿠데타였다. 더 많은 피가 흐를 터였고, 급기야 카탕가 사태는 유엔 사무총장의 귀에까지 들어갔다.

루붐바시 공항에 도착하자마자 광산 지구가 존재감을 드러냈다면, 경찰국가의 면모도 마찬가지다. 활주로에서 칼라시니코프(Kalashinikov) 소총을 든 굳은 표정의 군인들이 승객을 샅샅이 조사하고, 좁은 입국장에서 대기하던 또 다른 군인 무리가 선별한 승객들을 잠긴 문 뒤의 2차 심사실로 데려간다. 나는 거의 항상 선별 대상이었는데, 2차 심사에는 여행 목적과 체류 장소에 대한 몇 가지 답변과 이런저런 서류 작성이 포함됐다. 2차 심사 과정을 마치고 나서야 입국장을 가로질러 짐을 찾으러 갈 수 있었다.

루붐바시 공항의 수하물 찾는 곳은 학교 교실 정도 크기다. 수하물은 농장 트랙터가 끄는 금속 상자에 담겨 도착한다. 단 한 명의 수하물 담당자가 하나의 수하물 벨트에 트렁크들을 내리는데, 한 번에 가방 한 개씩이다. 이곳에 배치된 세 번째 군인 무리는 가령 광산업 분야처럼 캐지 말아야 할 문제를 캐는 데 관심 있는 사람인지를 드러내는 물품이 있지는 않은지 외국인 승객의 트렁크를 샅샅이 뒤진다. 네 번째 군인

무리는 터미널 출구를 순찰한다. 터미널에선 녹슨 승용차 옆에 선 몇몇 택시 기사와 "루붐바시에 오신 것을 환영합니다"라고 쓰인 광고판이 눈에 띈다. 공항 출입구와 루붐바시 곳곳의 검문소에서도 군인들이 무작위로 사람들을 수색하고 외국인 방문객의 여행 서류 확인을 요구한다. 이런 과정이 루붐바시에서 콜웨지까지 가는 도로에 있는 5개의 페아주(péage, 톨게이트) 검문소에서 반복된다. 서류에 아무 문제가 없다 해도 검문소 군인들은 걸핏하면 트집을 잡아 여행객을 괴롭힌다.

나는 거의 대부분 건기에 민주콩고를 찾았다. 그러지 않으면 도로 침수와 산사태 탓에 많은 광산 지역을 통행하는 게 불가능하기 때문이다. 대신 건기 여행의 단점은 광산 지역이 흙먼지와 잔모래로 몸살을 앓는다는 것이다. 건물, 집, 도로, 사람, 동물이 온통 흙을 뒤집어쓴다. 땅과 하늘은 흐릿한 구릿빛 팔레트로 뒤섞인다. 나무들은 부서지기 쉬운 막대기 수준이 된다. 작은 호수와 강의 지류는 녹(綠)의 들판으로 둔갑한다. 구리 벨트가 해발 1500~2000미터에 위치해 있어 고온 건조한 날씨이긴 하지만, 건기에는 더위도 더 심한 게 사실이다. 콩고 여행 중 딱한 번 우기로 넘어간 적이 있다. 마침내 찾아온 폭풍우가 마치 《성경》에 나오는 것처럼 격노한 듯이 몰아쳤고, 바싹 말랐던 땅이 하룻밤 사이 몰라보게 변했다. 초록이 황량한 구릉지를 뒤덮고, 나무들은 뽐내듯 새로 난 잎사귀를 드러내고, 공기는 상쾌하고 선선했으며, 유배에서 돌아온 하늘은 푸르고 또 푸르렀다.

루붐바시, 아니 그 밖의 다른 콩고 도시에 얼마나 많은 사람이 사는지는 아무도 모른다. 정부에서 실시한 마지막 인구 조사가 1984년이었기 때문이다. 현지에서는 루붐바시 인구가 200만 명 이상일 것으로 추정하는데, 그렇다면 이곳은 킨샤사에 이어 콩고에서 두 번째로 큰 도시인 셈이다. 루붐바시의 주요 간선도로는 '6월 30일 대로(Boulevard du 30 Juin)'라 불리는데, 1960년 콩고가 독립한 날짜를 붙인 명칭이다. 오토바이와 대체로 잘 정비된 차량들이 이 도로를 따라 질주한다. 뒤쪽 범퍼에 매달린 몇 명을 포함해 승객으로 꽉 찬 노란색 미니버스들이 50미터마다 섰다가 달리면서 사람들을 싣고 내려준다. 광고판들은 은행과 휴대폰 서비스를 홍보한다. 교복 입은 아이들이 하굣길에 시장통을 벗어나 최신 랩이나 댄스곡이 요란하게 흘러나오는 붐박스(boom box)를 지나간다. 대부분의 성인은 풍부한 색감과 큼직한 무늬가 인상적인 리푸타(liputa)라는 강렬한 스타일의 옷을 입는다. 좀더 공식적인 행사 때 여성들은 화려한 파뉴(pagne)를 입는다. 이것은 알록달록한 색상과 시선을 사로잡는 디자인이 인상적인 치마, 블라우스, 머리 스카프의 쓰리피스 의상이다. 6월 30일 대로 주변에는 유대교 회당, 이슬람 사원, 교회 등 다양한 예배 공간이 있다. 콩고 인구의 절반은 가톨릭 신자이며, 약 4분의 1은 개신교도다.

루붐바시의 주요 도로에는 미용실, 차량 수리점, 휴대폰 충전 키오스크, 빵집, 레스토랑, 카페, 식료품 가판대 등 수많은 영세 상점이 빽빽하게 늘어서 있다. 대부분의 가게는 작은 단칸 구조 콘크리트 건물로, 전면 벽에 '신의 선물 식품점(Alimentation Don de Dieu)'처럼 신을 언급하든가, 아니면 '쥴리아 쇼핑(Julia Shopping)'이나 '베아트리스 정육점(Beatrice Boucherie)'처럼 상점 주인의 이름을 나타내는 상호가 손 페인트 글씨로 쓰여 있다. 시골 지역으로 이동하기 전에 생필품을 구입하기 가장 좋은 시장은 잠보 마트(Jambo Mart)다. 이곳에는 늘 다양한 상품이 가득한데, 거의 다 남아프리카공화국, 중국, 인도에서 들어온 수입품이다.

콩고에는 인도 인구가 꽤 많은데, 이것이 내가 광산 지역을 돌아다니면서도 별로 눈에 띄지 않는 데 큰 도움을 주었다. 루붐바시와 콜웨지 같은 도시에는 많은 호텔을 소유하거나 운영하는 인도인들이 있고, 노동자나 무역업자로 일하기 위해 콩고로 이주한 인도인도 상당수다. 인도인이었기에 나는 구리 벨트 안으로 더 깊숙이 들어가 다양한 사연을 취재하며 다닐 수 있었다. 어떤 때는 물건을 수입하거나 호텔에 투자하려는 사업가, 어떤 때는 코발트 무역을 살펴보려는 광물 거래상 노릇을 했다. 하지만 정부 관료들 앞에서는 항상 진짜 나, 즉 코발트 채굴 부문의 상황을 좀더 알고 싶은 미국에서 온 연구원이었다. 내가 도착한 바로 다음 날 콩고 정부 관료와의 첫 만남이 이뤄졌다.

내가 루붐바시에 있는 주(州) 정부 본청에서 오카탕가 주지사의 내각 책임자인 음팡가 와 루칼라바(Mpanga Wa Lukalaba)를 만난 것은 광산 지역 여행에 대한 승인을 얻어내기 위해서였다. 그의 승인이 없으면 오카탕가의 광산까지 못 갈 거라는 조언을 들은 참이었다. 루칼라바 국장과의 미팅에서 내 목표는 두 가지였다. 광산 지역으로 진입하는 데 방해가 될지도 모르는 허튼짓은 하지 말자. 그리고 비자와 함께 받은 '책임 서약' 서류에 그의 이름이 찍힌 도장과 서명을 받아내자. 만일 광산 경찰이나 민병대가 나를 구금하려 들 경우, 주지사실로부터 광산 지역 이동을 승인받았음을 입증하는 루칼라바 국장의 도장을 보여주면 될 터였다.

나는 내 의도가 뭔지에 관해 긴 심문을 받을 각오가 되어 있었다. 하지만 루칼라바 국장은 나를 따뜻하게 맞으며 질문도 하나만 던졌다. "왜 이 지방의 더 좋은 곳들을 놔두고 불편한 광산 지역에서 굳이 시간을 보내시려 하나요?" 나는 콩고 광물의 가치 중 장인 광부들의 몫이 너무 적은 것으로 알고 있으며, 보다 많은 사람이 자신들의 근로 환경을 이해함으로써 이러한 차이를 해소하려는 노력을 북돋울 수 있으면 한다고 설명했다. 아동 노동 같은 문제를 얘기한다거나 이 나라의 광물 자원에서 자국민이 공평한 몫을 갖지 못하게 된 데는 콩고 정부의 책임도 있다고 지적하지 않으려 조심했다. 루칼라바 국장은 자신의 미국 대학원 시절에 대한 즐거운 대화가 끝나자, 책상 서랍에서 도장을 꺼내 나의 책임 서약 서류 하단에 꾹 찍고 서명을 해줬다. 이 도장과 서명이 내 목숨을 구해줄 거라고는 당시에는 전혀 몰랐다.

루붐바시가 민주콩고 광산업 부문의 행정 수도이기는 하지만, 2021년에 도합 약 8500톤의 코발트를 생산한 루아시와 에투알을 제외하면 이 도시에서 이뤄지는 채굴은 거의 없다.[7] 두 광산은 모부투가 자국 광산업 부문을 국유화한 이후 1967년 1월 1일 자로 UMHK에서 제카민으로 넘어갔다. 제카민이 소유할 당시 생산량은 들쭉날쭉했고, 결국 1990년대 초 회사의 재정 파탄 이후 채굴이 중단되었다. 루아시에 대한 권리는 2012년 중국의 거대 국영 광산 기업 진촨 그룹(Jinchuan Group, 金川集團)이 인수했다. 에투알에 대한 권리는 2003년 두바이에 본사를 둔 샬리나 리소시스(Shalina Resources) 소유의 구리·코발트 광산 회사 케마프(Chemicals of Africa, CHEMAF) 수중에 들어갔다. 케마프는 민주콩고 장인 광산 부문의 큰손 중 하나이기도 하다. 이 회사는 미국에 기반을 둔 NGO 팩트(Pact)와 함께 콜웨지에서 장인 광부들을 위한 '시범 광산'을 운영하기도 했다. 실상이 보기하고는 다르다는 게 백일하에 드러나기 전까지는 적어도 그랬다.

에투알에 주목해야 하는 이유는 그곳이 1911년 벨기에인들이 콩고에서 개발하기 시작한 최초의 광산일 뿐 아니라, 1990년대 후반부터 장인 광부들이 공식적으로 일하도록 장려한 콩고 최초의 산업 광산이기 때문이다. 로랑 카빌라는 1997년 군사 쿠데타로 온 나라를 장악한 직후, 신생 정부에 절실하게 필요한 세수를 창출하기 위해 에투알의 장인 채굴을 권장했다. 지역 주민들은 소득 증진과 생활 환경 개선을 약속받았지만 쥐꼬리만 한 임금에 혹사당했다. 장인 광부들은 여전히 변변찮은 임금을 받고 생산량을 늘리는 데 일조하면서 지금도 에투알에서 계속 일하고 있다.

"우리한테는 너무 조금 줘요." 인근 마을 무쿰바(Mukwemba)에서 온 마카자(Makaza)가 말했다. "자기들은 우리 광물을 다 가져가면서, 여기 사는 공동체들은 지원하지 않죠."

마카자는 키 큰 아보카도나무 그늘에 있는 자신의 초막 옆 플라스틱 의자에 앉아, 자기와 아들들이 마을의 많은 남성 주민이 그렇듯 에투알에서 장인 광부로 일한다고 설명했다. 그는 보통 큰 구덩이를 파거나 구덩이 벽을 따라 훑으면서 매일 40~50킬로그램의 헤테로제나이트를 채굴하고 그 대가로 2000~2500콩고프랑(1.10~1.40달러)을 받는다고 했다. 정확히 누구한테 돈을 받는 거냐고 물었더니 "케마프 사람들"이라고 답했다. 그러면서 이 보잘것없는 수입으로는 가족을 먹여 살리기에 턱없이 부족하다고 한탄했다. 그는 케마프가 인근 마을들을 거의 지원하지 않는다며 불만을 표시하기도 했다. 그를 따라 마을을 한 바퀴 둘러보니 상황이 암담했다. 전기나 위생 시설은 전혀 없었다. 물은 낡은 지프 타이어를 맨 위에 두른 좁은 우물에서 얻었다. 마을 주민들은 그리 넓지 않은 누르스름한 들판에서 자라는 채소로 연명했다. 가장 가까운 병원은 5킬로미터, 가장 가까운 학교는 7킬로미터나 떨어져 있었다.

마카자의 가족은 원래 기본 생활 편의 시설과 훨씬 가까운 더 좋은 마을에 살았는데, 그곳이 에투알의 확장 과정에서 철거됐다. 콩고의 산업 광산 대부분이 그렇듯 에투알 광구도 수년에 걸쳐 확장되면서 수천 명의 현지 주민을 쫓아냈다. 광산 확장으로 인한 토착민 이동은 광산 지역의 심각한 위기다. 쫓겨난 사람들의 생활 환경이 나빠진 만큼 그들의 절박함은 커지고, 바로 그 절박함이 수천 명의 현지 주민을 자신들이 한때 차지했던 땅에서 위험한 환경도 마다하지 않고 코발트를 캐도록 몰아붙인다. 마카자는 또다시 광산이 확장되거나 새 광산이라도 생기면 쫓겨날 거라는 끊임없는 두려움 속에서 산다고 말했다.

"이러다가는 콩고에 콩고 사람의 자리가 남아나지 않을 겁니다."

에투알 근처 마을도 몇 곳 답사했는데 무쾀바와 비슷했다. 수천 명은 족히 될 많은 남자와 소년들이 일당 1~2달러를 받고 광산 안에서 코발트를 캐고 있는 듯했다. 에투알을 직접 조사하려 했지만, 그 지역에서 민병대 폭력 사건이 터지는 바람에 첫 활동을 접어야 했다. 마이마이 바카타 카탕가(Mai-Mai Bakata Katanga)라고 부르는 이 민병대는 카탕가주를 국가로부터 분리한다는 명목으로 이따금 마을과 광물 지대를 장악하는 과격한 폭력 집단이었다. 현지 민병대로 인해 나의 광산 지역 이동이 좌절된 것은 이번뿐만이 아니었다. 에투알을 조사하려던 두 번째 시도 역시 광산 정문에서 케마프 보안 요원들의 출입 거부로 무산되었다. 이런 일을 겪은 것도 이번뿐만은 아니었다.

비록 에투알 광구 내부는 조사하지 못했지만, 이것만큼은 확실해 보였다. 즉, 광산 인근 마을 주민들은 1900년대 초 UMHK가 에투알에서 일을 시킬 작정으로 엘리자베트빌에 처음 데려온 아프리카 노동자들이 견뎠던 것과 흡사한 구시대적 환경 속에서 떠돌아다니며 살고 있다.

콩고의 주요 장인 광산은 대부분 루붐바시에서 서쪽으로 한참 떨어진 리카시와 콜웨지, 두 도시 사이에 있다. 이들 광산 지역으로 출발하기 전 나는 장인 광산 지역 사회의 지원 활동을 조직하고 있는 발랄한 루붐바시 대학 학생 3명과 만났다. 글로리아(Gloria), 조제프(Joseph), 렌(Leine)은 끓는 물에 익힌 옥수수 가루 덩어리에 스튜를 곁들여 먹는 콩고 전통 요리 우갈리(ugali)로 내게 점심을 대접했다. 내가 좋아하는 남인도 요리 중 하나인 이들리(idli)나 삼바르(sambar)와 비슷했는데, 이들리의 재료가 쌀이라는 점만 달랐다. 학생들은 루붐바시 토박이로 유럽이나 캐나다의 대학원에 진학할 계획이었다. 그들은 제 나라 국민 대부분, 특히 광산 지역 주민에 비하면 자신들이 얼마나 운이 좋은지 잘 알고 있었다. 그들의 시각으로 볼 때, 문제는 상층부에서부터 비롯되었다.

"콩고는 정부가 약해요. 국가 기관이 무력하죠. 이런 식으로 유지되니 대통령이 자기 야망에 맞춰 조종할 수 있는 겁니다." 렌이 말했다.

"콩고는 그저 대통령의 은행 계좌일 뿐이죠." 글로리아가 덧붙였다.

장인 광산에 대한 인상을 묻자, 그들은 거리낌 없이 말했다.

"카빌라는 외국인이 우리나라 자원을 훔쳐가게 놔두고, 이 때문에 장인 광부들은 고통을 당하고 있어요. 그가 뇌물을 받고 눈감아주는 사이에 채굴꾼들은 사역 동물이 되어가죠." 조제프가 설명했다.

"카빌라는 광산을 중국인한테 팔아넘겼어요." 렌이 덧붙였다. "그들이 신경 쓰는 건 오로지 코발트, 코발트, 코발트뿐이에요. ……콩고 국민을 노예처럼 취급하죠."

"중국인들만 그런 게 아니에요. 광산 회사들은 다 콩고인을 노예처럼 대합니다." 글로리아가 말했다. "우리 국민이 가난하니까 깔아뭉개도 된다고 생각하는 거죠."

"그들의 눈에는 아프리카인 전부가 가난뱅이죠. 자기들이 우리 자원을 훔쳐가서 우리가 계속 가난한 건데도 말이에요!" 조제프가 목소리를 높였다.

"광산 회사들이 우리 숲과 강에 저지른 짓을 보면 당신도 가슴이 미어터질 거예요." 렌이 덧붙였다.

글로리아는 광산 회사들의 환경 훼손에 관한 렌의 우려를 더 강하게 피력했다.

> 아무도 거론하지 않는 가장 중요한 문제를 말씀드리고 싶어요. 콩고의 광물 매장량은 앞으로 40년, 기껏해야 50년이나 갈까요? 이 기간 동안 콩고 인구는 2배로 늘어날 거예요. 우리 국민을 위해 교육과 개발에 투자하는 대신 정치 엘리트들이 자기 배를 채우려고 우리 자원을 외국인한테 팔아넘긴다면, 두 세대 뒤에는 가난하고 못 배우고 가진 것 없는 국민이 2억 명이 된다는 얘깁니다. 이런 일이 지금 벌어지고 있고, 멈추지 않는다면 재앙이 될 겁니다.

글로리아의 예측은 암울했다. 나는 민주콩고의 지도자들이 국민에게는 아무런 혜택도 주지 않고 외국의 이익 집단이 자국 자원을 고갈시키도록 방치하는 데 따른 장기적 결과를 알고나 있는지 의문을 갖지 않을 수 없었다. 세 학생과 만난 것은 조제프 카빌라가 아직 정권을 잡고 있던 2018년 8월이었다. 2년 넘게 미뤄졌던 대선이 그해 12월 30일로 잡혀 있었다. 카빌라는 임기가 끝나면 재출마를 하지 않을 테고, 이는 곧 22년 만에 처음으로 카빌라 아닌 다른 국가 원수가 탄생할 것이란 뜻이었다. 나는 선거가 끝나면 상황이 호전될 거라 믿는지 학생들에게 물었다.

"카빌라는 이미 〔펠릭스〕 치세케디가 이기도록 해놓았어요." 조제프가 대답했다. "치세케디는 카빌라의 꼭두각시가 되겠죠. 온 국민이 다 아는 사실이에요."

그의 말대로 치세케디가 당선됐지만, 임기 초에 예기치 못한 일이 벌어졌다. 그가 반부패 캠페인을 벌이기 시작했는데, 카빌라의 광산업 부문 거래에 관한 조사도 거기에 포함되었던 것이다. 대선이 끝나고 몇 달 뒤, 나는 냉철한 주콩고 미국 대사 마이크 해머(Mike Hammer)와 이야기를 나눴다.

"제가 처음 콩고에 도착했던 카빌라 집권기만 해도 부정부패를 언급한다거나 '간섭'했다가 추방당할 위험을 감수할 수 없었죠." 해머가 설명했다. "치세케디 대통령이 정권을 잡으면서 부패에 대한 의식이 달라졌습니다. 이제는 거기에 관해 말할 수 있죠. 부패는 시급하고 심각한 문제로 인식되고 있습니다."

이후 치세케디와 카빌라 사이에 권력 투쟁이 이어졌다. 치세케디가 이 나라를 미국에 더 가깝게 맞추려는 것으로 여겨진 반면, 카빌라는 중국과의 관계를 유지하려 안간힘을 쓰고 있었다.

"치세케디와 카빌라의 국가적 비전이 충돌하고 있습니다." 해머가 말했다. "치세케디는 미국의 투자를 바라고 있어요. 그렇게 된다면 더 나은 일자리를 창출하고, 지역 사회에 이바지하고, 환경을 존중할 것이기 때문이죠."

2021년 5월 치세케디는 조제프 카빌라 대통령 때 체결한 중국 광산 업체들과의 계약을 재협상하겠다고 과감히 발표하면서 중국의 광업 부문 패권에 맞서는 전략을 확대했다. 치세케디 대통령 행정부의 고위직 인사인 실베스트르(Sylvestre)가 2021년 8월 내게 연락을 해왔는데, 그는 익명을 조건으로 이 정부의 추론을 이렇게 설명했다.

주요 채굴 계약의 85퍼센트는 그 배후에 늘 중국의 한 기업이 있다고 말할 수 있어요. 이 거래들은 대부분 투명성이 부족하죠. 그들은 이 계약들에 관해 아무것도 공개되지 않도록 수법을 쓰니까요. 이렇게 되기까지 전 정권에서 많은 뇌물이 오갔습니다. 우리는 이 계약들의 세부 내역을 공개하려 합니다. 중국 기업들한테 책임을 물을 수 있도록 말이죠.

치세케디와 카빌라의 권력 투쟁이 계속되면서, 이 나라가 중국 또는 미국과 더 많이 협력할지에 따라 지대한 지정학적·경제적 영향을 줄 운명적 결정이 내려질 것이다. 이 결정이 이 나라 장인 광부들의 삶을 낫게 할지는 두고 볼 일이지만 말이다.

루붐바시를 떠나 광산 지역으로 들어가기 전에 나는 제카민 쉬드 (Gécamines Sud, '제카민 남쪽')라는 그 도시 외곽 인근의 버려진 제카민 현장을 방문했다. 한때 루붐바시의 자부심이자 그 경제력의 상징이었던 곳이다. 전성기의 제카민 쉬드는 수천 명의 시민을 고용하고, 연간 수만 톤의 구리를 생산했다. 광산 운영은 1990년대 초에 중단됐고, 이후 현장은 계속 휴업 상태로 있다. 방치된 광구 안에는 광물 처리 시설의 우뚝 솟은 굴뚝 옆으로 산더미 같은 광석 찌꺼기와 잔해가 100미터쯤 쌓여 있었다. 드넓은 흙밭 여기저기에는 금속 덩어리들이 녹슨 채 널브러져 있었다. 흐릿한 햇빛 아래 모든 게 창백했다.

제카민 쉬드는 광산업이 콩고에 무슨 짓을 했는지 여실히 보여줬다. 그 옛날 위대했던 대지는 폐허로 전락했다. 그 폐허에서 새로운 유형의 채굴이, 어느 때보다 더 폭력적이고 탐욕스러운 채굴이 탄생했다. 콜웨지로 가는 도중 1마일을 지날 때마다 발견할 수 있는 것처럼, 충전식 배터리 혁명은 콩고의 무자비한 코발트 사냥을 방해하는 것이라면 모조리 짓밟고 마는 악귀를 불러들였다.

키푸시

우리는 민주콩고의 코발트 채굴 실태를 밝히기 위해 루붐바시에서 콜웨지까지 북서쪽으로 이동할 것이다. 하지만 우선 키푸시(Kipushi)라는 마을로 잠깐 우회해야겠다. 키푸시는 루붐바시에서 남서쪽으로 약 40킬로미터 떨어진 잠비아 국경에 위치한다. 구리 벨트의 도시들이 대부분 그렇듯 키푸시는 광산촌으로 세워졌다. 이곳에는 벨기에인들이 1924년 설립해 원래 레오폴드 왕자 광산이라 불렸던 거대한 키푸시 광산이 있다. 당시 이 광산은 세계 최대로 알려진 구리 및 아연 매장지가 있었다. 모부투가 국유화해 제카민 산하에 들어가기 전까지는 오카탕가 광산연합, 곧 UMHK가 이곳을 개발했다. 제카민은 거의 30년 동안 광산을 운영했고, 그 후 제카민 쉬드와 비슷한 시기에 작업이 중단됐다. 그러다 캐나다에 본사를 둔 아이반호 광산회사(Ivanhoe Mines)가 2011년 제카민과 68 대 32로 합작 투자한 키푸시 코퍼레이션(KICO, 키코)을 통해 이 광산을 소생시켰다. 아이반호는 구리 벨트 반대편에 위치한 두 번째 광구, 즉 콜웨지 서쪽의 거대한 카모아·카쿨라(Kamoa-Kakula) 구리 광산의 권리도 중국의 쯔진 광업(Zijin Mining, 紫金礦業)과 공동으로 소유하고 있다. 이곳에는 세계 최대 미개발 고등급 구리 매장지가 있다.

루붐바시에서 키푸시로 가는 도로는 코발트 및 기타 광물의 주요 수출 경로다. 이 길은 1997년 로랑 카빌라와 르완다·우간다의 지원을 받은 그의 군대 콩고해방민주세력동맹(Alliance des Forces Démocratiques pour la Libération du Congo-Zaïre, AFDL)이 이 나라를 침공할 때까지만 해도 상태가 괜찮았다. AFDL은 조제프 모부투와 동맹을 맺은 잠비아 지원군을 차단하려고 이 도로를 폭파시켰다. 2010년 시코마인스(SICOMINES)라는 중국 컨소시엄이 조제프 카빌라가 중재한 협정의 일환으로 이 도로를 재포장했는데, 이를 통해 중국은 아무도 모르게 전 세계 코발트 시장의 대부분을 수중에 넣을 수 있었다. 이것은 중국이 아프리카 대륙 전역에서 성사시킨 수많은 '인프라 주고 자원받기' 협정 중 하나였다.

아프리카에서 중국이 우세해진 기반은 장쩌민(江澤民) 주석이 아프리카 국가들에 대한 중국의 투자를 촉진하고자 중·아프리카 협력 포럼(Forum on China-Africa Cooperation, FOCAC)의 창설을 제안한 2000년에 확립되었다. 이 관계는 상호 윈윈(win-win)을 표방했다. 중국은 아프리카 전역에 절실히 필요한 도로, 댐, 공항, 교량, 모바일 네트워크 및 발전소를 건설하고, 그 대가로 성장 경제를 뒷받침할 필수 자원에 대한 접근성을 확보한다는 것이었다. 2006년 후진타오(胡錦濤) 주석은 아프리카의 국가 정상 48명이 참석한 베이징 중·아프리카 정상 회담으로 이 경제적 유대를 공고히 했다. 시코마인스와 조제프 카빌라는 시코마인스가 도로 건설에 60억 달러, 카탕가의 광산 인프라 개선에 30억 달러를 지원하는 데 합의했다. 이 돈은 시코마인스가 채굴할 구리·코발트 매장량의 가치로 상환하기로 했다. 만일 매장량이 불충분하다고 밝혀지면, 민주콩고는 '다른 수단'을 통해 대출금을 상환해야 했다.

계약서의 잉크가 마르자마자 시코마인스 합의를 두고 상당한 논쟁이 일었다. 민주콩고의 주요 채권자인 국제통화기금(IMF)과 세계은행 두 곳은 콩고의 새로운 부채 부담과, 특히 대출 담보로 제공된 광산 자산의 손실로 이어질 계약서의 '다른 수단' 조항이 마뜩지 않았다. 국제통화기금과 세계은행은 계약 조건을 재협상하라고 카빌라에게 압력을 넣었다. 2009년 12월, 합의서의 '다른 수단' 조항이 삭제되고, 대출 총액은 90억 달러에서 60억 달러로 줄어들었다. 새로운 계약 조건하에서 시코마인스는 콜웨지 인근의 두 광구, 즉 디쿨루웨(Dikuluwe)와 마샴바 웨스트(Mashamba West)의 채굴권을 받는 대가로 6600킬로미터의 도로를 포장하고 카탕가에 병원 두 곳과 대학교 두 곳을 짓기로 합의했다.

카빌라 대통령은 시코마인스 계약을 '세기의 거래'라고 치켜세우며, 거기서 이윤을 뽑으려 기민하게 움직였다. 그는 전략적 프로젝트 투자(Strategic Projects and Investments, SPI)라는 민간 회사를 설립했는데, 여기서 새 도로 개통 후 키푸시 경계를 지나는 트럭들이 내는 통행료를 포함해 갖가지 중국 프로젝트에서 돈을 챙겼다. 블룸버그(Bloomberg)의 조사에 따르면, SPI는 2010년부터 2020년까지 3억 200만 달러의 통행료를 징수한 것으로 밝혀졌는데, 이는 카빌라와 그 가족이 이익을 본 수많은 중국 관련 거래 중 하나에 불과했다.[8] 하지만 정작 나라 자체는 시코마인스 계약으로 이익을 거의 보지 못했다. 인프라 사업은 지연됐고, 도로의 질은 형편없었다. 그리고 시코마인스의 건설 및 채굴 사업은 환경적·사회적 영향을 거의 고려하지 않았다. 결정적으로, 시코마인스 사업은 인프라 및 채굴 대출금이 전액 상환될 때까지 세금을 면제받았고, 이는 민주콩고가 향후 수년 동안 이 거래에서 유의미한 수입을 얻지 못할 것이란 뜻이었다.

나는 믿음직한 가이드 필리프와 함께 루붐바시에서 키푸시까지 자동차로 이동했다. 장인 광산에 대해 속속들이 알고 있는 그는 콩고 광산업 지역을 처음 답사하는 내게는 최고의 동반자였다. 우리는 간선도로를 끼고 있는 여러 마을을 통과했다. 이곳의 오두막들은 광산 지역에서 내가 본 것 중 유일하게 녹슨 빛깔이 아닌 황갈색이나 카키색을 띠고 있었다. 구리 벨트 남동쪽 모퉁이 지역의 흙은 구리와 산화철의 밀도가 더 낮아서 진흙 벽돌 오두막이 보통 진흙 색처럼 보인다. 많은 오두막이 우기의 홍수를 대비해 나뭇가지를 잘라 만든 단 위에 지어져 있었다. 대부분이 초가지붕 혹은 금속판을 큰 돌들로 고정해 얹은 모양새였다. 저 멀리 수십 개의 커다란 흙더미와 흙 탑이 곳곳에 흩어져 있었는데, 그중 어떤 것은 높이 5미터가 넘었고 꼭대기에는 나무가 자라고 있었다.

"흰개미집 둔덕들이에요." 필리프가 설명했다. "흰개미는 흙 속의 구리에 끌린대요. 그래서 그 위치에 둔덕을 만들죠. 크루제르, 즉 채굴꾼들은 거기에 구리와 코발트가 있다는 걸 알기 때문에 가끔 그 밑을 파기도 해요."

국경이 가까워지자 광물을 가득 실은 18륜 트럭들이 좁은 고속도로를 기침하듯 쿨룩대며 질주했다. 차량들이 지나간 자리는 모든 게 엉망이었다. 오두막이며 나무며 아이들을 포함한 마을 사람 할 것 없이 전부 흙먼지를 담요처럼 뒤집어썼다. "국경 마을 키푸시에 오신 것을 환영합니다"라고 적힌 빛바랜 녹색과 백색의 활 모양 표지판을 지난 후 얼마 안 있어 도로는 공회전 중인 18륜 트럭들로 완전히 정체 상태였다. 트럭마다 두꺼운 밧줄로 지지대에 묶고 파란색과 분홍색의 방수포로 절반을 덮은 화물이 그득했다.

"저희는 이곳을 **과다 요금 도로**(heavy-charge road)라고 불러요." 필리프가 말했다. "접경 지역에서 트럭의 무게를 재는데, 대부분이 중량 초과라서 초과 화물 요금이 부과되거든요."

'과다 요금 도로'를 채운 트럭이 많아도 너무 많아서 우리는 정체 구간을 우회하려고 마주 오는 차량을 피해 급하게 핸들을 꺾어가며 도로를 따라 몇 킬로미터를 역방향으로 운전해야 했다. "저들은 국경을 넘으려고 사나흘씩 기다리기도 해요." 필리프가 설명했다. "트럭들은 루알라바와 오카탕가의 구리, 코발트, 니켈, 아연, 그리고 탕가니카(Tanganyika)의 금, 콜탄(coltan), 카시테라이트(cassiterite), 울프러마이트(wolframite) 등 카탕가 전역의 광석들로 가득하죠."

탕가니카주는 옛 카탕가 지방의 일부로, 오카탕가주 바로 북쪽에 위치한다. 다수의 마이마이 민병대가 장악한 아주 위험한 지역이다. 마이마이 바카타 카탕가 같은 몇몇 집단을 제외하면, 마이마이 민병대는 카탕가의 구리 벨트 지역에서 잘 활동하지 않는다. 이곳은 군대가 삼엄한 보초를 서고 있기 때문이다. 마이마이는 '물-물(water-water)'이란 뜻으로 자신들에게 적의 총알을 물로 둔갑시키는 마력이 있다는 믿음이 깔린 이름이다. 원래 이들은 1997년 로랑 카빌라의 침략에 맞서 조제프 모부투를 지원하려고 무기를 든 민병대였다. 그런데 얼마 지나시 않아 영토를 차지하기 위해 싸우는 떠돌이 깡패 무리로 전락했고, 활동 자금을 조달하기 위해 채굴업으로 눈을 돌렸다. 탕가니카주에는 마침 주석·텅스텐·금이 대량 매장되어 있고, 상당량의 콜탄도 있었다. 모두 컴퓨터의 마이크로프로세서 제조에 필요한 금속들이다. 마이마이는 보물 상자 위에 앉아 있는 격이었고, 새천년이 도래한 이래 자신들의 이익을 위해 현지 주민에게 자원 발굴을 강요하며 폭력을 행사해왔다. 대부분의 광물은 르완다와 우간다를 경유하거나 키푸시에 있는 잠비아 국경을 거쳐 나라 밖의 정식 공급망으로 밀반출된다.[9]

키푸시 접경 지역에서 우리를 반겼던 표지판을 지난 뒤 얼마 안 되어 우리는 교차로에 다다랐다. 그리고 '과다 요금 도로'를 벗어나 키푸시로(路)라는 일차선 도로로 접어들었는데, 숲이 울창한 한적한 지역을 관통하는 길이었다. 도로에는 다른 차량이 한 대도 없었다. 트럭도, 경적도, 아무 소리도 없었다. 그저 건조한 열풍뿐.

필리프가 창밖을 가리켰다. "이 숲엔 장인 광산이 많아요. 여러 마을의 크루제르들이 아침이면 이곳으로 땅을 파러 오죠." 숲에 땅을 파는 아이들도 있냐고 물었다. "그럼요. 물론이죠." 필리프가 답했다. "다른 할 일이 뭐가 있겠어요? 마을에 학교가 없는데. 가족 구성원 모두가 돈을 벌어야 전체가 살아남을 수 있어요." 이어서 필리프와 나는 현장을 둘러보며 하루를 보냈는데, 광산이라고 해봤자 어린이 포함 수십 명의 장인 광부들이 마구잡이로 파헤치고 있는 조그만 구역들로 이뤄져 있었다. 내가 키푸시에서 보게 될 광경의 소규모 버전이었다.

'과다 요금 도로'를 벗어나고 약 10분 후, 우리는 정부군 5명이 지키고 있는 보안 검문소에 도착했다. 필리프는 내게 잠자코 휴대폰을 보이지 말라는 손짓을 했다. 군인들은 내 서류를 세심히 살피고, 가려는 목적이 뭔지 여러 차례 질문하더니 결국은 통과시켜줬다. 몇 분 후, 우리는 키푸시 중심부에 있었다. 군대의 존재감이 강하게 느껴지는 전형적인 국경 마을이었다. 평범한 교회, 미용실, 휴대폰 충전 키오스크, 현지 식료품점 외에 장병들을 위한 것으로 추정되는 많은 바와 댄스 클럽이 있었다. 여전히 키코 광산과는 몇백 미터 떨어진 곳이었다. 그런데 그때 이 지역의 다른 모든 소음을 삼켜버리는 커다란 웅웅 소리가 들려왔다.

"저건 일꾼들이 숨을 쉴 수 있게 주 갱도 아래로 공기를 불어 넣는 키코의 메인 환풍기예요." 필리프가 설명했다.

나는 갱도가 얼마나 깊으냐고 물었다. "1킬로미터가 넘죠."

키코 광산 구역은 울타리가 쳐져 있고 경비가 삼엄했다. 우리는 정문에서 멀리 떨어진 곳에 주차를 하고, 광산 구역 둘레를 따라 걸었다. 바로 서쪽에 지름이 수백 미터는 될 거대한 노천 폐광이 있었다.

"여기는 제카민이 원래 광산을 개발했던 곳이죠." 필리프가 말했다. 구덩이 안을 들여다보니, 수십 명이 바닥을 긁어내고 있었다. 제카민이 노천 광산에서 이미 수년 전에 구리·코발트·아연을 대부분 캐갔지만, 장인 광부들은 마치 큰 고양이가 실컷 다 먹고 난 후 새들이 뼈를 쪼듯이 찌꺼기라도 건져보겠다며 현장을 뒤지는 거라고 필리프가 설명했다. 폐기된 구덩이 저 너머로 수천 명의 몸통이 움직이고 있는 어마어마한 풍경이 눈에 들어왔다.

필리프가 말했다. "여기가 주요 장인 채굴 구역입니다. 잠비아까지 쭉 이어지죠."

나는 당장이라도 달려가 광산 지역을 탐사할 준비가 되어 있었지만,

필리프는 우선 아이반호 측 임원들의 허가를 받아야 한다고 했다. 엄밀히 따지면 장인 광부들은 키코 광구 밖에서 채굴하는 것이지만, 허가를 받지 못하면 키코 쪽 보안 요원들이 우리를 장인 채굴 현장 근처에도 얼씬하지 못하게 할 거라고 장담하면서 말이다.

"기자들이 자신들의 광구 옆에서 사진 찍고 그곳 상황에 관한 기사를 쓰는 걸 바라지 않거든요."

키코 구역 정문으로 걸어가자 무장 요원들이 우리를 맞았다. 현장에 들어가기 전에 음주 측정기를 통과해야 했다. 안으로 들어가니, 구역의 규모와 세련미가 인상적이었다. 키코는 전용 전력 공급 시설을 보유했고, 해외에서 온 아이반호 직원들을 위한 편안한 주거 시설은 물론 체육관과 휴식 공간도 갖추고 있었다. 현장에는 수많은 화물 트럭, SUV 차량, 지게차, 굴삭기가 주차되어 있었다. 콩고인 직원들은 허리춤과 팔에 형광색 줄무늬가 있는 베이지색 제복과 노란색 안전모 및 산업용 장갑을 착용했다. 본관 건물 밖에 있는 녹색 나무 몇 그루를 제외하면 구내 전체가 콘크리트, 금속, 흙으로 이뤄져 있었다.

우리는 보안 요원의 안내를 받으며 커다란 사각 탁자가 놓인 회의실로 들어갔다. 회의실 벽은 광물 매장지와 광산 갱도의 상세 도면으로 도배되어 있었다. 키코 직원이 도착했고, 나는 장인 광산 지역을 조사하게 해달라는 요청서를 제출했다. 무슨 이유로, 얼마나 오래, 어떤 목적으로 조사할 예정이냐는 등의 질문에 답한 후 키코 광산 옆의 장인 광산 구역을 조사해도 좋다는 허가를 받기는 했다. 하지만 키코의 보안 요원 한 명이 수행해야 한다는 조건이 붙었다. 그의 존재 때문에 인터뷰를 진행하지 못하거나 솔직한 답변을 끌어내지 못하면 어쩌나 걱정되었다. 그런데 다행히도 그는 우리를 잠시 따라다니더니 따분했는지

키코 구역으로 돌아갔고, 필리프와 나는 장인 광부들과 자유롭게 얘기를 나눌 수 있었다.

키푸시 장인 채굴 구역은 제카민이 버리고 간 구덩이 바로 남쪽의 탁트인 땅에 있었다. 수 제곱킬로미터에 달하는 광활한 황무지로, 바로 옆에 자리 잡은 키코의 첨단 채굴 구역과 묘한 병치를 이뤘다. 키코는 세계 제일의 채굴 설비, 굴착 기술, 안전 조치를 갖추고 있었다. 그에 반해 장인 채굴 현장은 마치 초보 도구를 사용해 땅을 파는 농부들이 살았던 수 세기 전으로 시간 왜곡이 일어난 것 같다. 3000명은 족히 넘을 부녀자와 남정네들이 펄펄 끓는 태양 아래 뿌연 먼지 속에서 삽질을 하고 손으로 긁으며 장인 채굴 구역 전체를 헤집어댔다. 땅을 파헤칠 때마다 흙먼지가 유령처럼 피어올라 사람들의 폐 속으로 들어갔다.

채굴 현장 가장자리를 따라 걷는데, 필리프가 내 주먹의 2배 정도 크기의 돌을 하나 주워 건네며 말했다. "음바지(Mbazi)." 헤테로제나이트. 돌을 찬찬히 살펴봤다. 울퉁불퉁한 질감에 조밀한 것이 청록색과 하늘색·은색 반점, 주황색과 붉은색 조각, 그러니까 코발트와 니켈과 구리가 매력적인 조합으로 섞여 있었다. 충전 산업을 움직이는 심장부가 바로 이거구나 싶었다. 헤테로제나이트는 필리프가 내게 건네준 것처럼 큰 돌의 형태를 띨 수도 있고, 그보다 작은 자갈이나 풍화된 모래 형태를 띨 수도 있다. 코발트는 독성이 있어 만지거나 들이마시면 안 되지만, 그건 장인 광부들에게 가장 큰 걱정거리가 아니었다. 광석에는 종종 미량의 방사성 우라늄도 들어 있다.

나는 돌을 내려놓고 필리프를 따라 채굴 지역으로 더 깊숙이 들어갔다. 대부분의 장인 광부들은 내가 지나갈 때 의심의 눈초리를 보냈다. 한 10대 아기 엄마가 땅 파기를 멈추더니 흐릿한 햇빛 아래 삽을 기대고 섰다. 그러곤 마치 침입자라도 되는 양 나를 쳐다봤다. 먼지가 가냘픈 여자의 몸과 직각으로 고개를 젖힌 채 등에 업힌 야윈 아기를 삼켜버렸다. 필리프가 여자에게 우리와 얘기할 용의가 있냐고 물었다. "당신들과 얘기하는 동안 이 자루는 누가 채운대요?" 여자가 화를 내며 대답했다. 우리는 광산 안쪽으로 더 걸어가다 먼지와 진흙을 뒤집어쓴 남성 6명을 발견했다. 나이는 8세에서 35세 사이로 보였다.

"잠보(Jambo)." 필리프가 스와힐리어로 '안녕하세요'라고 인사했다.

"잠보." 그들이 응답했다.

이들은 표면 너비 6~7미터, 바닥 너비 3미터 정도인 5미터 깊이의 구덩이 속에서 흙을 파고 있었다. 1886년 프레더릭 스탠리 아노트가 묘사했던 구덩이와 비슷하다. 소년들이 지표면과 가까운 곳을 조그만 삽으로 파는 동안, 성인 남자들은 찰흙 같은 퇴적물 속을 더 깊게 팠다. 구덩이 바닥은 30센티미터가량 구릿빛 물에 잠겨 있었다. 무리 중 최연장자는 포스탱(Faustin)으로, 마르고 단단한 체격에 눈코입이 가운데로 몰린 얼굴이었다. 플라스틱 슬리퍼에 올리브색 바지와 밝은 황갈색 티셔츠를 입고 야구 모자를 썼다.

"이곳 채굴꾼들은 대부분 키푸시 출신이에요." 포스탱이 말했다. "잠비아 쪽 마을에서 온 사람도 좀 있고요."

그러곤 막연히 먼 방향을 가리켰다. 키푸시의 일부인 이 동네에는 넘어올 만한 공식적인 국경이 없다. 다만 현지 주민들이 매일 오가는 장인 광산 지역 너머 어딘가에 보이지 않는 선이 있을 뿐이다.

포스탱은 자신과 남동생, 매형, 아내, 사촌 및 세 자녀가 한 팀으로 일한다고 설명했다. "우리는 믿는 사람들하고 일해요." 이들은 매일매일 커다란 라피아(raffia: 라피아야자 잎에서 얻는 섬유—옮긴이) 자루들을 구덩이에서 파낸 진흙과 흙 그리고 헤테로제나이트 돌로 채웠다. 자루에 더 많이 담을 수 있도록 큰 돌은 금속 망치를 사용해 잘게 부쉈다. 자루가 일단 가득 차면 근처 물웅덩이로 가져가 카닝기오(kaningio, 금속 체)로 내용물을 걸렀다. 그런 다음 체로 거른 헤테로제나이트 돌을 다시 자루에 담았다. 커다란 라피아 자루 하나가 다 찰 만큼 충분한 헤테로제나이트 돌을 얻으려면 이런 과정을 매일 수차례 반복해야 했다.

"날이 저물 때까지 우리는 헤테로제나이트 세 자루를 채울 수 있어요." 포스탱이 설명했다.

그 자루들을 가지고 무엇을 하는지 물었다.

"저기 있는 키코 근처로 가져가요. 네고시앙들이 그곳으로 오거든요. 그들한테 코발트를 팔죠."

"네고시앙들은 헤테로제나이트로 뭘 하는데요?" 내가 물었다.

"자루를 콩트와르로 가져가서 팔죠."

"당신이 창고로 코발트를 가져가지 않는 이유는 뭐죠?"

"오토바이가 없어서요. 다른 크루제르들은 직접 콩트와르로 운송하기도 한다는데, 그건 위험해요. 콩고에서는 광석을 운송하려면 허가증이 있어야 하거든요. 허가증 없이 운송하다 경찰한테 들키면 체포돼요." 포스탱이 말했다.

나는 어떤 종류의 허가증이 필요하냐고 물었다. 포스탱은 자세한 내용은 모르고, 그저 대부분의 장인 광부들한테는 너무 비싼 가격이라는 것만 알고 있었다. 세부 사항은 필리프가 알려줬다. "광석 운송에 필요한 허가증은 세 가지 유형이 있어요. 가격은 운송 광석의 양과 운송 거리에 달려 있죠. 네고시앙은 1톤의 광석을 최대 10킬로미터까지 운송하는 데 연간 80달러 또는 100달러를 지불해야 합니다. 콩트와르는 몇톤의 광석을 운송해야 할 테고, 거리는 아마 50킬로미터에 육박하겠죠. 광산 회사는 수천 톤을 운송해야 하고, 만일 콜웨지에서 키푸시까지 이동한다면 300킬로미터가 넘을 테니 매년 수천 달러는 내겠네요."

광석 운송비는 그냥 정부의 돈벌이 수단에 불과해 보였다. 돌을 한 장소에서 다른 장소로 운반하는데 도대체 왜 국민한테 별도의 요금을 부과한단 말인가? 이것은 납세 능력이 없는 대부분의 장인 광부를 시장에 직접 접근하지 못하게 만들었다. 시장과 단절되다 보니 그들은 고된 노동을 하고도 네고시앙들이 제시하는 하위 시장 가격(submarket price)을 받아들일 수밖에 없다. 결국 애초에 장인 채굴로 그들을 밀어 넣은 빈곤 상태가 더 악화하는 것이다.

포스탱과 그의 팀원들에게 건강은 어떠냐고 물었다. 그들은 지속적인 기침과 두통을 하소연했다. 허리와 목 통증은 물론 베이고 삐는 등 경미한 부상도 그들을 괴롭혔다. 어느 누구도 매일 장인 광산 구역으로 땅을 파러 오고 싶지 않지만, 달리 선택지가 없다고 생각했다.

"내가 말할 수 있는 것은 여기 사는 사람들은 대부분 다른 일자리가 없다는 거예요." 포스탱이 말했다. "그래도 코발트는 누구나 캘 수 있고, 돈이 들어오니까요."

포스탱의 팀원들이 얼마를 벌 수 있는지 한번 계산해봤다. 8명으로 이뤄진 이 팀은 물에 씻어낸 헤테로제나이트 광석을 하루 평균 세 자루 생산하고, 각 자루의 무게는 평균 40킬로그램이다. 현장에 온 네고시앙들은 자루당 5000콩고프랑, 그러니까 약 2.80달러를 지불한다. 이는 팀원 한 명당 하루 소득이 약 1.05달러란 얘기다. 아이들은 실제로 한 푼도 받지 않았다. 그냥 가족을 도우려고 일하는 거였다. 키푸시의 헤테로제나이트는 코발트 등급이 1퍼센트 이하로, 등급이 10퍼센트를 넘기도 하는 콜웨지 인근의 헤테로제나이트보다 훨씬 더 낮았다. 키푸시의 코발트가 낮은 등급인 것은 이 지역에서 일하는 장인 광부들의 변변찮은 소득과 직결되었다.

포스탱 팀과 대화를 마쳤을 때 앙드레(André, 8세)와 키상기(Kisangi, 10세) 두 소년이 체로 거르는 과정을 보여주겠다고 했다. 나는 구덩이에서 나와 흙과 돌이 가득 든 라피아 자루 하나를 질질 끌고 걷는 그들을 따라갔다. 아마 자루가 그들의 몸무게보다 더 무거웠을 것이다. 30미터쯤 걸어가자 여러 장인 광부 팀들이 흙에서 돌을 거르는 데 쓰는 세척용 물웅덩이가 나왔다. 물웅덩이는 지름 6미터에 깊이 약 0.5미터였다. 한쪽 끝에는 녹슨 금속 양동이와 삽이 놓여 있고, 양동이 근처에는 가로세로 1미터 정도 되는 구리색 금속 체 하나가 물속에 잠겨 있었다. 물웅덩이는 썩은 악취에 거품이 이는 구릿빛 늪이었다. 앙드레와 키상기처럼 돌을 체로 거르고 물에 씻는 소년을 라베르(laveur), 소녀와 여성을 라부즈(laveuse)라고 불렀다.

소년들은 자루를 뒤집어 내용물을 손으로 탈탈 털며 물웅덩이 옆에 쏟아냈다. 앙드레가 맨발로 더러운 물속에 들어가더니 체의 한쪽 모서리에 달린 손잡이 2개를 잡고 들어 올렸다. 그러곤 체의 반대편 모서리를 웅덩이 가장자리 흙 속에 콱 박았다. 키상기가 쏟아놓은 내용물을 작은 삽으로 퍼서 체 위에 올리자 앙드레가 체를 수면 위아래로 거세게 흔들면서 흙과 돌을 분리했다. 얼마나 거세게 흔드는지 움직일 때마다 그 작은 어깨가 관절에서 튀어나올 것만 같았다. 몇 분 후 체에는 자갈만 남았다. 앙드레는 지쳐서 수면 위로 체를 잡는 것조차 버거워 보였는데, 그사이 키상기가 손으로 자갈을 퍼서 차곡차곡 한곳에 쌓았다. 자루에 있던 모든 돌을 거르려면 이 고된 작업을 10~15번 더 반복해야 할 것이다. 소년들은 그렇게 매일 몇 자루를 체로 걸러야 했다.

"엄마하고 여동생이 이 돌들을 주워서 저 양동이에 담은 다음, 다른 자루에 채워 넣어요." 키상기가 설명했다.

구덩이에서 물웅덩이 그리고 돌멩이 자루까지, 이 가족은 코발트를 채굴해 네고시앙들이 가져갈 수 있도록 포장하는 데 수반되는 작업을 세분화해놓았다. 그러고 나면 네고시앙들은 고속도로 변에 자리한 정체불명의 창고를 통해 코발트를 정식 공급망으로 팔아넘겼다. 어린이에서 배터리까지, 광물 세탁은 그렇게 간단했다.

필리프와 나는 세척용 웅덩이를 뒤로하고 완만하게 경사진 구덩이와 다양한 색조의 갈색을 띤 장인 채굴 지역 안쪽으로 더 들어갔다. 두터운 안개가 대기를 감돌았다. 나무는 보이지 않고 하늘에도 새가 없다. 시력이 미치는 범위의 대지는 온통 헐벗은 상태였다. 현장에 있는 10대 소녀 중 절반이 갓난아기를 등에 업고 있는 듯했다. 녹슨 삽을 든 여섯 살 정도 되는 소년들이 다리를 넓게 벌리고 서서 앙상한 팔로 젖 먹던 힘까지 모아 땅을 팠다. 어떤 아이들은 가득 찬 라피아 자루를 구덩이에서 물웅덩이까지 질질 끌고 가면서 무게 때문에 비틀거렸다. 나는 더 많은 가족 팀과 이야기를 나눴는데, 하나같이 포스탱 가족과 흡사한 방식으로 일하고 있었다. 그렇게 썩은 세척용 웅덩이 몇 곳을 지나고, 삽질하는 남자와 소년들로 빼곡한 구덩이 수십 곳을 지났다. 가끔 기진맥진한 아이들이 혹독한 오후 햇살 아래 흙더미에 앉아 더러운 빵을 먹는 모습이 보였다.

잠비아 국경 근처인지 아니면 그 반대편 어디쯤인지에서 사롱(sarong: 허리에 둘러 입는 천—옮긴이)과 티셔츠를 입은 젊은 여성 몇 명과 마주쳤다. 그들은 구릿빛 물이 15센티미터 정도 고여 있는 얕은 구덩이에 서 있었다. 여자들은 일가친척은 아니지만 서로의 안전을 위해 한 팀으로 일한다고 했다. 광산 지역에서는 남성 장인 광부, 네고시앙, 군인에 의한 성폭행이 걸핏하면 일어났다. 그들 모두가 구덩이에서 성폭행당한 여자를 안다고 했는데, 10대 엄마의 등에 업힌 아기 중 적어도 일부는 그렇게 태어났을 것이다. 성폭행은 내가 방문한 거의 모든 장인 채굴 지역에서 횡행하는 사회악이었다. 폭행당한 여자와 소녀들은 전 세계 코발트 공급망에서 보이지 않는, 야만적 행태의 근간을 대표한다. 이 공급망의 최상위에 있는 어느 누구도 코발트를 캐러 다니는 여성과 소녀들의 성폭행에 무관용 원칙을 적용하겠다는 성명을 언론에 발표하는 수고조차 하지 않는다.

프리실(Priscille)이라는 이름의 젊은 여성이 플라스틱 그릇을 오른손에 들고 구덩이 한쪽에 서 있었다. 그는 그릇으로 흙과 물을 재빨리 퍼서 몇 발짝 앞에 있는 체 위로 확 뿌렸다. 그 동작이 마치 이런 용도로만 설계된 기계인 듯 정확하고 균형 잡혀 있었다. 프리실은 체가 회색 진흙과 모래로 가득 차자 모래만 남을 때까지 위아래로 흔들었다. 그러곤 미량의 코발트가 들어 있는 모래를 플라스틱 그릇으로 퍼서 분홍색 라피아 자루에 담았다. 자루 하나를 모래로 채우려면 얼마나 걸리냐고 프리실에게 물었다.

"12시간 동안 아주 열심히 작업하면 하루에 자루 하나를 채울 수 있어요."

하루 일과가 끝나면 이 여성들은 서로서로 도우면서 50킬로그램 넘는 자루들을 끌고 네고시앙에게 간다. 그렇게 1킬로미터가량을 끌고 가서 자루당 약 0.80달러를 받고 판다. 프리실은 가족 없이 작은 오두막에서 혼자 산다고 했다. 남편도 이 현장에서 같이 일했지만, 호흡기 질환으로 1년 전 세상을 떠났다. 아이를 가져보려 했지만 두 차례나 유산을 했다.

"내 아기들을 데려가줘서 신께 감사드린답니다." 그가 말했다. "여기서 태어나지 않은 게 더 낫죠."

나는 저녁 무렵 마지막 인터뷰를 마치고, 키코 구역의 한쪽 모서리 근처에 있는 장인 채굴 지역 앞으로 돌아갔다. 수십 명의 장인 광부가 네고시앙한테 팔려고 헤테로제나이트 자루들을 광산 앞으로 끌고 왔다. 나는 공무원 제복이나 배지 같은 것을 착용한 정식 광물 거래상을 볼 거라고 기대했는데, 네고시앙은 청바지와 캐주얼 셔츠 차림의 청년들이었다. 그들의 옷은 흙투성이 장인 광부들과 달리 깨끗하고 밝았다. 대부분의 네고시앙은 오토바이를 타고 도착했다. 자루들을 창고로 운송하는 데 필요한 픽업트럭도 몇 대 따라왔다. 장인 광부들 곁에는 흰색, 파란색, 주황색, 분홍색 라피아 자루 수백 개가 쌓여 있었다. 네고시앙들이 자루 안을 대충 훑어보더니 고정 가격을 제시했다. 장인 광부들은 이를 수락할 수밖에 없다. 필리프가 똑같은 코발트 자루라도 여성이 항상 남성보다 적게 받는다고 귀띔했다.

"그러니까 코발트를 팔러 온 사람이 여성이면, 그 팀은 여성들끼리만 일한다는 얘기죠."

나는 필리프에게 만일 장인 광부가 자루의 아래쪽 절반은 흙으로, 위쪽 절반은 헤테로제나이트로 채운다면 어떻게 되는지 물었다.

"네고시앙들이 창고에서 알게 되겠죠. 그러면 그들이 크루제르를 공격할 깡패들을 보낼 테고, 다시는 아무도 그 사람한테서 코발트를 사지 않을 거예요."

네고시앙 몇 명이 오토바이에 자루를 싣는 게 보였다. 그들은 오토바이가 견딜 만큼 뒷좌석에 자루를 쌓고 묶었다. 엘리(Eli)는 네고시앙이 되기 전 루붐바시에서 아프리셀(Africell: 아프리카에서 활동하는 미국계 통신업체 —옮긴이)의 휴대폰 충전 데이터 판매원으로 일했는데, 사촌의 설득으로 네고시앙 허가증을 땄다고 했다. 수수료는 150달러이고, 해마다 납부해야 한다.

"지금은 예전보다 하루 두세 배 더 벌어요." 엘리가 말했다.

허가 서류가 어떻게 생겼는지 볼 수 있겠냐고 물어봤다.

"2년 전에 만료됐는데!" 엘리가 대답했다.

"광물 운송 도중 경찰관이 허가증을 보자고 하면 어떡해요?"

"벌금을 내면 되죠. 10달러 정도 되는데, 그런 일은 자주 생기지 않아요."

몇 명의 네고시앙과 더 얘기를 나누고 나서 나는 어두워지기 전에 마지막으로 살펴보고 싶어 광산 지역 쪽으로 걸음을 옮겼다. 황폐한 풍경이 마치 공중 폭격 이후의 전장 같았다. 이날 공습의 생존자들은 구덩이에서 기어 올라와 다음 날 다시 이 시련을 견디러 돌아오기 전까지 잠시나마 휴식을 취하려고 자신들의 오두막으로 터덜터덜 걸어갔다.

한 소녀가 홀로 반구형 흙더미 위에 서서 허리춤에 양손을 얹고 한때는 거대한 나무들이 지배했던 불모지 저편을 바라보고 있었다. 그가 인간과 대지의 파멸을 살펴보는 동안, 금빛과 쪽빛이 어우러진 그의 사롱이 바람에 미친 듯 펄럭였다. 지평선 너머에서는, 이치와 도덕에 전혀 맞지 않게도, 또 다른 세상 사람들이 잠에서 깨어 스마트폰을 확인할 터였다. 키푸시에서 내가 만난 장인 광부들은 아무도 스마트폰을 본 적이 없었다.

키푸시를 돌아본 후, 나는 장인 광부들이 채굴한 코발트를 네고시앙들이 팔아넘기는 창고를 답사하러 갔다. 창고는 코발트의 비공식 공급망과 공식 공급망 사이에서 눈에 띄지 않지만 중요한 교차점이었다. 인근 숲속에 있는 소규모 장인 채굴 현장뿐 아니라 키푸시산(産) 코발트의 창고도 대부분 '과다 요금 도로'에 위치해 있었다. 창고는 큰 분홍색 방수포를 전면에 드리운 나무 판잣집들이었다. 방수포 맨 위에는 '달러 창고($Depot)' '자파르 창고(Depot Jaafar)', 구리와 코발트의 주기율표 기호인 'Cu-Co' 등 가게 이름이 검정색으로 적혀 있었다. 정면에는 코발트 농도에 따라 0.5퍼센트에서 2퍼센트까지 0.1퍼센트 단위의 오름차순으로 (그들이 제시하는) 헤테로제나이트의 킬로그램당 가격이 평평한 라피아 자루에 검정색 매직펜으로 쓰여 있었다. 키푸시에서 북동쪽으로 6킬로미터 구간에 있는 창고 아홉 곳을 방문했는데, 두 군데를 제외하고는 전부 중국 중개인들이 운영했다. 하지만 중국인은 아무도 나와 얘기하려 하지 않았다. 나머지 두 곳은 인도인이 운영했는데, 하딥(Hardeep)과 아밋(Amit)은 둘 다 펀자브 출신이었다.

하딥과 아밋은 숙박업 부문 취업 비자로 민주콩고에 왔다고 했다. 둘다 대졸자에 영어도 꽤 잘했지만, 인도에서는 취업하기가 아주 힘들었다. 루붐바시에서 그들이 일하던 호텔의 사장(그들은 그 호텔과 사장의 이름을 말하고 싶어 하지 않았다)도 우연히 광물 거래상 부업을 하게 됐는데, 그가 하딥과 아밋을 타이거 창고(Depot Tiger)와 233 창고(Depot 233)에 각각 배치했다. 둘은 매일 아침 10시에 출근해서 해 질 때까지 창고에 머물렀다. 그들은 맹꽁이자물쇠가 달린 금속 상자 안에 거래를 통해 얻은 돈을 보관했는데, 마음만 먹으면 누구라도 훔칠 수 있을 것만 같은 장치였다. "저희는 코발트의 순도 측정에 메토렉스(Metorex) 기기를 사용합니다." 하딥이 설명했다. 그러곤 헤테로제나이트 표본에 갖다 대면 코발트 등급을 판독해주는 작은 레이저 권총을 내게 보여줬다. "키푸시산 표본은 보통 1퍼센트죠." 아밋이 말했다.

일과가 끝나면 하딥과 아밋은 헤테로제나이트 자루를 싣고 루붐바시로 돌아간다. 그들은 '보스'로부터 루붐바시에 있는 한 가공업체에 헤테로제나이트를 판다는 얘길 들었지만 그곳이 어떤 업체인지, 그들이 얼마나 지불하는지는 알지 못했다. 필리프의 말에 따르면, 키푸시산 헤테로제나이트를 매입하는 주요 광산 회사는 콩고 둥팡 광업과 케마프였다. 두 업체는 루붐바시에 코발트 가공 시설을 갖추고 있었는데, 마침 민주콩고에서 유일한 장인 코발트 채굴 '시범 현장' 두 곳을 운영하기도 했다. 우리는 두 회사를 방문할 예정이었다.

타이거 창고와 233 창고에서 1퍼센트 등급의 헤테로제나이트 1킬로그램에 지불하는 가격은 200콩고프랑(약 0.11달러)이었다. 그렇다면 40킬로그램짜리 자루는 약 4.40달러에 팔린다는 얘기였다. 키푸시의 네고시앙은 포스탱에게 자루당 약 2.80달러를 지불했다. 광석 운송 허가증과 수송 수단이 있다는 이유로 키푸시에서 장사하는 네고시앙들은 헤테로제나이트 한 자루의 값어치 중 거의 40퍼센트를 계속 챙길 수 있다는 뜻이다. 가장 열심히 일하는 사람들한테서 가치를 빼앗는 공급망의 불필요한 단계처럼 보였다. 그 점에 있어서는 장인 광부들의 코발트를 정식 공급망으로 들여보내는 비공식적이고 추적할 수 없는 진입 지점을 제공함으로써, 시스템에서 훨씬 더 많은 가치를 빼돌리는 창고도 마찬가지로 공급망의 불필요한 단계였다. 광산업체들이 장인 채굴 현장에서 코발트를 캐는 사람들에게 직접 임금을 지불하는 걸 막을 요소는 하나도 없었다. 어린이들이 잔뜩 일하고 있는 위험한 저임금 장인 채굴 지역과 직결된 부정적 여론 말고는 말이다.

키푸시에는 내가 방문 후에도 며칠 동안 떨칠 수 없는 독한 기운이 있었다. 현장의 땅·공기·물은 완전히 오염된 것처럼 보였는데, 이는 광산에서 채굴하는 매 순간 장인 광부들이 건강에 심각한 영향을 미칠 수 있는 유해 물질에 노출되어 있다는 얘기였다. 이에 대해 좀더 잘 알아보기 위해서 나는 구리 벨트의 광산업이 공중 보건 및 환경에 미치는 영향 관련 데이터를 수집 중인 제르맹(Germain)이라는 루붐바시 대학 연구원을 만났다. 그는 운동가 정신을 가진 꼼꼼한 연구자였다. 자신의 연구 결과 중 일부가 광산 회사나 콩고 정부로부터 호평을 받지 못하기 때문에 연구에 매우 신중을 기해야 한다고 했다. 다음은 그가 설명한 내용의 일부다.

> 우리가 수행한 연구에 따르면, 장인 광부들은 소변 속 코발트 양이 대조군의 40배가 넘습니다. 납 수준은 5배, 우라늄 수준은 4배 많죠. 장인 광부로 일하지 않으나 채굴 지역 인근에 사는 주민들의 체내에도 코발트, 구리, 아연, 납, 카드뮴, 게르마늄, 니켈, 바나듐(vanadium), 크롬, 우라늄 등 미량 금속이 매우 높은 농도로 존재합니다.

제르맹은 장인 광부로 일하지 않는 사람들이 중금속에 간접적으로 노출되어도 특히 어린이의 건강에 부정적 영향을 미친다고 지적했다. "광산에서 일하지 않더라도 부모로부터 중금속에 간접적으로 노출되면 성인의 직접적인 노출보다 더 안 좋습니다. 어린이의 몸은 성인만큼 중금속을 잘 제거하지 못하기 때문이죠." 그는 독성 오염에 시달리는 것은 인간뿐만 아니라며, 자신이 실험한 물고기와 닭 같은 야생 동물도 매우 높은 수준의 중금속 수치를 보였다고 덧붙였다.

현지 주민의 중금속 오염과 식품 공급은 구리 벨트 전역의 보건에 갖가지 부정적 영향을 초래하고 있었다. 가령, 최근 제르맹은 광산 지역 마을에서 완전전뇌증, 이두기형, 사산, 유산, 저체중아 같은 선천적 기형이 높은 비율로 발생했다고 기록했다.[10] 대부분의 경우 아기 아버지가 수태 당시 장인 광부로 일했고, 출생 시 채취한 제대혈 표본에서 높은 수준의 코발트, 비소, 우라늄이 검출되었다. 호흡기 질환도 흔했다. "또한 코발트 분진 흡입은 치명적일 수 있는 '경금속 폐질환'을 일으킨다"고 제르맹은 말했다. "그리고 장인 광부들이 코발트에 장기간 노출되면 급성 피부염에 걸릴 수도 있습니다."

장인 광산 동네에는 암도 증가세를 보였다. 특히 유방암, 신장암, 폐암이 그랬다. "니켈과 우라늄 노출이 암의 가장 큰 원인"이라고 제르맹은 말했다. 납 중독 사례도 흔했다. 구리 벨트 전역의 주택 내부에서 채취한 먼지 표본에는 제곱피트당 평균 170마이크로그램의 납이 함유되어 있었다. 아마 납 분진은 광산 노동자들의 옷뿐 아니라 일부 대형 광산의 금속 가공 과정에서 나왔을 것이라고 제르맹은 설명했다. 참고로 미국 환경보호국은 주택 내부의 납 안전 허용치 한도를 제곱피트당 40마이크로그램으로 권장한다. 제곱피트당 170마이크로그램처럼 높은 수준은 신경 손상, 근육 및 관절 통증, 두통, 위장 질환, 성인의 생식력 감소를 일으킬 수 있다. 어린이의 경우, 납 중독은 돌이킬 수 없는 발달 손상을 비롯해 체중 감소, 구토 및 발작 위험이 있다.

제르맹은 콩고의 공중 보건 시스템이 광산 지역 주민들이 건강상 겪고 있는 부정적 결과의 규모와 심각성을 감당할 준비가 되어 있지 않다고 한탄했다. "중금속 오염으로 인한 질환을 진단하고 치료할 의사 교육이 전무합니다." 많은 마을과 장인 광산 지역에 발작이나 암은 고사하고 간단한 질환을 치료할 기초 진료소조차 없었다. 제르맹은 광산촌 지역 사회들이 직면한 공중 보건 문제를 책임져야 할 당사자가 많다고 생각했지만, 외국 광산 회사들에 대해서는 특히 강한 어조로 말했다.

> 광산 기업들은 가공 처리 공정에서 유출되는 폐수를 통제하지 않습니다. 화학 물질이 유출되어도 정화하지 않고요. 광산 공장과 디젤 장비에서 나오는 유독성 분진과 가스는 수 킬로미터에 걸쳐 퍼지고 지역 주민들이 그걸 들이마십니다. 광산 기업들은 지역 전체를 오염시켰어요. 모든 농작물과 동물과 어류 자원에 악영향을 주고 있죠.

제르맹은 이 나라의 광산법에 광산 회사의 유독물 투기를 방지하는 규정이 있지만, 이런 규정이나 환경 보호와 관련한 다른 어떤 법률도 제대로 시행되지 않고 있다고 지적했다. "광산 회사들은 채굴권을 얻기 전에 폐기물 관리 계획을 정부에 제출해야 합니다. 물론 계획대로 지키지 않죠. 그러나 정부도 그들의 활동을 감시할 인력을 보내지 않고 있습니다."

나는 왜 콩고 정부가 대형 광산 폐기물 관리를 위한 보다 광범위한 검사 프로그램과 법 집행 시스템을 지원하도록 그를 참여시키지 않는지 제르맹의 생각을 물었다. 그는 한숨을 내쉬더니 정부 관료들은 광산 사용료의 극대화를 바랄 게 뻔한데, 이것은 곧 광석 추출의 극대화를 뜻하며, 사용료를 지불하기만 한다면 광산 회사들 마음대로 하도록 내버려둔다는 얘기라고 설명했다. 제르맹이 수행 중인 연구는 이러한 의제에 도움을 주는 게 아니라 방해가 되었다. 실제로 그는 내게 설명한 종류의 검사를 중단하라는 압력을 받은 적이 있다고 했다. "단지 외국 광산 기업 때문만은 아닙니다. 콩고 기업도 그들만큼 폐기물을 자연에 내버리는 주범이거든요. 그들도 제가 하는 연구를 달가워하지 않죠."

당연하지만 제르맹은 기업들이 강제로라도 최소한의 지속 가능성 및 환경 보호 기준을 준수하기 전까지는 구리 벨트의 광산이 공중 보건에 미치는 영향이 개선될 여지는 거의 없다고 생각했다. "미국처럼요." 그가 덧붙였다.

"그렇게 되려면 무엇이 필요할까요?" 내가 물었다.

제르맹은 사려 깊은 답변을 하려고 애쓰다 이내 입을 다물고 힘없이 어깨만 으쓱했다.

콩고 여행 초기에 어떤 패턴이 나타나곤 했다. 내가 장인 광산 지역을 탐사한다는 소문이 퍼진 후, 얼마 지나지 않아 내 가이드 중 한 명한테 전화를 걸거나 내가 묵는 게스트하우스에 미팅을 요청하는 메시지를 남기는 식이었다. 제르맹을 만나고 얼마 지나지 않아 필리프는 '카탕가의 지속 가능한 투자(Investissements Durables au Katanga)', 일명 IDAK라는 단체로부터 나와 만나게 해달라는 요청을 받았다고 전했다. IDAK

는 민주콩고의 장인 광산 부문에서 활발하게 활동하는 단체인데, 조직을 이끄는 알렉스(Alex)·포르튀나(Fortunat)·음부야(Mbuya)와 루붐바시의 한 교회에서 만나기로 약속을 잡았다. 우리는 창고로 보이는 방의 플라스틱 의자에 앉았다. 조명은 없고 탁상용 램프뿐이어서 창문 2개를 열어놓아 바깥의 차량 소음이 실내를 가득 채웠다. IDAK의 지도자들은 장인 광부를 지원하는 데 이 단체가 얼마나 중요한지 내게 깊은 인상을 심어주고 싶어 하는 듯했다.

"저희는 지방 정부, 중앙 정부, 시민 사회 및 광산 회사의 대표들이 광산업 부문의 당면 문제를 논의하고 공동의 해결책을 모색하기 위해 2011년에 IDAK를 창설했습니다." 알렉스가 설명했다. "IDAK는 이해관계자들 간의 협력을 증진하고, 장인 광부들을 지원할 수 있는 시민 사회의 역량과 기술을 구축하려 노력하고 있습니다."

알렉스는 IDAK의 활동을 지원하는 국제적 단체가 있으며, 대부분의 자금은 독일 정부와 기업들한테 지속 가능성과 대외 개발 관련 자문을 제공하는 독일국제협력협회라는 컨설팅 회사로부터 받고 있다고 덧붙였다.

"이 자금을 조달하기 시작한 쪽은 코발트 공급망을 정화하기 위해 노력하는 독일 자동차 회사들이었죠." 알렉스가 말했다.

IDAK 팀은 자신들이 2014년에 발간한, 콩고 광산 부문에서 기업의 사회적 책임에 대한 권고 사항을 개괄한 종합 안내서 한 권을 나눠줬다.

"이 안내서에는 장인 채굴 작업에 어린이를 배제하는 계획이 들어 있습니다." 음부야가 설명했다.

기업의 사회적 책임과 관련한 IDAK의 계획에는 중점을 두는 아동 노동 말고도 지역 사회 강화, 학교 신설 및 교사 인력 충당, 대체 생계

수단 촉진, 공중 보건 역량 및 인프라 증진 등의 프로그램이 있었다. 모두 지극히 전도유망하게 들렸지만, 왜 그중 실행되고 있는 게 거의 없어 보이는지 의아하지 않을 수 없었다. 나는 키푸시에서 내가 본 것들을 설명했다. 변변찮은 벌이나마 해보겠다고 땅을 파는 수백 명의 아이들, 독성 물질에 노출되어 고통받는 수천 명의 사람들, 그리고 노동 착취와 관련해 어떤 종류의 감시도 이뤄지지 않는 현실.

"맞습니다. 그런 문제들이 있죠. 하지만 IDAK가 없다면 상황은 더 나빠질 거예요." 포르투나가 말했다.

IDAK 팀은 장인 광부들의 상황을 개선하기 위한 자신들의 활동을 일일이 설명하느라 한 시간을 더 썼던 만큼, 내 얼굴에서 감추려 해도 감춰지지 않는 회의적인 표정을 분명 읽었을 것이다. 그들은 장인 광부와 외국 광산업체의 갈등을 중재하는 역할의 중요성도 강조했다.

"토지 분쟁의 경우, 저희는 문제를 건설적으로 풀려고 합니다. 광산 사고의 경우는 상해를 입은 광부들의 권리를 옹호하고요." 음부야가 말했다.

무쾜바에서 마카자 같은 몇몇 사람을 만난 것만으로도 나는 토지 분쟁을 둘러싼 갈등 해결이 중요한 사안이라는 걸 알았다. 물론 그런 분쟁이 쫓겨난 주민들에게 유리한 방식으로 해결된 사례는 단 한 건도 들어본 적이 없지만 말이다.

나는 IDAK 팀에 장인 광산에서 어린이들을 제외하려는 그들의 노력에 최대 걸림돌이 무엇이라고 생각하는지 질문했다. 당연하게도 그들은 '가난'이라고 했다.

"부모는 자녀를 광산에 데려가 일을 시킬 수밖에 없습니다. 부모가 적정 임금을 받는다면, 자녀는 광산에서 일하는 대신 학교에 다닐 수 있겠죠." 음부야가 말했다.

　너무나 자명한 사실이었다. 그렇다면 '적정 임금'이 왜 그렇게 어려운 걸까? 합리적인 임금처럼 간단한 해법으로 장인 광부들이 직면한 문제를 어느 정도 해결한다거나, 아니면 적어도 아동 노동 수준을 낮출 수 있을까? 성인 장인 광부에게 적정 임금을 지급하면 아이들이 광산에서 일하는 대신 학교에 다닐 수 있고, 가족이 아프거나 다쳤을 때 의료비를 감당할 수 있고, 소득 위기나 그 밖의 불행을 버텨낼 돈을 저축할 수 있고, 지역 사회의 긴장과 폭력을 완화하는 데 도움을 줄 수 있다고 잠시 가정해보자. 성인 적정 임금이 이 모든 것 또는 그 이상을 달성할 수 있다면, 그 임금을 누가 지불해야 할까? 외국 광산업체들은 비록 장인 채굴 코발트가 결과적으로는 자사 공급망에 들어갔다 하더라도, 그리고 비록 생산량을 늘리려 장인 광부들이 자사 광구에서 일하도록 허용할 때가 있다 하더라도, 그들이 장인 광부를 고용한 게 아니므로 책임이 없다고 주장할 것이다. 민주콩고 정부는 채굴권이 수십억 달러에 팔리고 어느 정도는 장인 광부들이 채굴한 광물의 가치를 기반으로 매년 수십억 달러의 로열티와 세금을 징수하는데도, 적정 임금 또는 기타 소득 체계를 뒷받침할 돈이 없다고 잡아뗄 것이다. 코발트 정제 업체, 배터리 제조업체, 테크 업체 및 전기차 회사들은 오로지 그들의 코발트 수요가 있기에 코발트 쟁탈전이 존재함에도 불구하고 책임은 전방 산업(다른 산업에 재료나 서비스를 공급해 생산 활동을 돕는 업종—옮긴이) 쪽에서 져야 한다고 주장할 것이다. 콩고 광산업 부문의 엄청난 비극은 바로 여기에 있다. 모두가 장인 광부들에게서 이익을 취하고 있지만, 공급망의 어느 누구도 이들에 대해 책임이 있다고 생각하지 않는 것이다.

IDAK와의 미팅을 통해 장인 광산업 부문의 착취를 해결하려는 지역 차원의 노력이 확실히 있다는 것은 밝혀졌지만, 그럼에도 불구하고 그런 노력이 현장에서 유의미한 진전으로 이어지는 것 같지는 않았다. 필리프가 이론 하나를 제시했다. "IDAK는 올바른 목표를 갖고 있지만, 정부가 부패하고 중국이 카탕가를 지배하는 한 그들의 목표를 실현할 가능성은 없어요. 중국인들이 정부에 수십억 달러를 내면, 정치인들은 그냥 눈감아줍니다. IDAK 같은 단체와 여타 시민 조직은 단지 그런 존재가 있다는 걸 보여주기 위해 허용된 것들인 거죠." 필리프와 더 많은 시간을 보내면 보낼수록, 콩고에서 장인 광부들이 처한 곤경에 대한 그의 고민이 얼마나 깊은지 더 잘 알 수 있었다. 우리 사이에 충분한 신뢰가 쌓였을 때, 그는 내게 자신도 장인 광부였다는 얘길 해주었다. 그는 리카시 근처에서 코발트를 캐며 4년을 보냈는데, 그 시기에 수많은 열상, 발진, 호흡기 질환 등에 시달리고 구덩이 벽이 무너져 다리가 부러지기도 했다. 붕괴 사고 후 회복을 위해 두 달간 일을 중단했는데, 광산으로 복귀할 때가 됐을 때 다시 돌아가지 않겠다는 어려운 결정을 내렸다. "그날 저는 목숨을 잃을 수도 있었어요. 그러면 아내와 아이들은 어떻게 됐을까요?" 필리프는 가족을 루붐바시에 있는 형의 집으로 이주시키고, 그사이 자신은 자립할 시간을 가졌다. 생계를 위해 안 해본 일이 없지만, 마음은 늘 광산에서 고생하는 이들과 함께 있었다. 필리프에 따르면, 광산업 부문의 문제는 몇 세대에 걸친 것이었다.

　　당신이 콩고의 광산업 부문에서 무슨 일이 일어나고 있는지 정말 이해하고 싶다면, 먼저 우리 역사를 알아야 합니다. 독립한 이후에 광산은 벨기에인들이 관리했어요. 그들은 모든 돈을 가져갔고, 국민에게 돌아가는 혜택은 하나도 없었죠. 벨기에인이 떠난 후, 모부투 정권은 '아프리카화'를 실시했어요. 광산을 국유화했지만, 이번에도 이익은 국민이 아닌 정부한테만 돌아갔죠. [조제프] 카빌라 때인 2002년에 광산법을 제정했는데, 이것이 광업 부문에 외국인 투자를 불러왔습니다. 정부는 광산법이 콩고인들의 삶을 향상시킬 것이라고 했지만, 오늘날 우리의 삶은 훨씬 더 나빠졌죠. 이제 당신도 알 거예요. 콩고 국민은 단 한 번도 콩고의 광산으로 이익을 본 적이 없다는 걸요. 더 가난해지기만 할 뿐입니다.

필리프는 장인 광산 지역을 지원하기 위해 조직을 하나 결성했다. 조직은 아이들이 학교에 계속 다닐 수 있게 하는 데 중점을 뒀다. 그가 생각하기에 아이들이 학업을 마치는 것만이 빈곤의 악순환을 끊어낼 유일한 길이었다. 그는 가난이 장인 광부들의 착취를 불러오는 일차적 요인이라는 IDAK의 주장에 동의했지만, 그에 못지않게 방심할 수 없는 저력을 가진 또 다른 요인도 지적했다. "이곳 상황에 대해 잘못된 그림을 조장하려는 의도가 있습니다. 광산 회사들은 여기에 아무런 문제도 없다고 주장하죠. 자신들이 국제 표준을 유지하고 있다면서요. 모두가 그들의 말을 믿기 때문에, 아무것도 바뀌지 않는 겁니다." 필리프의 말을 듣고 보니, 국제 인권 기준과 아동 노동에 대한 무관용 정책 준수를 주장하던 대기업들의 언론 성명이 생각났다. 국제배터리동맹(GBA)과 '책임 있는 광물 이니셔티브(RMI)'는 코발트 공급망에 대한 현장 평가와 장인 채굴 작업장의 아동 노동 감시를 통해 이러한 규범을 준수하도록 지원한다고 했었다. 나는 필리프에게 이런 단체들을 보거나 들은 적이 있는지 물었다. 그가 한 말은 이랬다.

그들은 국제 사회에 자신들의 콩고 프로그램에 대해, 그리고 코발트가 얼마나 깨끗한지에 대해 얘기하죠. 이를 통해 그들의 구성원도 모든 것이 괜찮다고 말할 수 있게 되고요. 사실 이것이 상황을 설상가상으로 만듭니다. 기업들은 "GBA가 상황이 괜찮다고 했으니 안심해도 됩니다. RMI가 그러는데 코발트기 깨끗하답니다"라고 할 테니까요. 이 때문에 아무도 상황을 개선하려 하지 않는 거죠.

필리프는 힘 있는 이해관계자들이 설치해놓은, 코발트 채굴 현장의 가혹한 현실을 가리는 연막을 설명한 셈이었다. 내가 콩고에서 더 많은 시간을 보내면 보낼수록 그의 말은 더욱더 진실로 다가왔다. 지금까지 나는 콩고에서 GBA나 RMI의 관계자를 한 번도 만난 적이 없을뿐더러, 그들이 현수막을 내걸고 장인 광산 지역의 조사를 수행하고 있다는 소식을 민주콩고의 어떤 동료들한테서도 들어본 적이 없다. 내 조사 결과를 가지고 이 연합체들과 이야기를 나눠보려 했지만 아무런 답신도 받지 못했다. 그러던 중 2020년 여름 당시 GBA의 책임자이던 매티 스타니슬라우스(Mathy Stanislaus)가 내 요청에 응했다. 우리는 콩고의 장인 채굴에 대해 의기투합하는 대화를 나눴다. 그리고 GBA의 다양한 계획에 대해서도 간단히 의견을 교환했다. 스타니슬라우스 씨에게 내가 현장에서 목격한 것을 얘기하며 밀어붙이자, 그는 적어도 아동 노동과 관련해서는 문제가 있다는 걸 인정했다.

"OECD에 따르면, 민주콩고산 코발트의 최대 70퍼센트가 아동 노동과 어느 정도 관련이 있습니다. 공급망에 대한 정보에 큰 공백이 있으므로, 정보 흐름을 신뢰할 만한 방식으로 수정해야 합니다."

두 번째 문장부터 살펴보자. '정보 흐름을 수정'한다는 것은 정확히 무슨 뜻일까? 장인 광부들을 위해 그것을 수정한다고 하면 현장의 실태를 진정 독립적이고 객관적으로 평가한다는 의미일 터이다. 그 밖의 다른 모든 사람을 위해 수정한다면 정반대의 의미일 테고 말이다. 그리고 누구의 '신뢰'를 받는다는 것일까? 이것도 같은 문제다. 그 주체가 첨단 소비재 및 전기차 대기업, 광산 회사, 콩고 정부라면 장인 광부들이 신뢰하는 것과 동일한 정보 흐름을 그들은 신뢰하지 않을 터이다. 이것이 바로 필리프가 장인 광부들을 위한 유의미한 진전을 가로막는 걸림돌이라고 인식한 그 갈등이다. 우세한 정보 흐름은 상황이 그리 나쁘지 않으며 문제를 근절하기 위한 모니터링이 진행되고 있다는, 현실을 그릇되게 묘사하는 설명이다. 더 정확한 정보 흐름이라면 이를 정반대로 묘사할 것이다. 장인 광부들의 작업 현장 조건은 위험하고 비인간적이며, 이런 환경에서 매일 코발트를 캐는 아이들이 수만 명에 달한다고 말이다.

이제 첫 번째 문장을 살펴보자. 이게 중요한 문장이니까. 만일 OECD와 그 구성원들이 세계 코발트 공급의 72퍼센트 중 70퍼센트가 아동 노동과 '어느 정도 관련이 있다'고 인정한다면, 그것은 곧 세계 코발트의 절반이 콩고의 아동 노동과 연관되었다는 뜻일 터이다. 이 사실 하나만으로도 국제 코발트 공급망의 편중성을 알 수 있는데, 콩고 장인 광산 부문의 문제는 절대 아동 노동에 국한되지 않는다. 코발트, 우라늄, 납, 니켈, 수은을 비롯한 중금속의 독성에 노출되어 고통받는 수십만 콩고인들은 얼마나 많은 콩고 코발트와 '접촉'했을까? 장인 광산에서 매일 위험한 먼지를 들이마시는 갓난아기들은 또 얼마나 많이 접촉했을까? 구리 벨트의 공기, 대지, 농작물, 동물, 어류 자원을 오염시킨 유독성 가스 구름과 폐기물은 또 어떤가? 그리고 거대한 노천 광산을 위해 길을 터주느라 잘려나간 수백만 그루의 나무는? 광산 사고로 부상을 입었거나 그보다 더 나쁜 일을 당한 사람들의 미확인 수치도 잊지 말자. 누군가 그런 목록의 총계를 낼 무렵이면, 콩고의 재앙과 접촉하지 않은 세상에는 얼마나 많은 코발트가 남아 있을까?

이 재앙의 전체 규모는 아직도 내게 모습을 드러내지 않았다. 당신이 키푸시를 통해 콩고 장인 광부들이 겪는 굴욕의 심각성을 조금이나마 엿볼 수 있었다는 생각이 든다면, 그런 생각은 콜웨지로 가는 도중 1마일마다 한 번씩 무자비하게 사라질 것이다.

그 산의 비밀

리카시와 캄보베

———

백인 남성은 아주 영리했다. 그는 종교를 가지고 조용히 평화롭게 왔다.
우리는 그의 바보스러움이 재미있어 머물게 해줬다.
……그는 우리를 하나로 결속시켜주었던 것들에 칼을 댔고, 우리는 산산이 부서졌다.
-키누아 아체베(Chinua Achebe), 《모든 것이 산산이 부서지다》

콩고 여행을 다녀오면 모든 게 달라 보인다. 돌아온 세상이 더 이상 이해되지 않는다. 이게 어떻게 같은 행성에 존재할 수 있는지 받아들이기 어렵다. 마트에 가지런하게 놓인 수북한 채소들이 천박해 보인다. 밝은 조명과 수세식 화장실은 주술인 것만 같다. 깨끗한 공기와 물은 범죄처럼 느껴진다. 부(富)와 소비의 표식들이 난폭해 보인다. 결국 그것들 대부분은 진실을 살균하는 역사책 속에 완벽히 은닉된 폭력 위에 구축된 것이니 말이다.

아프리카가 견뎌온, 말로는 다 못 할 고통을 우리가 직면하게 되는 상황은 극히 드물다. 한 아프리카 여성이 집에서 끌려 나와 남편 및 아이들과 생이별한 채 쇠사슬에 묶이고, 맨살에 낙인이 찍히고, 두드려 맞고, 강간당하고, 감금되는 것이 어떤 느낌일지 잠시 상상해보자. 그나마 이런 것 전부가 썩은 내 진동하는 노예선 화물칸에서 울부짖는 수백 명의 남성, 여성, 어린이, 아기들 옆으로 내던져지기 전의 일이라면. 또는 똑바로 앉을 공간도 없는 화물칸에서 밤낮으로 살을 찢는 족쇄에 묶인 채 6주를 보내야 한다면. 또는 배가 파도를 뚫고 가는 동안 수백 명이 보는 앞에서 양동이를 화장실로 써야만 한다면. 또는 겁에 질린 채고열에 시달리며 뱃멀미까지 앓는 아이를 달래야 한다면. 또는 중병에 걸렸으나 아직 살아 있는 사람 중 한 명인데, 마치 쓰레기가 너무 많다는 듯이 바다로 내던져진다면. 또는 그 지옥에서 살아남았더니 결국 아메리카 대륙에 도착해 노예로 팔리고 거기서 진짜 고문이 시작된다면.

수 세기에 걸친 노예 무역과 뒤이어 한 세기 동안 벌어진 식민화가 한 개인, 한 가족, 한 민족, 한 대륙에 끼친 피해를 잠시 상상해보자. 이런 식으로 서구 세계는 제국을 건설하고 대대로 부를 축적했다. 아마 이것이 우리의 세계와 그들의 세계 사이에 가장 오래 지속된 차이점일 터이다. 일반적으로 안전하고 만족스러운 우리의 나라들은 아프리카 사람에게 큰 폭력을 강요하지 않고는 좀처럼 기능하지 못한다. 콩고 광산지역의 재앙은 이 신성하지 못한 이야기의 새로운 장이다.

후(Hu)라는 이름으로 통하는 콩고 둥팡 광업, 곧 CDM의 한 중간 관리자에 따르면, 콩고 사람들, 더 나아가 아프리카인들은 게으르기 때문에 착취당한다.

"아프리카인들이 더 열심히 일한다면 이렇게 가난하지 않을 겁니다. 중국인들은 절제력이 있어요. 아프리카인들은 그게 없죠. 술 마시고 노름하고. 지도자들이 자신을 착취하게 내버려두죠. 그래서 가난한 거예요."

나는 루붐바시의 고급 중국인 클럽 중 한 곳인 로열 카지노(Royal Ca-sino)에서 후를 만났다. 우리는 야외 풀장 근처에 앉았다. 강한 비트의 클럽 음악이 스피커를 쿵쾅쿵쾅 울리는 가운데 중국 남성들은 술을 마시고 담배를 피웠다. 밤 9시경 스트리퍼들이 도착할 때를 제외하면 콩고인들은 클럽 출입이 허용되지 않았다.

청두(成都) 출신인 후는 맥주를 마시며 자신의 의견을 뱉어냈다. "아프리카인들은 배우고 싶어 하지 않기 때문에 항상 가난할 겁니다. 중국에는 세계 최고의 교육이 있죠. 중국인들은 아주 열심히 일하는데, 우리나라가 얼마나 빨리 세계적인 강대국이 되었는지를 좀 보세요."

후는 담뱃불을 붙이더니 무차별 난사 동작을 취하듯 양손을 흔들며 쉬지 않고 얘기했다. "게다가 아프리카인들은 관리 능력이 없어요. 세부 사항에는 도통 관심이 없죠. 그러니 노동자밖에 되지 못하는 거예요. 노동자로서도 일을 잘 못 하죠. 그냥 놀고만 싶어 해요."

아프리카의 빈곤에 관한 그의 생각은 계속 이어졌다. "그들은 가난을 좋아한다고 생각해요. 해외 원조도 받고 일할 필요가 없기 때문이죠. 가난한 게 좋지 않다면, 일요일에 왜 일하는 대신 교회에서 하루 종일 보낼까요?"

후는 한참을 이런 식으로 떠들었고, 나는 들을 수밖에 없었다. CDM 경영진과 얘기를 나누거나 이 회사의 루붐바시 소재 광물 가공 시설에 들어갈 기회를 얻으려고 수차례 접촉을 시도했다가 실패한 끝에 나를 만나는 데 동의한 최초의 CDM 직원이니까. 민주콩고 장인 채굴 코발트의 주요 구매자이자 수출업체 중 하나라는 이 회사의 위치를 감안할 때, 나는 CDM의 운영에 대해 최대한 많은 걸 알고 싶었다. 혹시라도 계약서나 생산 데이터에 접근할 수 있지 않을까 기대했지만, 후는 그러기는커녕 이 기회를 이용해 아프리카 사람들에 대한 자신의 의견을 배출하느라 여념이 없었다. 아무리 봐도 실망스러운 미팅이었다.

나는 후가 아프리카에 있는 많은 인도인처럼 나 역시 편견이 심할 것으로 추정했기 때문에 아프리카인에 대한 자신의 시각을 맘 편히 공유한 것이라고 추측할 수밖에 없다. 인도인들은 영국이 채무 상환을 위해 철도와 플랜테이션 농장에서 노예처럼 일할 인도인을 아프리카로 운송하기 시작한 1840년부터 이 대륙과 관련을 맺어온 긴 역사가 있다. 이러한 채무는 과도한 토지세 부과로 인해 생긴 것이었다. 그들은 세금을 감당할 수 없는 농민에게 동아프리카에 가서 철도를 깔면 빚을 갚을 수 있을 거라고 했다. 문맹인 농민들은 읽지도 못하는 계약서에 노동자로서 빚을 탕감받는 데 동의한다는 서명을 했다. 하지만 임금도 거의 받지 못하고 평생을 고되게 일하는 경우가 다반사였다. 아프리카에는 곧 위계 서열이 세워졌다. 아프리카인이 가장 아래, 인도인과 아랍인이 그 위, 그리고 유럽인이 맨 위였다. 당시에는 피부색이 서열을 결정했고, 오늘날에도 여전히 그렇다. 그냥 유럽인을 중국인으로 바꾸면 된다.

리카시

루붐바시에서 리카시로 이어지는 도로는 탁 트인 지형과 구불구불한 구릉을 지나간다. 음산한 음영에 지평선은 잘 보이지 않는다. 온통 구릿빛과 녹슨 색깔이다. 마을들은 마치 절벽 가장자리를 붙들고 있는 손끝처럼 도로변에 달라붙어 있다. 붉은색 벽돌 오두막들이 덤불 안 깊숙이까지 늘어섰다. 아낙네들이 불을 피워 카사바(cassava)를 요리한다. 아장아장 걷는 아가들은 흙을 갖고 논다. 10대 소녀들은 하루 동안 쓸 물을 채울 노란 플라스틱 용기를 들고 근처 우물가에 줄을 선다. 사내들이 나무를 태워 숯을 만드는 깊은 숲속에서는 첨탑처럼 은빛 연기가 피어오른다. 그들의 난방과 조명의 유일한 원천이다. 세계에서 가장 지배적인 형태의 충전식 에너지를 제조하는 데 핵심적인 물질이 세계에서 가장 많이 매장된 이 땅에서는 아직도 전기가 공급되길 기다리고 있다.

시코마인스가 포장한 2차선 고속도로는 구리 벨트를 운송하는 데 큰 도움을 주지만, 도로는 여전히 좁고 위험천만하다. 승객을 가득 실은 채 지붕에 3미터 높이까지 짐을 쌓아 올린 승용차와 SUV와 미니밴들이 광물을 쟁여 넣고 천천히 움직이는 화물 트럭들을 추월하려고 미친 듯이 돌진한다. 도로변에는 운전자가 추월에 필요한 적정 거리와 속도를 잘못 계산한 차량 수백 대의 잔해가 어지러이 흩어져 있다. 나도 언젠가 본 적이 있다. 코발트 자루와 매트리스를 지붕에 잔뜩 묶은 미니밴 한 대가 화물 트럭을 추월하려고 반대 차선으로 방향을 틀었다. 그때 맞은편에서 여객 버스가 나타났고, 미니밴은 그걸 피하려 다시 방향을 틀었다. 순간, 내 지프 바로 앞에서 통제 불능이 되더니 결국은 고속도로를 가로질러 전복되고 말았다. 우리는 브레이크를 세게 밟아 같은 운명이 될 뻔한 순간을 가까스로 피했다. 인근 마을 사람들이 도로에서 잔해를 치우는 데 한 시간이 걸렸다. 얼마 지나지 않아 엔진 부품, 시트, 타이어 등 금속과 녹만 남을 때까지 차량에서 값나가는 것은 모조리 뼈 바르듯 골라갈 터였다.

교통은 고속도로의 톨게이트 검문소가 가까워질 때마다 느려지다 못해 기어가는 수준이다. 말라깽이 아이들이 채소와 숯과 야생 동물 고기를 팔러 떼로 몰려든다. 소총을 든 굼뜬 군인들은 누가 봐도 이곳 출신이 아닌 승객들을 심문한다. 이민국(Direction Générale de Migration, DGM) 공무원들은 여행 서류를 계속해서 꼼꼼히 살핀다. 한 번은 리카시에 도착하기 직전에 있는 검문소에서 라임색 점프슈트 차림의 자칭 '마이크(Mike) 대위'라는 자가 다가와 자신이 콩고 비밀정보국 요원이라며 짐 검사를 해야겠다고 말한 적이 있다. 이런 사기는 흔히 일어나는데, 그래서 가끔 검문소 통과 과정이 길고 짜증 날 때가 있다. 하지만 그러려니 하고 내버려두면 결국에는 그냥 지나가라고 허락해준다.

구리는 1900년대 초 벨기에인을 리카시 인근의 구릉으로 처음 끌어들였다. 어마어마한 매장량이 그들의 상상력에 불을 지폈고, 1917년 UMHK의 초대 사장 장 자도(Jean Jadot)의 이름을 따서 자도빌(Jadotville)이라는 광산촌이 세워졌다. 벨기에인이 리카시 근처에서 찾은 것은 구리뿐만이 아니었다. 1915년 4월 11일에는 우라늄도 발견했다. 매장지는 평균 농도가 65퍼센트인 U308(triuranium octoxide, 팔산화삼우라늄)로, 당시에는 세계 최고 등급의 우라늄 공급원이었다. UMHK는 그 즉시 리카시 남서쪽에 신콜로브웨(Shinkolobwe)라는 우라늄 광산을 구축했다. 1920년대의 국제 우라늄 시장은 코발트와 달리 도자기 안료 용도로 제한되어 있었기 때문에 이 광산은 인근의 구리 광산들만큼 수익성이 좋지 않았고, 1937년에 마침내 폐쇄됐다. 그런데 얼마 지나지 않아 맨해튼 프로젝트(Manhattan Project: 제2차 세계대전 중 미국이 추진한 원자폭탄 제조 계획—옮긴이) 팀이 신콜로브웨가 원자폭탄 제조에 필요한 고등급 우라늄의 이상적 공급처라는 걸 알아냈다. 1942년 9월 18일, 뉴욕 맨해튼의 미드타운에 있는 한 사무실에서 UMHK 소유주들은 신콜로브웨의 우라늄을 파운드당 약 1달러에 미 육군한테 팔기로 합의했다. 신콜로브웨는 1945년 8월 에놀라 게이(Enola Gay: B-29 폭격기의 애칭—옮긴이)가 히로시

마와 나가사키에 투하한 폭탄에 쓰인 우라늄 중 약 75퍼센트를 공급했다.[1] 이곳은 수십 년간 운영되지 않았지만, 질 나쁜 육군 간부와 조직 범죄자들이 우라늄을 채굴해 이란, 북한, 파키스탄 등의 암시장에 내다 판다는 소문이 끊이지 않았다. 그런 작자 중 한 명인 아란(Arran)이란 사내가 콜웨지로 가는 도로에서 야간 더 떨어진 틸웨젬베(Tilwezembe)라는, 죽음의 덫 같은 코발트 채굴장에서 아동 노동자들을 착취한다고 했다.

리카시의 거리를 걷다 보면 무너져가는 건물과 옛 식민지 시대의 아르데코 구조물, 그리고 한때 벨기에인이 살았던 원래 가로수 길의 흥미로운 조합이 드러난다. 작은 도심은 청록색 테두리가 있는 카키색 2층 건물, 즉 '리카시 시청'을 중심으로 펼쳐져 있다. 가게 앞 진열대에는 채소, 인근 루피라(Lufira)강에서 잡은 말린 생선, 영국이 아프리카로 팔아넘긴 채무 노동 노예의 후손들을 통해 스와힐리어에 편입된 차이(chai)라는 이름의 인도식 차(茶) 등이 보인다. 광산 지역 3대 주요 도시 중 리카시의 거리가 의심할 여지 없이 최악이다. 만날 파헤쳐지고, 재포장되고, 경로가 바뀐다. 육중한 화물 트럭들이 마구 뒤집힌 도로를 가로막고 있다. 밝은 교복을 입은 아이들은 바위 더미와 도랑을 뛰어넘어 학교에 간다. 도시를 관통하는 주요 도로에서 단 한 건의 사고만 생겨도 몇 시간 동안 차량 이동이 통제될 수 있다.

리카시에는 몇몇 구리·코발트 광산과 가공 시설, 철거 공장 한 곳, 그리고 많은 산업 광산 현장에서 구리·코발트 광석을 가공 처리하는 데 쓰이는 황산을 생산하는 화학 제품 제조 공장 한 곳이 있다. 리카시에서 인근 도시 캄보베까지 이어지는 일련의 산과 숲에는 수많은 장인 채굴 현장이 흩어져 있는데, 캄보베는 엄청난 구리 매장량에 1892년 지질학자 쥘 코르네와 1902년 존 R. 패럴이 환호성을 지른 곳이다. 다수의 장인 채굴 현장은 임시 민병대가 경비를 서는데, 이 중 일부는 광산업체들로부터 돈을 받는다. 이런 부대는 보통 칼라시니코프 소총, 권총, 마체테(machete, 벌목도)로 무장한 10~20명의 청년 기동대와 그들을 지휘하는 '장군' 한 명으로 구성된다. 민병대는 특히 캄보베 인근의 몇몇 마을과 장인 광산 현장에서 활발하게 활동한다.

"캄보베는 구리 벨트에서 가장 무법천지인 채굴 지역입니다." 현지 가이드 아르튀르(Arthur)가 설명했다. "탕가니카의 콜탄 광산과 더 비슷한 느낌이랄까요."

리카시와 캄보베 주변 광산 현장을 답사하고 보니 상황은 내가 예상했던 것보다 훨씬 더 나빴다.

건기의 더위가 정점에 이를 때도 구리 벨트의 이른 아침은 서늘하다. 고도와 습도 부족 때문에 해가 지고 나면 온도가 뚝 떨어진다. 밤새 습기가 쌓이고, 해가 뜨면 은빛 안개가 길 잃은 영혼처럼 언덕을 누빈다. 리카시와 캄보베 주변의 외진 지역에는 수많은 마을이 있다. 나는 특히 절망적인 생활 환경에 처한 마을을 포함해 그중 몇 곳을 방문할 수 있었다. 아르튀르는 부정적인 파급 효과 때문에 마을 이름은 밝히지 말아달라고 부탁했지만, 카마탄다(Kamatanda)라는 지역에 있던 것과 비슷한 마을의 이름은 언급해도 좋다고 분명히 말했다.

"제가 당신에게 보여드릴 마을이 꼭 예전의 카마탄다와 비슷하다고 사람들한테 얘기해도 됩니다."

카마탄다는 한때 리카시 북쪽의 제카민 소유 구리·코발트 광산 인근에 있었다. 거의 모든 아이를 포함해 그 마을 거주자들은 대부분 2014년경부터 2018년까지 헤테로제나이트를 채굴하고 세척했는데, 이 시점에 한 중국 광산 회사가 광구를 사들이고 카마탄다를 비롯해 인근에 있는 산을 매입했다. 아르튀르의 말에 따르면, 군대를 보내 1000명 넘는 주민을 강제로 카마탄다에서 내보냈다고 한다. 에투알 광산 인근에 살던 마카자한테 일어난 일과 다르지 않았다. 이 일대의 다른 마을 주민들도 언젠가는 고향을 떠나야 한다는 끊임없는 위협 속에 살았다. 그들의 유일한 기도는 다음에 정착할 마을의 땅속에는 가치 있는 것이 하나도 없게 해달라는 것이었다.

아르튀르가 보여주고 싶어 한 장인 광산 마을로 가기 위해 우리는 리카시를 출발해 외딴 지역으로 이어진 비포장도로를 달렸다. 그리고 사람이 살지 않을 것만 같은 곳에 주차를 한 다음, 차가 지나가기에는 너무 울퉁불퉁한 바위와 흙길을 따라 걸었다. 가늘게 뻗은 마른 덤불 사이를 터덜터덜 걷다 보니 어느새 아침 안개가 증발한 뒤였다. 이윽고 발밑의 서걱거리는 소리가 무수한 목소리에 파묻혔다. 그러더니 문득 마을이 나타났다. 쓰러져가는 오두막들, 파헤쳐진 땅, 그리고 풍경을 가르며 구불구불 흐르는 너비 2~3미터의 작은 개울. 마을에는 전기도 위생 설비도 없었다. 수십 명의 아이들이 물속에서 허리를 굽힌 채 헤테로제나이트 자갈에서 체로 흙을 거르고 있었다. 찰랑대는 물소리, 서걱서걱 삽질 소리, 미친 듯한 고함 소리의 불협화음이 산중에 울려 퍼졌다. 한 번에 한 사람한테 집중할 수 없는 것이 꼭 벌집 같았다. 마을 주민은 내가 키푸시에서 만난 사람들보다 더 가난해 보였다. 옷은 더 남루하고, 사람들은 대다수가 더럽고 초췌했다. 개울 주변에는 돌무더기와 흰색 라피아 자루 그리고 쓰레기가 어질러져 있었다. 낡은 오두막 근처에서 자라는 플랜테인(plantain: 채소처럼 요리해서 먹는, 바나나 비슷한 열매—옮긴이)이 그들의 주요 식량이었다. 작은 경작지에서는 카사바와 양파가 자랐다. 개울에서는 하수 악취가 났다. 소수의 무장한 사내들이 현장을 순찰했다. 그들은 제복을 입지 않았다. 그냥 청바지와 셔츠와 야구 모자에 운동화를 신었다.

아르튀르는 코만도(commando)라고도 부르는 민병대 쪽으로 우리를 데려갔다. 우리가 주민들과 얘기할 수 있는 허가를 그들한테 받아야 한다고 했다. 코만도는 아르튀르를 알고 있었다. 그와 동료들이 약품, 요리용 기름, 밀가루 포대 등의 물자를 그 지역의 몇몇 마을에 공급해주기 때문이었다. 아르튀르는 마르고 긴 얼굴에 누런 이빨과 충혈된 눈의 민병대 우두머리 부카사(Bukasa)에게 다가갔다. 부카사는 청바지와 운동화에 아디다스 티셔츠 차림이었다. 아르튀르는 내가 자금 지원을 도와주러 온 미국 교수라고 스와힐리어로 설명했다. 부카사는 마을을 둘러보고 일부 주민과 얘기를 나누고 싶다는 우리의 요청을 수락했지만, 마을의 주요 구역 너머로는 가지 말라고 지시했다.

우리는 마을을 가로지르는 개울을 따라 걸으며 장인 채굴 작업이 진행되는 것을 관찰했다. 8~13세의 소년들이 돌의 크기를 줄이려고 맨손으로 커다란 진흙투성이 헤테로제나이트 덩어리를 들고 세게 내리쳤다. 키푸시의 장인 광부 대부분이 갖고 있는 망치조차 없었다. 소년들은 크기가 줄어든 돌을 소녀들이 속한 다른 무리한테 개울에서 씻으라고 넘겨줬다. 몇몇 아이한테 카닝기오(kaningio: 금속 체를 가리키는 스와힐리어—옮긴이)가 있기는 했지만, 대부분 찢어진 라피아 자루 한 겹으로 돌을 헹궜다. 두 아이가 침대 시트를 접듯 자루 양 끝을 잡자 다른 아이 하나가 자루를 진흙과 돌로 채웠다. 이윽고 자루를 잡고 있던 아이들이 그것을 시냇물 수면 아래로 내렸다. 소년들은 오른팔과 왼팔을 번갈아 재빨리 들어 올렸다가 내리면서 일사불란하게 작업했다. 진흙과 흙이 자루 사이를 통과하도록 앞뒤로 좌우로 흔들었다. 마침내 자루에는 헤테로제나이트 자갈만 남았다. 아이들이 자갈을 다른 라피아 자루에 담아 부카사 팀에게 가져가자 그들은 이것을 하이럭스(Hilux) 픽업트럭에 실었다. 코만도들은 자루를 트럭으로 리카시까지 운송했다. 나는 이 마을의 광석이 리카시의 어떤 창고로 팔리는지 아느냐고 아르튀르에게 물었다. 그는 여러 개가 있지만 제일 큰 곳은 진 창고(Depot Jin), 디옵 창고(Depot Diop), 하오 창고(Depot Hao)라고 했다. 아르튀르에 따르면, 이 세 창고는 모두 광석을 중국 광산 회사들로 넘겼다. 부카사 팀도 중국 광산 회사 중 한 곳에 고용된 상태라고 했다. "이런 것을 '사설 경호'라고 부르더라고요."

나중에 세 창고를 방문했을 때, 오후 반나절이라는 한정된 시간 동안의 관찰이기는 했으나 몇몇 거래가 진행되는 걸 확인할 수 있었다. 내가 목격한 것은 창고를 운영하는 중국인 중간상들과 오토바이에 라피아 자루를 가득 싣고 도착한 콩고 네고시앙들 간의 거래였다. 세어보니 창고에 쌓여 있는 라피아 자루는 총 26개였다. 아르튀르는 세 창고에서 나온 모든 헤테로제나이트가 리카시와 루붐바시에 있는 중국 광산 회사들의 가공 시설로 갈 거라고 장담했다. 그는 또박또박 자기주장을 폈다. "광산 회사들은 이 마을에서 나온 코발트를 구매하지 않는다고 말할 거예요. 하지만 마을 사람들은 그 코발트가 어디로 간다고 생각할까요? 아무도 사지 않는다면 왜 그들이 코발트를 캐고 있겠어요?"

마을에 사는 대부분의 가족이 아르튀르와 잘 아는 사이였지만, 흔쾌히 앉아서 긴 시간 대화를 나누겠다는 사람은 거의 없었다. 틀림없이 일부는 코만도들이 보는 앞에서 외부인과 얘기하는 게 불편했을 테고, 다른 일부는 단순히 내가 자신들의 작업을 방해하는 걸 원치 않았을 것이다. 내가 얘기할 수 있었던 상대는 드니(Denis, 10세)와 아윌로(Awilo, 11세) 형제였다. 아르튀르가 돌을 씻고 있는 그 애들을 발견했다. 그가 대화를 나눌 수 있도록 아이들을 조용한 곳으로 안내했다. 소년들은 갈색 반바지와 플라스틱 슬리퍼에 너덜너덜한 티셔츠 차림이었다. 한 명은 초록색, 다른 한 명은 하늘색 티셔츠를 입었다. 드니는 앞쪽에 중국의 용 문양이 있는 오버사이즈 야구 모자로 햇볕을 가렸다. 그들은 아빠가 누군지 몰랐다. 엄마는 리카시의 게스트하우스에서 일하고 있는데, 한 달에 한두 번 아이들을 만나러 왔다.

"저희는 할머니랑 살아요." 드니가 말했다. "형이 둘 있는데, 잠비아에 갔어요."

소년들은 말하면서 쇳소리 나는 기침을 했다. 그러곤 다리가 햇볕에 타서 가렵다는 것과, 등하고 목의 만성 통증을 호소했다. 그들이 기억하는 한 둘은 항상 마을에서 돌을 깨고 씻었다. 학교는 하루도 다닌 적이 없었다. 그러면서 개울로 다시 나갈 생각에 불안해하며 매일 아침 일어난다고 했다.

드니와 아윌로는 할머니인 솔랑주(Solange)에게 나를 데려갔다. 노인은 땅바닥에 앉아 작은 칼로 카사바 껍질을 벗기고 있었다. 정갈하지만 빛바랜 갈색과 노란색의 블라우스와 치마 차림이었다. 눈은 움푹 들어갔고, 손가락은 관절염을 앓고 있는 것처럼 보였다. 피부는 갈라진 흙처럼 건조했다. 솔랑주는 손주들이 아기였을 때, 애들 아빠가 다른 여자와 살림을 차리기 위해 떠났다고 말했다. 자신도 28세 때 남편이 떠나는 일을 겪었고, 혼자서 4명의 자녀를 키웠다고 했다. 그 후 리카시에서 지낼 수 없어 오빠가 사는 근처 마을로 이사를 갔다. 노인은 1980년대 중반 자신이 리카시를 떠날 때만 해도 장인 채굴은 전혀 없었다고 했다. 원래 벨기에 소유 구리 광산은 제카민에서 운영했고, 리카시와 캄보베에 사는 대부분의 남자는 거기서 일했다. 제카민이 광산을 폐쇄한 후, 사람들은 스스로 땅을 파기 시작했다.

"당시에는 구리를 캐서 버는 돈으로 충분했어요." 솔랑주가 말했다. "우리 아이들을 땅 파러 보낼 필요가 없었지요."

솔랑주는 2012년에 모든 게 달라졌다고 말했다. "〔조제프〕 카빌라가 광산을 중국 사람들한테 팔았어요. 그들은 그게 축복인 것처럼 보이게 만들었죠. 코발트를 캐서 부자가 되어야 한다고 했어요. 모두가 땅을 파기 시작했지만, 아무도 부자가 되지 못했죠. 우리는 필요한 만큼 충분히 벌지 못해요."

노인은 카사바 껍질을 다 벗기고 노란색 플라스틱 용기의 물을 금속 냄비에 부었다. 카사바를 냄비에 넣은 다음 성냥으로 불을 붙였다. 불이 살살 타오르게 한 뒤 그 위에 냄비를 올렸다. 카사바 요리를 하는 동안, 노인은 수심에 잠겼다. "제 손주들을 보세요. 코발트가 콩고 아이들한테 무슨 짓을 했는지를요. 이 아이들한테는 더 이상 미래가 없어요."

하루 중 대부분은 코만도들이 내 존재를 눈감아줬다. 하지만 내가 키용게(Kiyonge, 9세)라는 소년을 비롯해 몇몇 아이와 더 이야기를 나누자 부카사가 경악한 표정으로 나를 쳐다보기 시작했다. 키용게는 나이에 비해 작은 몸집인데 해진 검정색 반바지와 웃는 얼굴 이모티콘이 있는 진흙투성이 셔츠 차림이었다. 그 애가 왼쪽 눈을 손가락으로 계속 눌렀다. 무슨 일이냐고 물었더니, 눈꺼풀에 다래끼가 생겨 아프다고 했다. 가장 가까운 의원은 리카시에 있었다. 그래서 마을 사람들은 몸이 아프거나 다치면 그냥 나을 때까지 앓는 수밖에 없었다. 키용게는 오른쪽 관자놀이 뒤쪽 머리카락이 1달러짜리 은색 동전 크기만큼 몇 움큼 빠져 있었다. 피부는 온통 발진투성이고, 목소리는 노인처럼 거칠었다.

"밀렐레(Milele)에서 살았는데, 2년 전 엄마가 우리 형제를 이곳에 데려왔어요. 엄마는 몇 달 후 여동생들을 데려온다며 떠났는데 아직 안 돌아왔죠."

키용게는 3명의 형과 마을에서 살았다. 형들은 코발트를 캐는데, 자기는 땅을 파기에는 너무 몸집이 작아 개울에서 돌을 씻는다고 했다.

키용게가 자신들이 사는 오두막을 보여줬다. 임시변통으로 지붕 대신 플라스틱 판자를 얹은 집이었다. 반바지와 셔츠들이 빨랫줄에 매달려 있었다. 오두막 안은 대략 가로세로 3미터이고, 딱딱한 흙바닥이었다. 한쪽 구석에 하얀 플라스틱 그릇 하나와, 요리 및 난방용으로 쓰이는 큼지막한 돌들에 둘러싸인 큰 금속 냄비 하나가 놓여 있었다. 칼, 숟가락, 플라스틱 용기와 옷더미도 있었다. 소년들이 민주콩고 빈민층의 주식인 간단한 푸푸(fufu: 식물 뿌리를 삶아 으깨 만든 수프―옮긴이)를 만들려고 마을 옆 밭에서 자란 카사바와 양파를 삶았다. 잠은 바닥에 매트를 깔고 잤다. 우기에는 최대한 구할 수 있는 여분의 방수포와 찢어진 라피아 자루로 오두막을 덮어 씌웠다. 폭풍우가 몰아치면 잠자던 바닥에 물이 고여 진흙탕이 되어도 어쩔 도리가 없었다.

"코발트 캐는 애들에 대해 더 알고 싶으면 밀렐레로 가세요." 키용게가 말했다. "거기에 애들이 수천 명은 있거든요. 그곳 출신 애들을 스폰서가 이런 마을로 많이 데려오죠."

아르튀르는 키용게가 말하는 '스폰서'가 코만도나 네고시앙을 뜻하는 거라고 설명했다. 그들은 생산량을 늘리기 위해 다른 마을, 심지어 인근의 다른 지방 아이들을 키용게가 일하는 장인 채굴 현장으로 팔아넘긴다고 알려져 있었다. 밀렐레는 리카시에서 북쪽으로 한참 먼 곳에 위치했다. 나를 거기까지 데려가겠다는 가이드는 찾을 수 없었다. 매우 폭력적인 민병대가 통제하고 있었기 때문이다.

이 마을의 여러 아이와 몇몇 엄마 그리고 할머니들과 얘기를 나누다 보니 몇 시간이 흘렀다. 개울에서 광석을 세척하고 골라내는 공정도 관찰했다. 이제 단 하나의 의문이 남았다. 광석의 출처는 어디일까? 키용게는 형들이 다른 지역에서 헤테로제나이트를 캔다고 말했다. 그곳은 바로 부카사가 허락하지 않은 마을 밖 지역이었다. 키용게는 덤불을 통과해 들키지 않고 그 지역으로 갈 수 있는 뒷길이 있다며 방향을 알려줬다. 아르튀르와 나는 낡은 오두막들을 지나 덤불 지역으로 들어갔다. 그리고 마침내 축구장 크기 정도 되는 넓은 땅에 도착했다. 대부분의 나무와 덤불은 제거되었고, 바닥은 마치 쟁기로 간 것만 같았다. 벌판에는 여러 젊은이와 10대 소년들이 서너 개씩 정리해서 쌓은 수십 개의 라피아 자루가 보였다. 자루마다 돌과 흙이 다양한 부피로 채워져 있었다. 벌판에 적어도 15개의 터널 입구가 여기저기 있었는데, 각 터널의 지름은 대략 1미터였다. 나는 땅속에 얼마나 많은 사람이 있을 것 같으냐고 아르튀르에게 물었다. 그는 확실하지는 않지만 최소한 100명은 될 거라고 추정했다.

콩고에서 내가 코발트 채굴용 터널을 본 것은 이번이 처음이었다. 하고 싶은 질문이 너무 많았다. 터널의 깊이는 얼마인가요? 저 아래에 얼마나 많은 사람이 있나요? 그들은 어떻게 내려가고 올라오나요? 광석은 땅 위로 어떻게 가져오나요? 터널에 버팀목은 있나요? 채굴꾼들은 지하에서 어떻게 숨을 쉬나요?

안타깝게도 나는 터널 채굴 지역을 더 이상 답사하지 못했다. 코만도 몇 명이 벌판을 순찰했고, 아르튀르는 조금이라도 더 오래 머물다가 발각되는 위험은 감수하고 싶지 않다고 했다. 그날 내가 관찰한 바에 의하면 문명의 상징과는 한참 동떨어진, 이런 기회가 아니라면 주목할 일이 없었을 산속 깊숙한 곳에 전 세계 충전식 기기 및 자동차를 생산하는 기업들과 연결되어 터널을 파고, 귀한 코발트를 채굴하고, 그걸 세척하고 포장해 공급하는 인간 개미 군락이 있는 듯했다. 콩고 여행을 숱하게 했지만 나는 이런 기업이나 전방 산업 공급업체들이 공급망의 이런 부분 또는 이와 비슷한 수많은 장소 중 어떤 곳을 감시하는 것을 한 번도 보거나 들은 적이 없다.

콩고에서 더 많은 마을을 방문하면 할수록 아이가 학교에 다니는 게 얼마나 힘든 일인지 더 잘 알게 되었다. 우리는 대부분 교육을 당연시하며 가능한 한 최고의 교육을 받으려고 종종 치열하게 경쟁하곤 하는데, 드니와 아월로와 키용게 같은 아이들은 초등학교 몇 년조차 마칠 기회가 없었다. 리카시 인근의 좀더 큰 몇몇 마을에 학교가 있었지만 대부분 마을은, 특히 외딴 지역은 그렇지 않았다. 인근 마을의 한 학교에 근무하는 조제핀(Josephine)이라는 이름의 교사를 리카시에서 만났다. 그는 이 도시의 외국인 주재원 거주 구역에 있는 작은 집에서 남편, 세 자녀와 함께 살았다. 에너지 넘치는 30대 여성으로 시 쓰기를 좋아한다고 했다. 조제핀은 아동 교육에 열정을 갖고 있었고, 월급 없이 몇 달 일할 때도 많았다.

"정부가 교사들의 월급을 지급하도록 되어 있지만 자금을 지원하지 않기 때문에 학교에서 학생들한테 수업료를 부과해야 하죠."

"수업료가 얼마인데요?" 내가 물었다.

"매달 5달러요."

조제핀은 리카시 주변에 있는 가난한 마을의 가정 대부분은 꾸준히 수업료를 낼 형편이 안 되고, 그래서 부모들은 자녀를 학교 대신 일터로 보낼 때가 많다고 했다. 코발트 채굴은 매일 적어도 몇 푼의 돈은 가지고 귀가할 수 있는 가장 확실한 방법이었다. 교육을 받는 것과 위험한 아동 노동에 참여하는 것 사이의 차이가 불과 몇 달러라는 사실은 상상도 할 수 없었다. 나는 외국 정부들의 원조나 자선 재단의 보조금이 공백을 메우는 데 도움을 주는지, 그게 아니라면 아이들이 학교에 계속 다니는 조건으로 가구당 현금을 지급하는 건 어떤지 물었다. 이런 프로젝트는 다른 가난한 나라에서 취약 계층 아동이 학교를 마치는 비율을 높이는 데 효과적이라는 게 입증되었으니 말이다.

조제핀은 과거 유니세프(UNICEF)의 지원을 받은 몇몇 학교를 알고 있다고 했다. 하지만 재정적 지원이 종료되자, 많은 아이가 일터로 다시 돌아갈 수밖에 없었다. 그는 가구당 현금 지급도 해결책이 아니라고 생각했다. 우선, 가장 가까운 학교가 수 킬로미터 떨어져 있을 경우 아이들이 학교에 꾸준히 다니기 불가능하고, 특히 우기에는 더더욱 그렇단다. 그러곤 이렇게 덧붙였다. "많은 아이들 스스로가 학교에 있고 싶어 하지 않아요. 설사 수업료를 감당할 수 있다 하더라도 일을 하라는 압력이 너무 세거든요. 작년에 저희 반은 36명으로 출발했어요. 그런데 두 달 뒤에 17명만 남았죠. 이 아이들조차 매일 아침 일을 하고 학교에 왔어요. 늘 피곤하고 허기져 있었죠. 이런 환경에서 도대체 어떻게 배울 수 있겠어요?" 조제핀은 궁지에 몰린 많은 아이들의 상황과 장기간 무급으로 일하는 게 다반사인 교사들의 의욕 저하로 인해, 아이들이 어떻게든 학교에 다니더라도 기초 문해력만 갖춘 채 13~14세가 되어버리는 상황을 설명했다. 조제핀에 따르면, 콩고 시골의 교육 체제는 완전히 무너졌다.

조제핀의 의견에 나는 좌절했다. 어느 때든 콩고의 가난한 가정에서는 거의 늘 소득이 최우선이고 교육은 차선, 아니 전혀 필요하지 않은 것 같았다. 음식, 약품, 오두막 수리 또는 다른 모든 지출을 하자면 아이들을 포함한 가족 구성원 모두가 어떻게든 돈을 벌어야 했다. 교육이 가져다줄 수익이란 너무 이론적인 소리였고, 특히 적절한 학교 교육에 필요한 지원이 부족한 상황에서 그날그날 벌어 먹고사는 사람들에게는 너무 먼 미래의 얘기였다. 콩고 채굴 지역 전체의 빈곤 가정들이 생존을 위해 아동 노동에 의존하는 것은 당연했다. 그것을 코발트 공급망 상위의 이해관계자들이 이용하고 있다는 생각이 가끔 들기도 했다. 돈 몇 푼 쥐어주면 아이들이 코발트를 캘 텐데, 굳이 왜 광산 지역에 사는 콩고 아이들을 위해 학교를 짓거나 적절한 교육을 하도록 자금을 대겠는가?

캄보베

여정의 다음 목적지는 리카시에서 북서쪽으로 25킬로미터 떨어진 캄베보라는 광산촌이다. 캄보베에 대해 잘 알기 위해 우리는 1873년 7월 10일경의 파리로 살짝 우회하려 한다. 이날 에드먼드 모렐이 영국인 교사와 프랑스인 공무원 사이에서 태어났다. 모렐의 부친은 그가 겨우

4세일 때 사망했고, 어머니는 영국으로 돌아가 그를 키웠다. 모렐은 조지프 콘래드가 콩고강 상류로 여행을 떠날 무렵인 1890년 엘더 뎀스터(Elder Dempster)라는 리버풀의 해운 회사 사무원 자리를 얻었다. 레오폴드 왕이 다스리는 콩고자유국의 모든 화물을 다루는 회사였다. 모렐이 프랑스어를 할 줄 알았기 때문에 엘더 뎀스터는 그에게 벨기에인들과의 해상 운송 거래를 점검하라고 지시했다. 이때 그는 아프리카에 매료되었고, 이 대륙에 대한 모든 자료를 닥치는 대로 읽었다. 그리고 얼마 지나지 않아 콩고자유국의 광범위한 잔학 행위를 묘사한 선교사들의 증언을 접했다. 레오폴드의 선전 기구는 이 증언을 허위 사실이라며 부인했다. 당대의 대부분 사람들처럼 모렐의 마음도 왕을 믿는 쪽으로 기울었다.

1900년 어느 날 아주 우연히 모렐은 엘더 뎀스터의 공식적인 운송 수익 수치를 안트베르펜 시장에서 판매된 콩고자유국의 고무 매출과 비교하던 중 특이한 점을 발견했다. 콩고에서 벨기에로 들어온 고무의 흐름은 비약적인 증가세를 보이는데, 수송비를 제외한 고무 전체의 값이 장부에 외상으로 적혀 있었다. 이런 불일치는 인건비가 분명히 0이라는 얘기였다. 그는 원주민에게 화폐 대신 상품으로 임금을 지급하고 있지는 않은지 궁금했지만, 장부를 보니 콩고자유국으로 유입되는 물건이 대부분 실탄, 라이플총, 장난감 총, 수갑 같은 무기였다. 모렐은 이렇게 추론했다. "따라서 통계 자료는 그 자체가 콩고 원주민이 조직적으로 강도를 당하고 있다는 결정적 증거를 제공한다. ……무역은 명백히 이 수치에 아무런 역할도 하지 않는다. 그렇다면 도대체 어떤 과정을 거쳐 콩고 원주민이 노동으로 유인되는 걸까?" 모렐은 선교사들이 제출한 잔혹 행위 보고서가 떠올랐고, 콩고자유국은 "폭력에 의해 강행되는 합법화한 강도짓으로 수백만 명을 절대 노예 상태로 전락시킨" 덕분에 운영되고 있다고 결론 내렸다.[2]

자료 분석을 통해 모렐은 역사상 최대 인권 참사 중 하나를 밝혀냈다. 1895~1900년 콩고에서 수출한 고무 및 상아의 신고 금액과 안트베르펜에 도착했을 때의 신고 금액에 2350만 벨기에프랑의 차이가 있다는 걸 알아낸 것이다.[3] 누군가 이 '절대 노예' 체제를 통해 수천만 프랑의 이익을 은폐하고 있으며, 그것은 단 한 사람, 바로 레오폴드 2세 국왕일 터였다.

모렐은 1902년 콩고자유국을 맹렬히 고발한 《서아프리카의 문제(Affairs of West Africa)》를 출간했다. 그는 "이전에 존재했던 어떤 노예제보다도 더욱 비열하고 더욱 잔혹한 형태의 노예제를 발명"한 레오폴드에게 이 착취 체제의 책임을 돌렸다.[4] 모렐의 책은 1903년 5월 20일 영국 하원이 이 사안에 대해 토론하는 계기를 마련했다. 그리고 콩고자유국 주재 영국 영사 로저 케이스먼트가 공식적인 조사를 수행하라는 명을 받았다. 케이스먼트는 콩고 열대 우림에서 자신이 조사한 내용과 직접 만난 원주민들의 증언을 바탕으로 1904년 초에 《케이스먼트 보고서》를 발표했다. 보고서는 선교사들의 증언과 모렐이 수출입 자료에서 추론한 것들이 전부 사실임을 확인시켜줬다.

영국에서 만난 모렐과 케이스먼트는 레오폴드의 식민지 정권을 무너뜨리기 위해 1904년 3월 콩고개혁협회(Congo Reform Association, CRA)를 창설했다. CRA는 자료(모렐)와 생존자 증언(케이스먼트)에 힘입어 20세기 최초의 국제 인권 단체로 떠올랐다. 조지프 콘래드, 아서 코넌 도일(Arthur Conan Doyle), 마크 트웨인(Mark Twain), 부커 워싱턴(Booker T. Washington) 등 지지자도 많았다. 1908년 레오폴드는 어쩔 수 없이 콩고

자유국을 벨기에 정부에 매각했고, 이로써 아프리카 역사상 가장 파렴
치한 노예제는 종식됐다. 아니, 그렇게 보였다.

레오폴드는 콩고에 자원이 풍부하다는 사실을 만천하에 보여줬다. 벨
기에 정부가 인수했을 때만 해도 카탕가의 광물은 이제 막 탐사를 개시
한 참이었다. 쟁탈전이 시작됐다.

모렐과 케이스먼트가 콩고 노예제 종식을 위한 특별 캠페인을 벌인 지
한 세기 넘게 지난 지금, 광산 지역에는 새로운 "폭력에 의해 강행되는
합법화한 강도" 체제가 성행하고 있다. 캄보베 인근의 장인 채굴 현장
이 바로 그런 사례다. UMHK는 1910년대에 구리를 채굴하려고 캄보베
에 최초의 광산을 개발했고, 제카민은 1968년 상근 채굴 노동력을 확
보하기 위해 광산촌을 세웠다. 1990년대에 제카민의 재정 파탄은 캄보
베에 커다란 시련을 안겨줬다. 마을 전체가 이 회사 덕분에 먹고살았는
데, 하루아침에 수천 명이 일자리나 대체 수입원 없이 자력으로 생계
를 꾸려나가게 생긴 것이다. 또한 제카민의 몰락으로 수십 년간 콩고의
광산 부문을 좀먹어온 부당 거래와 뇌물이 급속도로 퍼졌다. 내가 찾아
간 거의 모든 구리·코발트 산업 광산이 지역 주민한테서 빼돌린 가치
를 도둑 정치인과 외국인 이해관계자들의 손에 넘겨주는 왜곡된 거래
를 통해 기사회생했다. 레오폴드의 모델은 고스란히 남아 있었다.

다음이 그런 사례다. 2001년 1월, 로랑 카빌라는 캄보베 주변에 있
는 이전의 제카민 광산에 대한 일체의 권리를 카바반콜라 광업회사
(Kababankola Mining Company, KMC)에 매각했다. KMC의 지분 중 20퍼센
트가 제카민, 80퍼센트가 트레몰트 유한회사(Tremalt Limited) 소유였다.

트레몰트는 짐바브웨의 유력 인사인 존 브레덴캄프(John Bredenkamp)가 쥐고 있었는데, 그는 1998년 르완다·우간다의 민주콩고 침공에 맞서 로랑 카빌라를 지원할 짐바브웨 군대를 파병한 일등 공신이었다. 이들은 우연히도 1년 전 카빌라가 모부투로부터 콩고를 장악하는 데 도움을 준 병력이었다. 브레덴캄프의 지원이 없었다면 카빌라는 몇 주 안에 자신의 옛 협력자들에 의해 무너졌을 것이다. 카빌라는 브레덴캄프에게 빚을 졌고, KMC는 그 빚을 갚는 방안 중 하나였다. 트레몰트는 캄보베 주변의 광구 6개에 대한 권리를 사들이는 데도 고작 40만 달러를 지불했다. 이러한 거래가 경고음을 울렸고, 유엔은 조사를 지시했다. 2002년 10월, 유엔은 KMC가 40만 달러에 사들인 광구가 공정 시장 가치로는 10억 달러가 넘는다는 사실을 확인해주는 보고서를 발표했다. 100년 전 모렐이 밝혀냈던 콩고자유국 문제보다 훨씬 더 심각한 매입 가격과 시장 가치의 괴리였다.

유엔 조사의 여파로 브레덴캄프는 이 사기극에서 손을 떼고, 이스라엘계 미국인 사업가 댄 거틀러(Dan Gertler)에게 6000만 달러를 받고 트레몰트를 팔아넘겼다. 거틀러는 이미 민주콩고의 다이아몬드와 구리 광산을 소유한 인물이었다. 로랑 카빌라의 아들 조제프와 어릴 때부터 알고 지낸 사이로, 1997년 콩고의 다이아몬드 광구를 처음 매입할 때도 조제프의 도움을 받았다. 2000년 9월에는 민주콩고의 모든 다이아몬드 거래에 대한 독점권을 갖기 위해 로랑 카빌라에게 2000만 달러를 지불하기도 했다. 이 일로 브레덴캄프처럼 거틀러의 사업도 국제적인 조사 대상에 올랐다. 국제통화기금과 세계은행은 2009년 시코마인스 계약을 둘러싸고 제기됐던 우려와 흡사해 보이는 민주콩고의 대출 담보물(다이아몬드)에 대해 안전성 조사를 실시했다. 조사 결과, 거틀러의 이름이 파나마 페이퍼스(Panama Papers: 한 파나마 로펌의 비밀문서로 전 세계 유명 인사들의 조세 회피 정보가 담겨 국제적 파장을 일으켰다—옮긴이)에 200회 이상 등장하고, 민주콩고의 광산 자산 거래 대다수가 악명 높은 유령 회사 모색 폰세카(Mossack Fonseca)를 통해 이뤄졌다는 사실이 드러났다. 2017년 12월, 미국 재무부는 인권 침해와 부정부패를 이유로 거틀러에게 제재를 가했다. 그러나 캄보베 광산의 수상한 거래는 이게 끝이 아니었다.

2016년 이래 캄보베의 광산은 새로운 회사가 관리하고 있다. 바로 중국에 본사를 둔 화유 코발트다. 화유는 제카민과 72 대 28의 비율로 투자한 미카스(MIKAS)라는 합작법인을 통해 광산을 매입했다. 조제프 카빌라가 화유의 캄보베 거래를 주선했고, 이에 대해 금전적 보답을 받았다는 소문이 파다했다. 이런 의혹은 아프리카 사상 최대 규모의 금융 정보 유출 사건으로 사실임이 확인됐다. 이 사건은 2021년 여름에 터졌는데, BGFI뱅크(BGFIBank: 가봉에 본사를 둔 금융 그룹—옮긴이)의 킨샤사 지점에 계좌를 보유한 콩고 건설회사(Congo Construction Company, CCC)라는 한 유령 기업이 중국 광산 기업들과 카빌라 가문 사이의 금융 중개자 역할을 한 사실이 밝혀졌다. 카빌라의 여동생 중 한 명은 은행 지점의 지분을 40퍼센트 소유했지만 거기에 대해 단 1달러도 지불하지 않았고, 이 지점의 운영자는 카빌라의 형제 중 한 명이었다. 블룸버그의 조사에 따르면, "2013년 1월부터 2018년 7월까지 총 6500만 달러가 CCC 계좌로 들어왔는데, 그중 4100만 달러가 현금으로 인출되어 자금 전체의 수익자는 추적할 수 없는 것으로 드러났다. 그럼에도 불구하고 은행 장부에는 적어도 3000만 달러가 이체나 현금을 통해 카빌라 대통령과 그 가족이 소유한 회사들과 직접 관련 있는 인사 및 법인체에 전달된 것으로 나타났다".[5] 카빌라 가문은 구리 벨트 전역의 광산 거래를 성사시키려는 중국 광산 회사들로부터 돈을 받기 위해 CCC를 이용한 것으로 보인다. 또한 은행을 이용해 적어도 1억 3800만 달러의 공적 자금을 자신들에게 전송했다.[6] 조제프 카빌라가 중국인들의 광산 계약과 건설 거래에서 정확히 얼마나 많은 돈을 빼냈는지는 절대 알려지지 않을 것이다. 다만 누가 봐도 약탈한 것인 그의 광산 자산과 공적 자금은 레오폴드조차 무색하게 만들 듯하다.

미카스가 운영하는 캄보베의 광산들은 도심에서 북쪽으로 몇 킬로미터 떨어져 있다. 현지 주민들에 의하면, 이 광산은 산업 광산과 장인 광산의 혼합 시스템으로 채굴되고 있으며, 생산량 중 기계 대 수작업의 비율이 얼마인지는 추적할 수도, 명확히 알 수도 없다고 한다. 내가 방문할 당시 미카스 광산은 공화국 수비대와 사설 경호업체가 뒤섞여 삼엄한 경비를 펴고 있었다. 광구에 접근하려고 해봤지만, 그 산의 초입으로부터 멀지 않은 곳에 있는 바리케이드에서 군인들한테 저지당했다. 대신 캄보베에서 일한다는 장인 광부들과 인터뷰하는 것으로 만족해야 했다.

나는 캄보베 북쪽의 미카스 광산 세 곳에서 장인 광부로 일한다는 남성 4명과 10대 소년 4명을 만났다. 그들은 아침 일찍 집을 나와 집합 장소로 걸어가면 미카스의 화물 트럭이 자기들을 태우고 광산으로 이동한다고 했다. 광산하고 가까운 곳에 사는 사람들은 현장까지 걸어온다고 했다. 인터뷰한 채굴꾼들의 증언에 따르면, 미카스 광산에서 일하는 장인 광부는 2000~3000명이었다. 캄보베 주민 음포요(Mpoyo, 22세)는 이 시스템을 이렇게 설명했다. "카모야 사우스(Kamoya South)는 대부분 장인 채굴을 합니다. 가끔 미카스에서 굴삭기를 사용하기도 하는데, 말했다시피 대개는 장인 채굴이죠. 대부분의 사람들이 가장 큰 구덩이를 파고, 일부는 그 구덩이 주변을 파요. 깊이 팔 필요도 없어요. 이미 구멍이 아주 깊거든요."

그들의 말에 따르면, 미카스 광산에는 돌을 세척하고 골라내는 시스템이 없었다. 장인 광부들은 광석을 캔 다음 적당한 크기로 망치질해서 라피아 자루에 담았다. 다 찬 자루는 어떻게 하냐고 물었더니, 에투알에서 마카자가 말한 시스템처럼 미카스 광산의 중개상이 그들로부터 자루를 사들인다고 했다. 실제로 미카스의 장인 광부들은 40킬로그램짜리 자루 하나당 에투알과 동일한 금액인 약 1.10달러를 받았다. 장인 광부들이 자루를 미카스 화물 트럭에 실으면, 트럭은 가공 처리를 위해 캄보베에 있는 미카스의 선광장(選鑛場: 광석에서 가치가 낮거나 쓸모없는 것을 골라내는 작업을 하는 곳―옮긴이)으로 광석을 운송했다. 이 선광장에서 모회사인 화유 코발트로 반(半)가공 구리와 코발트가 수출되었을 가능성이 높다.

음포요와 다른 장인 광부들은 광산에서 팀을 이뤄 일하며, 일반적인 생산량인 자루 2개를 기준으로 했을 때 하루 평균 약 2.20달러를 번다고 했다. 아울러 현장 네 곳에서 거의 모든 생산이 장인 채굴로 이뤄진다고 말했다. 세마프 관리들이 미카스 광산에 출석해 그날그날 생산량의 무게를 재는데, 이것이 콩고 정부에 지불할 로열티를 결정한다고도 주장했다. 만일 이 말이 사실이라면, 장인 광부들을 모니터링하고 그들의 이익을 보호할 임무가 있는 정부 기관이 산업 현장에서 그들을 불법적으로 활용하는 시스템의 일부라는 얘기일 터였다. 콜웨지로 가는 도로 주변에 있는, 더 먼 곳에 위치한 다른 산업 광산 현장에서도 나는 비슷한 내용을 접할 수 있었다.

미카스 광산에서 일하는 장인 광부들은 작업 조건이 열악하다고 했다. 그들은 개인 보호 장비나 여타 안전장치 없이 하루 10~12시간씩 코발트를 찾아 부수고 망치질했다. 하지만 현장마다 작은 부상을 응급 처치할 수 있는 진료소가 있다고는 했다. 그들은 허리와 목의 만성 통증, 피부가 찢어지거나 뼈를 삐는 등의 부상에 시달렸다. 그리고 2018년 5월에 미카스 광산 중 하나인 카모야 센트럴(Kamoya Central)에서 구덩이 벽이 붕괴하는 큰 사고가 일어났다. 그 사고로 장인 광부 여럿이 다리 골절 같은 심한 부상을 입고 몇 명은 사망했다는데, 정확히 몇 명인지는 아무도 알지 못했다.

캄보베 위쪽의 미카스 광산 현장에서 일하는 장인 광부가 2000~3000명이고 각각의 광부가 하루에 40킬로그램들이 광석 자루 2개 분량을 생산한다고 가정하면, 그들의 구리·코발트 광석 총생산량은 하루에 160~240톤일 것이다. 산업 광산 현장 한 곳의 장인 채굴 생산량이 이렇게 어마어마한데, 이 광산만 그런 게 아니었다. 리카시와 콜웨지 사이에 위치한 대부분의 주요 광구에서 장인 광부들이 작업하고 있는 것으로 확인되었다. 장인 광부들이 생산을 전량 책임지는 경우도 있었다.

캄보베 북쪽에 있는 미카스의 구리·코발트 광산에는 접근하지 못했지만, 토코텐스(Tocotens)라는 캄보베 지역의 또 다른 대규모 채굴 현장에는 들어갈 수 있었다. 그곳은 도심에서 남동쪽으로 몇 킬로미터 떨어진 폐쇄된 제카민의 구리·코발트 광산이었다. 캄보베의 장인 광부들은 땅을 파려고 매일 광산까지 걸어갔다. 내가 방문했을 때는 경비대나 무장한 민병대가 한 명도 보이지 않았다. 현장에서는 수백 명의 청년과 10대 소년들이 광석을 채굴하느라 커다란 구덩이 안팎을 파고 있었다. 이보다 어린 소년·소녀들은 하나같이 키푸시에서 보았던 것처럼 썩은 상태로 보이는 물웅덩이에 들어가 돌을 씻었다. 광산 상공에는 기분 나쁜 안개가 뒤덮여 있었다. 너도나도 현장을 파헤치는 통에 일어난 먼지와 리카시의 부실 정비 도로를 덜컹덜컹 지나가는 화물 트럭들이 토해놓은 잔돌 따위가 뒤섞인 안개였다. 토코텐스의 장인 광부들은 자신이 생산한 것을 현장 바로 옆에 있는 임시 창고에 팔았다.

진지해 보이는 파토케(Patoke)라는 이름의 장인 광부는 토코텐스 인근에 있는―분홍색과 흰색 방수포로 존재를 알리는―기본적인 것만 겨우 갖춘 창고를 몇 곳 가리키며 말했다. "우리는 콩트와르에 코발트를 팔아요."

리카시의 하오, 진, 디옵 창고처럼 토코텐스의 창고도 모두 중국인 중개상들이 운영했다. 그중 어떤 누구도 나와는 몇 마디 이상 섞으려 들지 않았다.

토코텐스는 과거 제카민의 광산이었지만, 내가 만난 현장 채굴꾼들은 너무 어려서 제카민의 붕괴가 캄보베에 미친 영향에 대해 잘 몰랐다. 파토케의 아버지 음베세(Mbese)는 당시를 잘 기억했다.

나는 토코텐스에서 제카민을 위해 일했어요. 회사는 우리한테 임금을 후하게 줬죠. 가정마다 살 집도 제공했고요. 아이들한테는 학교도 지어줬어요. 아이가 하나 더 생기니까 매달 밀가루 한 포대를 더 주더라고요.

제카민이 떠난 뒤, 우리는 수입이 전혀 없었어요. 광산에서 땅을 파봤죠. 광석을 팔려고 루붐바시까지 가야 했지만, 이전보다 10퍼센트밖에 못 벌었어요.

솔랑주처럼 음베세도 제카민이 망하기 전의 시절을 그리워하는 듯했다. 정말 그 정도로 상황이 월등히 좋았던 걸까? 음베세가 일하던 시기에, 제카민은 광산 지역의 시민 수만 명에게 고정 임금으로 일자리를 제공했다. 학교와 병원을 짓고, 보험 설계를 제공하고, 직원들의 자부심을 키워줬다. 아울러 수백 명의 광산 엔지니어를 훈련시켜 경쟁력 있는 급여를 받는 일류 직업을 창출했다. 일부는 해외 대형 광산 기업에서 일하기까지 했다. 하지만 불행히도 전체 시스템이 세워진 기반 자체가 불안했다. 회사가 파멸에 빠진 가장 큰 원인은 고위 경영진, 광산 공무원, 정부의 엘리트 관리와 그들의 우두머리인 조제프 모부투의 명백한 자금 도둑질이었다. 모부투는 정권 말기에 이 회사의 금고에서 막대한 금액을 빼돌렸다는 얘기가 있다. 재정 파탄은 불가피했고, 그것이 광산 지역 주민들에게 미친 영향은 음베세와 파토케처럼 아버지에서 아들로, 수천 명에게 대물림되며 지금까지 남아 있다.

토코텐스 외에도 내가 돌아본 캄보베 근처의 다른 장인 채굴 구역이 몇 개 더 있다. 대부분은 주요 간선도로의 남쪽 숲에 위치한 임시 채굴 현장이었다. 이 중 가장 큰 현장은 샤미툼바(Shamitumba)라는 이름을 갖고 있었다. 캄보베에서 남쪽으로 약 10킬로미터 떨어진 곳인데, 신콜로브웨로 가는 바로 그 비포장도로 아래에 있었다. 내가 다녀오고 1년 뒤, 이 현장은 땅속에 방사능 수준이 높은 우라늄이 발견되면서 치세케디 정부에 의해 폐쇄됐다. 캄보베 남쪽 숲속의 임시 장인 채굴장 대부분은 마을 주민이 아무 데나 파보다가 헤테로제나이트를 발견하면서 생겨난 곳들이었다. 어떤 현장에는 대략 50미터 너비의 단일한 채굴 구역이 있는가 하면, 어떤 현장에는 크기가 수백 미터에 달하는 채굴 구역도 여러 곳 있었다.

키푸시와 마찬가지로 좀더 외딴 곳에 있는 장인 채굴 지역의 일꾼들은 가족 단위로 일하는 경향이 있었다. 성인 남성과 조금 덩치가 큰 소년들은 5~6미터 깊이의 구덩이를 팠다. 나는 이 현장의 터널은 하나도 보지 못했는데, 흙은 키푸시보다 구릿빛이 더 강했고 황갈색·연갈색·회색 등 다양한 색조를 띠고 있었다. 땅을 파내다가 그 구역이 주변 숲까지 확대되면 나무를 베고 덤불을 정리했다. 베어낸 나무는 장인 광부들이 마을에서 난방과 취사 용도로 쓸 숯을 만들기 위해 태웠다. 매일 캄보베에서 걷거나 자전거를 타고 오는 사람도 있었지만, 대부분은 근처 숲속 마을에 살았다. 이런 현장에서 헤테로제나이트를 캐고 씻는 사람들은 필시 수천 명은 될 텐데, 거기엔 수백 명의 아이들도 포함되었다. 아르튀르가 내게 보여준 마을과 마찬가지로 이 현장 중 어떤 곳도 공급망 상위에 있는 이해관계자들의 감독이나 감사를 받지 않았다. 캄보베 출신인 카벵가(Kabenga)라는, 가슴이 딱 벌어진 장인 광부는 자신이 형제, 사촌, 두 아들, 아내, 딸이 포함된 팀에서 어떻게 일하는지 설명해줬다.

"광석의 질이 좋고 너무 깊이 팔 필요가 없어서 이곳에 옵니다." 그러면서 캄보베 주변의 다른 장인 광산보다 이 숲속의 땅이 더 부드럽다고 덧붙였다. 아울러 현장에 군인이나 민병대가 없다는 사실도 맘에 든다고 했다. 카벵가는 일과가 끝나면 세척한 헤테로제나이트 세 자루를 자전거에 실을 수 있었다. 이것을 아들들과 함께 마을까지 옮기려면 한 시간이 더 걸렸다.

나는 숲속의 몇몇 장인 채굴 현장에서 오토바이를 탄 네고시앙들을 보았다. 그들은 자전거가 없거나 아니면 40킬로그램짜리 돌 자루 서너 개를 싣고 수 킬로미터의 오르막 비포장도로에서 페달을 밟을 만큼 엄청난 힘과 체력을 갖고 있지 않은 장인 광부를 위해 캄보베의 창고까지 헤테로제나이트를 날랐다. 확인할 수는 없지만, 네고시앙들은 운반한 물건을 필시 캄보베의 창고에 팔아넘길 것이다. 리카시로 운반할 가능성도 있지만, 그러자면 25킬로미터를 더 가야 하고, 이는 연료비가 더 든다는 뜻이다. 이 도시들 이외의 지역에는 창고가 없다. 창고에서 코발트가 어디로 가느냐는 질문에 대해서는 그저 리카시와 캄보베 안팎에서 내가 본 30개 이상의 창고 대부분이 중국인 바이어에 의해 운영된다고 말할 수 있을 뿐이다.

캄보베 바로 북쪽의 미카스 광산 인근 산에는 보안군들이 있어 접근이 불가능한 것으로 드러났지만, 북쪽이나 북서쪽 산속의 더 깊은 곳에는 과연 장인 채굴 구역이 있는지, 혹시 있다면 접근이 가능한지 궁금했다. 내가 동료 몇 명에게 물어봤더니, 아르튀르가 캄보베 너머의 산으로 더 깊이 들어가면 현지 주민들이 일하는 장인 채굴 장소가 적어도 몇 군데 있다고 알려줬다. 그는 두 달 전쯤 그중 한 곳에 가본 적이 있는데, 그때는 인근에서 활동하는 민병대나 기타 보안군이 없었다고 했다. 붙잡힐 위험은 없어 보였으므로 그곳에 방문할 계획을 잡았다.

우리는 캄보베에서 서쪽으로 몇 킬로미터를 차로 이동한 다음, 북쪽으로 방향을 틀어 흙과 돌무더기가 쌓여 있는 좁은 길을 따라 산을 올랐다. 속도는 더디고 길이 울퉁불퉁해 고역이었다. 험난한 지형을 오르느라 저단 기어로 바꾸자 엔진에서 기름 타는 냄새가 나기 시작했다. 거의 한 시간을 이 상태로 달리다가 공터 근처에 차를 세우고 걸어서 15분가량 산속으로 더 깊이 들어갔다. 지면은 울퉁불퉁하고 바위투성이였다. 마른 덤불과 관목 외에는 나뭇잎이 거의 없었다. 보이는 나무라곤 이웃한 언덕 꼭대기에 있는 큰 나무 한 그루가 전부였다. 나무는 창백한 깃털이 좁은 몸통을 둘러싼 허약한 반구형(半球形) 모양을 하고 있었다. 우리는 이윽고 장인 채굴 지역에 도착했다. 구릉 사이로 동쪽을 향해 구불구불 파헤쳐진, 얕은 물이 질퍽거리는 구덩이에서 최소 200명의 아이와 수백 명의 어른이 땅을 파는 게 보였다. 내가 서 있는 곳으로부터 그리 멀지 않은 구덩이에서 두 소녀 니키(Nikki, 15세)와 샹스(Chance, 14세)가 기어 올라왔다. 니키는 복숭아색 셔츠와 초콜릿색 치마를 입고 머리는 뒤로 묶고 있었다. 샹스는 흰색 물방울무늬가 있는 무릎길이의 분홍색 원피스를 입었다. 니키의 딸은 한 살 정도 되었고, 샹스의 아들은 많아야 몇 개월밖에 되지 않은 듯했다. 소녀들은 무릎 아래가 진흙투성이고, 아기들은 쇠약한 데다 아파 보였.

니키와 샹스는 내가 콩고에서 얘기를 나눠본 엄마들 중 가장 어렸다. 그들의 부모가 어디 있는지, 아니 살아 있기나 한 건지 전혀 확인하지 못했다. 짧은 대화 중에 나는 소녀들이 장인 채굴 지역에서 도보로 30분 정도 떨어진 마을에 산다는 걸 알았다. 그들은 매일 동틀 녘에 일어나 코발트를 찾으러 산속을 걸었다.

"저희는 함께 땅을 파요. 이 물에서 돌을 씻고요. 하루에 자루 하나를 채울 수 있어요." 니키가 말했다.

나는 그들이 작업하는 구덩이가 얼마나 외진 곳에 있는지 생각하며, 자루를 채우고 나면 그걸로 무엇을 하는지 물었다.

"어떤 남자들이 우리 대신 팔아줘요." 니키가 대답했다.

"어떤 남자들요?" 내가 물었다.

그때 니키의 딸이 큰 소리로 울기 시작했다. 니키는 본능적으로 흔들고 토닥이며 달래려고 최선을 다했지만, 아기는 더 소리 높여 울기만 했다. 니키가 조급해하는 것 같아 샹스 쪽으로 고개를 돌려 몇 가지 질문을 더 하려 했다. 하지만 샹스는 다시 땅을 파야 한다고 말했다. 그러곤 잠든 아들을 구덩이 옆에 있는 골판지 상자에 조심스레 내려놓더니 진흙 속으로 힘겹게 내려갔다. 니키는 딸을 도통 달래지 못하고 있었다. 젖을 먹여보려고 했지만 아기가 응하지 않았다. 울음은 악쓰는 소리로 바뀌었다. 배가 아픈 건가? 놀란 걸까? 이런 환경에서, 특히나 엄마 자신이 어릴 때는 어떻게 아기를 돌볼 수 있을까? 아르튀르가 구덩이 아래쪽으로 계속 가보자는 손짓을 했다. 걸음을 옮기면서 나는 골판지 상자 위에 있는 샹스의 아들을 흘끗 들여다봤다. 펄펄 끓는 햇볕 아래서 잠든 아기의 조그만 가슴이 위아래로 빠르게 고동치며 알 수 없는 위험 물질을 그 연약한 폐로 빨아들이고 있었다.

우리는 장인 광부들이 작업 중인 구덩이를 따라 산속으로 더 깊이 걸어갔다. 4~5명씩 무리 지어 삽질을 하고 돌을 씻는 광경이 보였다. 그중 자신들이 관찰당하고 있다는 사실에 관심을 갖는 사람은 많지 않았다. 우리와 대화를 하는 데 관심을 갖는 사람은 더더욱 없었다. 마침내 12~17세 소년들 무리가 있는 곳에 다다랐다. 맏형인 페터(Peter)는 청바지에 플라스틱 슬리퍼를 신고 정면에 AIG라는 로고가 박음질된 빨간색 셔츠를 입고 있었다. 콩고 광산 지역의 어느 깊고 외딴 산속에서 코발트를 캐는 한 아이를 발견했는데, 2008년 금융 위기 당시 1800억 달러의 구제 금융을 받아야 했던 미국 거대 금융 서비스 회사의 로고가 박힌 진흙투성이 셔츠를 입고 있다고 상상해보자. 그 돈의 단 1퍼센트만이라도 필요한 사람들을 위해 쓰고 그들을 착취하는 이들한테 도둑질 당하지 않도록 한다면, 이와 같은 장소에 어떤 변화가 일어날까.

페터는 놀랍도록 활발하고 대화에도 개방적이었다. 그는 자기 팀 소년들은 형제와 사촌들로 원래는 콜탄 지역 중심지에서 북쪽으로 몇백 킬로미터 떨어진 도시 마노노(Manono)의 인근 마을 출신이라고 설명했다. 마노노에서는 최근 리튬 매장지가 발견되었는데, 충전식 리튬이온 배터리 제조업계에서 이 금속의 수요가 증가하는 점을 고려한 여러 외국계 광산 회사들이 그곳으로 몰려오고 있다고 했다. 마노노는 '죽음의 삼각형(Le Triangle de la Mort)' 북쪽 모서리라는 안 좋은 평판이 있었다. 삼각형을 이루는 나머지 두 도시는 미트와바(Mitwaba)와 프웨토(Pweto)인데, 이 지역에서 활동하는 마이마이 민병대가 콜탄과 금을 캐도록 지역 주민들을 몰아붙이는 과정에서 엄청나게 가혹한 방법을 사용했다는 것이 알려지면서 그렇게 불리게 되었다. 해당 지역에서 보고한 바에 따르면 고문, 살인, 손발 절단 등 레오폴드 국왕의 고무 테러로부터 수 세대 동안 전해져온 수법이 등장한다.

"2년 전 마이마이 사람들이 집에서 우리를 납치해 밀렐레 근처 코발트 광산으로 데려왔어요." 페터가 설명했다.

밀렐레는 눈 다래끼로 고생하던 키용게가 코발트 캐는 아이들 수천 명의 본산이라고 언급했던 바로 그곳이다.

"마이마이 사람들이 아흐마드(Ahmad)라는 레바논 아저씨한테 우리를 팔아넘겼어요. 그 사람은 우리한테 땅을 파게 하고 우리 돈을 전부 뺏어갔죠. 우리를 밀렐레로 데리고 와줬으니 자기한테 보답해야 한다면서요. 거기서 도망쳐 캄보베로 왔죠." 페터가 말했다.

리카시와 캄보베 인근 아이들한테 밀렐레의 아동 인신매매 얘기를 들은 게 두 번째인 만큼 이건 단순한 우연이 아닌 듯했다. 이번에는 이 범죄가 어떻게 돌아가는지 최대한 알아내고 싶어 머릿속으로 질문 목록을 준비했다. 아동 인신매매 시스템에 가담한 마이마이 민병대는 얼마나 되는가? 아흐마드처럼 민병대로부터 아이들을 사들이는 사람은 얼마나 되는가? 마노노 인근에 있는 페터의 마을에서 납치된 아이들은 몇 명인가? 페터가 밀렐레에 살 때 거기서 코발트를 캐던 아이들은 총 몇 명인가?

첫 번째 질문을 던지기도 전에 산 전역이 웅성웅성 시끄럽더니 이어서 비명과 총성이 들렸다. 페터는 구덩이로 뛰어 들어갔다. 주위를 둘러보니 칼라시니코프 소총과 권총으로 무장한 남성 7명이 우리 쪽으로 전력을 다해 달려오고 있었다. 그들은 하늘을 향해 총을 발사하더니 재빨리 아르튀르와 나를 포위했다. 그리고 우리한테 무기를 겨누면서 충혈된 눈에 술 냄새를 풍기며 마치 베르세르커(berserker: 북유럽 신화에 나오는, 격노에 휩싸여 싸우는 전사—옮긴이)처럼 소리쳤다. 그들은 사진을 찍었냐고 물으며 우리한테 휴대폰을 내놓으라고 했다. 그리고 내 어깨에서 배낭을 벗겨내고 나를 떠밀더니 소지품을 샅샅이 뒤지기 시작했다. 그중 한 명이 노트북을 발견하고 그것을 대충 훑어보았다. 다행히 그는 영어를 읽을 줄 몰랐다.

상황이 감당할 수 없게 흘러가고 있었다. 나는 불안에 떨며 아르튀르 쪽을 봤다. 그는 얼굴이 하얗게 질려 있었지만 조용하고 침착한 목소리로 루칼라바 씨의 도장과 서명이 있는 책임 서약 서류를 그들에게 보여주라고 했다. 내 배낭의 내용물은 이미 땅바닥에 흩어진 상태였다. 나는 코만도 한 명의 군홧발 밑에서 서류를 보관해둔 폴더를 찾아냈다. 서류를 꺼내 민병대의 우두머리로 추정되는 검은 베레모를 쓴 남자에게 보여줬다. 아르튀르는 루칼라바 씨의 서명을 가리키며 우리가 주지사 사무실의 보호를 받고 있다고 설명했다. 베레모를 쓴 남자가 소리를 빽 질렀지만, 아르튀르는 꿈쩍도 하지 않았다. 서명이 그들의 공격성을 진정시킨 듯했다. 그들은 우리에게 즉시 떠나라고 명령했지만, 그 전에 내 휴대폰 사진을 다시 검사해보겠다고 했다. 내가 최근 사진이 하나도 없는 앨범을 보여주자 그들은 흡족해했다. 우리를 채굴 지역 밖으로 쫓아낸 민병대는 우리가 떠날 때 허공에 대고 총을 몇 차례 더 발사했다.

장인 채굴 지역을 빠져나오다 마지막으로 니키를 얼핏 봤다. 아기는 마침내 진정이 됐는지 웅덩이에서 흙을 파고 있는 엄마의 등에 엎드려 잠들어 있었다. 니키가 나를 멍하니 차갑게 응시했다. 그러더니 눈동자가 경미하게 떨리며 겁에 질린 아이의 표정으로 변했다. 우리의 눈이 마주쳤다. 순간, 그의 운이 다했다는 걸 우리 모두가 알고 있다는 생각이 들었다.

황무지

캄보베 북서쪽 산에서의 충격이 채 가시지 않았지만, 리카시와 캄보베 지역에는 답사할 장소가 아직 한 군데 더 있었다. 가장 오지인 잠비아 국경 근처의 황무지다. 내가 들은 바로는 산속에 산재한 수많은 장인 채굴 현장은 물론 고속도로 남쪽으로 약 30킬로미터 떨어진 곳에도 대규모 구리, 코발트, 금 광산 몇 군데가 있었다. 이 지역을 탐방한 연구자는 거의 없었다. 현지인조차도 대부분의 장인 광산이 어디 붙어 있는지 알지 못했다. 군대가 보호하는 지역이라 접근하려면 정식 허가가 필요했다. 나는 허가를 받아낼 최선의 방법으로 리카시에 있는 세마프 사무실에 가보라는 얘기를 들었다.

세마프의 리카시 지사를 방문한 나는 상냥한 두 청년 장(Jean)과 파테(Pathé)를 만났다. 그들은 세스캄이라는 명칭이 세마프로 바뀐 지 16개월 넘게 지났지만 광산 지역 직원들에게 아직 새 제복이 지급되지 않아 여전히 회색과 주황색이 섞인 공식적인 세스캄 제복을 입고 있었다. 이런 유형의 관료주의적 지연이 민주콩고에서는 고질적이었다. 민주콩고의 모든 시민이 시민권을 증명하는 데 사용하는 공식 국가 신분증조차 이 나라가 자이르라고 불리던 1997년 이래 오늘날까지도 갱신되지 않았다. 그 결과, 대부분의 사람이 유권자 등록증을 신분증 대용으로 사용한다. 콩고 국민은 왜 1997년 자이르 때의 신분증을 아직도 쓰고 있는가? 새 나라 신분증을 만들려면 정부가 전국적인 인구 조사를 새로 실시할 필요가 있기 때문인데, 마지막으로 인구 조사를 한 해가 1984년이었다.

나는 장과 파테에게 내가 콩고에 온 이유는 연구 계획의 일환으로 장인 채굴의 성격을 이해하기 위해서이며, 산악 지대 황무지의 좀더 외딴 채굴 현장을 답사하는 데 관심이 있다고 설명했다. 그들은 하루 종일 사무실에 앉아 있는 것 외에는 하는 일이 거의 없는 탓에 무료함을 느껴서인지 내 요청에 놀라우리만큼 협조적이었다. 그들이 전화 통화를 좀 해야 한다고 해서, 나는 그러라고 했다. 잠시 후 그들은 나를 킴페세(Kimpese)라는 산속 깊은 곳의 한 산업 금광과 그곳으로 가는 길에 있는 한 장인 채굴 현장에 데려가도 좋다는 허가가 났다고 알려줬다. 하지만 허가는 어디까지나 장과 파테를 포함한 우리 셋에게 떨어진 것이었다. 믿을 만한 가이드도 한 명 없이 내가 광산 지역에 간 것은 킴페세 답사가 유일했다. 계획에 없던 일이다.

장과 파테는 다음 날 아침 중형 SUV를 타고 나를 데리러 왔다. 장은 움푹 들어간 눈에 마른 체격인데, 말할 때 단어 끝을 흐리는 습관이 있었다. 파테는 강한 턱에 볼이 좁은, 키가 더 작고 더 신중한 사람이었다. 둘 다 루붐바시 토박이로 루붐바시 대학을 졸업했다. 그들은 킴페세가 고속도로에서 남쪽으로 딱 30킬로미터 떨어진 곳에 있다고 설명했다. 먼저 킴페세부터 갔다가 돌아오는 길에 장인 광산을 돌아볼 계획이었다.

"킴페세로 가는 길 중간쯤에 작은 마을이 하나 있어요. 그 마을에서 1킬로미터쯤 걸어가면 장인 구역에 도착할 수 있죠." 장이 설명했다.

캄보베 서쪽으로 몇 킬로미터 떨어진 지점에서 우리는 남쪽으로 방향을 틀어 비포장도로로 접어들었다. 이 길을 '비포장도로'라고 부르는 것은 마치 콩고를 민주공화국이라고 부르는 것과 비슷할 터였다. 아르튀르와 함께 코만도들에게서 도망쳤던 그 장인 채굴 지역으로 갈 때 지났던 길보다 주행이 훨씬 더 힘들었다. 도로라기보다는 차라리 차량 통행에 적합하지 않은 울퉁불퉁한 바위, 깊은 구멍, 흙더미로 이뤄진 길에 가까웠다. 지형을 헤치고 나아가는 동안 속도가 서서히 느려졌다. 어쩌다 나오는 평지가 여태 시달렸던 우리의 척추에 잠시나마 회복할 시간을 주었다.

"킴페세까지는 중장비를 가지고 갈 수 없어요." 장이 설명했다. "소형 굴착 장비만 보시게 될 겁니다."

나는 현장에 채굴꾼이 몇 명 있냐고 물었다. 장은 3000명이 있으며 '장인 채굴 기술'로 땅을 판다고 말했다.

나는 위험을 무릅쓰고 킴페세에 아이들도 있는지 질문했다. 파테는 망설임 없이 "네, 아이들도 있어요"라고 대답했다.

"얼마나요?"

그들은 알지 못했다.

세마프 공무원이 공인된 채굴 현장에서의 아동 노동을 인정한다는 게 놀라웠다. 내가 만난 대부분의 정부 고용인들은 장인 채굴 현장에서의 아동 노동을 부인하거나 축소하느라 진땀을 빼기 때문에 더더욱 그랬다. 언젠가 킨샤사의 한 원로 국회의원은 국제 사회가 콩고 장인 광산의 아동 노동 이슈에 대해 오해하고 있다고 내게 말했었다. 그들이 사실은 피그미족(Pygmy: 성인 남성의 평균 신장이 150센티미터 미만인 아프리카 소수 민족—옮긴이)이라면서 말이다.

산중으로 더 깊이 들어갈수록 격리감과 고립감이 강해졌다. 바위와 흙과 나무 외에는 보이는 게 전무했다. 킴페세에서 일하는 그 많은 인구는 도대체 어디에 사는 거냐고 물었다.

"산속에 마을들이 있어요." 파테가 대답했다. "광산 자체에 거주하는 사람도 있고요."

"그들이 하는 작업에 대해서는 누가 돈을 주나요?"

"군대가 줍니다."

군대는 광산에서 생산한 것들로 무엇을 하느냐고 물었다. 때맞춰 중국어 표기를 한 화물 트럭 한 대가 광석 자루를 잔뜩 싣고 흙길 반대편에서 전속력으로 달려오고 있었다. 우리는 충돌을 피하려고 덤불 쪽으로 방향을 틀어야 했다. 트럭이 지나가자 파테가 그걸 가리키며 말했다. "중국 회사들은 군대로부터 대부분의 광석을 사들일 준비가 되어 있죠."

한 시간 넘게 흔들리고 부딪히자 SUV가 요란하게 갈리는 소리를 내기 시작했다. 우리는 차를 세웠다. 문제를 점검하려고 자동차 밑으로 들어간 장이 차축에 낀 큰 돌을 발견했다. 우리는 30분가량 그것을 빼내려고 애썼지만 꿈쩍도 하지 않았다. 내가 킴페세까지는 얼마나 더 가야 하냐고 물으니 파테는 15~16킬로미터라고 추정했다. 걷기에는 너무 멀었다. 방문 허가를 받은 징인 채굴 지역 인근의 마을은 이 길을 따라 1~2킬로미터 더 가면 있었다. 우리는 그곳으로 방향을 잡았다. 파테가 위성 전화기를 꺼내 몇 시간 안에 우리를 데리러 올 다른 차량을 불러달라고 통화했다.

산중의 흙길을 걷는 동안 나무들 사이로 부는 뜨거운 실바람 말고는 사위가 고요했다. 바람에 습기가 전혀 없었다. 눈을 깜빡이기 무섭게 각막의 수분이 뜨거운 석탄 위의 안개처럼 증발해버렸다. 마침내 우리는 길 서쪽으로 초가지붕을 얹은 개방형 목재 오두막 30여 채가 늘어선 작은 마을에 도착했다. 오두막 바로 뒤쪽은 급격히 계곡으로 떨어지는 지형이었다. 길 맞은편에는 가파른 언덕 정면을 따라 경사진 숲이 우거져 있었다. 마을에는 전기가 없고, 물 공급원도 자카란다나무(jacaranda tree) 두 그루 사이에 있는 정착촌 맨 끝의 우물뿐이었다. 연갈색 원피스를 입은 세 살 정도 되는 아이가 혼자 흙바닥에서 자기 발을 쳐다보며 질질 끌고 있었다. 그 뒤로 플라스틱 의자에 앉은 군인 둘이 보였다. 공화국 수비대 특유의 제복인 작업복, 검정색 군화, 빨간색 베레모를 착용했다. 그 옆에는 빵빵한 라피아 자루가 여러 개 쌓여 있었다. 그들은 길 양쪽 끝에 수직으로 나뭇가지 2개를 세워 만든 임시 톨게이트 교차로를 운영했다. 10달러라니, 내가 광산 지역에서 마주친 톨게이트 교차로 중 가장 비싼 통행료였다.

우리가 도착했을 때 마을에는 소수의 여성과 아이들밖에 없었다. 대부분의 주민은 장인 채굴 지역에 땅을 파러 나갔다. 가까이에서 보니 각각의 오두막은 마치 2~3가구가 함께 사용하는 기숙사 같아 보였다. 이 고립된 거주지에 수백 명이 산다는 뜻이었다. 나는 장인 채굴 현장으로 가기 전에 주민 몇 명과 이야기를 나눠도 되는지 장과 파테에게 물었다. 그들은 망설이는 것 같더니 한 명만 인터뷰하는 것으로 합의를 봤다. 둘은 마을 여성 몇 명과 얘기를 나눈 후 마를린(Marline, 20세)이라는 젊은 엄마를 선별했다. 우리는 마를린의 오두막으로 들어가 땅바닥에 앉았다. 이 오두막을 나눠 쓰는 가족들의 물품은 물을 담는 플라스틱 용기 3개, 커다란 플라스틱 그릇 한 개, 카사바 무더기, 요리용 금속 냄비들, 칼과 식기류, 두 모퉁이에 쌓인 옷가지 등이었다. 구석구석 수많은 거미줄이 보이고 벽에는 작고 빛바랜 예수 포스터도 붙어 있었다. 작은 갈색 도마뱀 한 마리가 벽에 착 달라붙어 잡다하게 섞인 방문객들을 빤히 쳐다봤다.

마를린이 아기를 무릎에 앉혔다. 그는 퇴색된 빨간 치마와 초록 블라우스 차림이었다. 머리는 짧게 잘랐고, 부드럽고 착 가라앉은 목소리로 말했다. 나하고 겨우 30센티미터 떨어져 앉았지만, 우리 사이에 철옹성 같은 여러 장벽이 있다는 걸 나는 알았다. 가장 먼저, 그는 장과 파테가 선별한 사람이었다. 킴페세 광산에 아이들이 존재한다는 사실을 기꺼이 인정하기는 했지만, 둘은 자신들이 원하는 대로 말할 사람을 골랐을 것이다. 오두막에 함께 들어온 장과 파테는 자신들이 생각하기에 적합한 대로 스와힐리어를 번역할 것이었다. 마를린 역시 어떤 말을 해야 하고 하지 말아야 할지 결정할 때 공화국 수비대의 존재를 염두에 둘 터였다. 끝으로, 내가 그날의 나머지 시간을 장과 파테 두 사람하고 보내야 한다는 것, 그리고 킴페세가 현장 방문을 할 수 있는 단 한 곳이라는 것을 너무나 잘 알고 있었기에 나 또한 질문에 신중을 기해야 했다. 그들이 리카시로 돌아가는 게 낫겠다고 판단하거나, 나를 믿지 못할 작자라고 다른 사람들한테 경고하지 않도록 말이다.

나는 마를린이 어디 출신인지 묻는 것으로 시작했다. 그는 이 거주지에 사는 사람은 전부 칸보베에서 그리 멀지 않은 한 마을 출신이라고 했다. 그러곤 마을 주민들이 인근 채굴 지역에서 일하기 위해 이곳에 "군대와 함께 왔다"고 설명했다. 보통은 매일 채굴 현장에 가는데, 최근 딸아이가 아파서 돌보려고 마을에 남아 있는 거라고도 했다. 나는 이 마을에서 장인 광산 체제가 어떻게 돌아가는지 질문했다. 마를린은 주민들이 일반적으로 하루 종일 광산에서 일하고 해 지기 전에 코발트 자루를 가져온다고 했다. 그리고 매주 토요일이면 자루를 운반할 트럭이 마을에 왔다. 남성은 1만 5000콩고프랑(약 8.30달러), 여성은 1만 콩고프랑(약 5.50달러)의 주급을 구매자들로부터 받았다. 구매자들은 이때 밀가루, 식용유, 채소, 맥주 등 지난주에 그들이 돈을 낸 물품도 도시에서 가져다줬다. 나는 그 구매자들이 누구냐고 물었다. 마를린은 보통은 군대라고 말했다.

공화국 수비대 2명은 물론 마을 여성들과 아이들이 우리가 얘기하는 동안 마를린의 오두막 근처에 모여들기 시작했다. 장과 파테는 청중이 있는 데서 계속 얘기하고 싶지 않았는지 채굴 현장으로 슬슬 가보는 게 어떻겠냐고 제안했다. 나는 자리에서 일어나면서 마를린과 아기를 바라보았다. 안전한 장소를 찾아 내가 정말로 묻고 싶은 질문을 할 수 있다면 얼마나 좋을까 싶었다. 군대와 함께 이곳으로 올 때 마을 사람들한테 선택권이 있었나요? 산속에는 이런 거주지가 얼마나 많이 있나요? 땅을 파게 하려고 병사들이 폭력을 썼나요? 원한다면 고향 마을로 자유롭게 돌아갈 수 있나요? 작업 현장에서 부상을 당하면 어떻게 하나요? 콩고의 하루가 지날 때마다 나의 대답 없는 질문 목록은 늘어나기만 하는 듯했다.

우리는 나무들 사이로 난 경사로를 따라 오르며 장인 채굴 현장을 향해 행군을 시작했다. 숲은 건조하고 경사가 급했지만 마을 주민들이 광산 지역을 오가며 닦아놓은 좁은 경로 덕분에 편하게 통과할 수 있었다. 산행을 한 지 10분도 채 지나지 않았을 때 첫 번째 총성이 들렸다. 그리고 두 발의 총성이 이어졌다. 바스락거리는 빠른 발소리가 덤불숲에서 들렸다. 마을에 있던 공화국 수비대 병사들이 우리 쪽으로 달려오고 있었다. 그들은 장과 파테에게 단호하고 격앙된 어조로 말을 건넨 후 산 위로 재빨리 달려갔다.

"사고가 났대요." 장이 말했다.

"무슨 일이죠?"

"한 소년이 추락했대요. 머리가 돌에 부딪혔다네요."

"괜찮은가요?"

"죽었대요."

군대가 그 지역을 봉쇄하고 있었다. 우리는 떠나라는 명령을 받았다.

장과 파테는 돌아오는 길에 마을에 들르지 않고 고장 난 SUV까지 나를 곧장 데려갔다. 둘의 동료들이 두 번째 차량을 타고 도착하자, 사람들이 SUV를 수리하는 사이 나는 장과 함께 리카시로 돌아왔다. 다음 날 다시 킴페세로 가거나 산속의 다른 장인 채굴 현장이라도 볼 수 없겠냐고 문의했지만, 허락은 떨어지지 않았다. 잠비아 국경 인근의 한적한 황무지도, 리카시와 캄보베 주변의 깊은 골짜기도 다시는 들어갈 수 없었다. 하지만 나는 키푸시나 토코텐스처럼 눈에 더 잘 띄는 현장보다 훨씬 더 억압적인 방식으로 운영되는 장인 채굴의 비밀 세계가 이 산속에 숨겨져 있다고 결론 내릴 만큼은 충분히 봤다. 이 그림자 경제로부터 수천 톤의 코발트가 노예나 다름없는 환경에서 거지 같은 삶을 사는 주민들에 의해 정식 공급망으로 이전되고 있었다.

그날 저녁, 이르튀르에게 킴페세에서 일어나 사건을 들려줬다. 이번 답사를 걱정했던 그는 내가 무사히 돌아오자 안심했다. 잠비아 국경까지 뻗어 있는 황무지 지역 전체는 현지인들에게도 블랙홀이었다. 아르튀르는 거기에 얼마나 많은 채굴 현장이 숨어 있는지 알지 못했다. "50곳일 수도 있고 100곳일 수도 있고 200곳일 수도 있어요. 어떤 현장은 광석이 고갈될 때까지 몇 개월 동안 채굴하죠. 킴페세 같은 대규모 현장은 수년간 거기에 있었고요."

나는 군대가 마을 사람들을 정착촌으로 강제 이주시켜 코발트를 캐도록 했다고 생각하는지 아르튀르에게 물었다.

"거기서 살고 싶어 하는 사람은 아무도 없어요! 하지만 코발트와 금이 있고, 그래서 군대가 가장 가난한 사람들을 데려다 그걸 파게 하는 거죠."

도시에서 그 사건에 대해 들었냐고 아르튀르에게 물었지만, 어떤 보도도 없었다고 했다. 그는 그 소년이 땅을 파다가 죽은 다른 많은 이들처럼 흔적도 없이 산속에 묻혔을 거라고 추측했다.

아르튀르는 맥주를 길게 한 모금 마시더니 침울하게 한 곳을 응시하며 이렇게 물었다. "그 아이는 무엇 때문에 죽은 걸까요? 코발트 한 자루 때문에? 그게 콩고 아이들의 가치일까요?"

전 세계의 식민지

아프리카 역사의 큰 비극은 너무 늦게 다른 세계와 접촉했다는 사실이 아니라 그 접촉이 일어난 방식, 그리고 하필 가장 부도덕한 금융가와 기업가들의 손에 넘어간 시기의 유럽이 그 방식을 '전파'하기 시작했다는 사실이다. 우리의 행보에 그런 특별한 유럽을 마주친 것이 불행이었으며, 유럽은 인류 공동체 앞에서 역사상 가장 높이 쌓인 시체 더미에 대해 책임을 져야 한다.

– 에메 세제르(Aime Césaire), 《식민주의 담론》

콩고에서 마주치는 모든 위험 중 가장 위험한 것은 아마 역사일 듯하다. 역사는 마치 대지를 자기 마음대로 굽이치는 거대한 강처럼 가차없는 힘이며, 마치 강처럼 경로에 있는 모든 것을 흐려놓는다. 내 친구 필리프는 내가 콩고로 떠나는 첫 여행 때 이 나라의 역사를 먼저 이해하지 않으면 광산 지역에서 벌어지는 일들을 진정으로 이해하지 못할거라고 했다. 그런데 어디서 시작해야 할까? 특히 콩고만큼 파란만장하고 비극적인 과거를 가진 땅에는 단 하나의 출발점이 없지만, 만약 이 여정의 시작이라 할 수 있는 장소와 시간을 찾고자 한다면 1482년의 콩고강 어귀로 정할 수 있을 듯하다. 21세기 카탕가에서 벌어지는 모든 일은 바로 이 장소와 시간에서 비롯된 끊임없는 연속적 사건들의 결과다. 하지만 그 궤적을 되돌릴 수 없는 건 아니었다. 1960년 독립 초기에 콩고의 운명이 아주 달라질지도 모를 희망의 순간이 잠깐 있었다.

……그러나 희망은 기회가 생기기도 전에 무너졌다. 역사는 이를 확인시켰다. 콩고에서는 어떤 왕이나 노예 상인이나 군벌이나 도둑 정치인보다도 역사가 군림하며, 거세지는 폭풍우처럼 첫 번째 번갯불이 하늘을 가르기 직전에 이 땅을 어두컴컴하게 만든다.[1]

침략과 노예 무역: 1482년~1884년

연대기는 15세기 초 이베리아반도에서 발견의 시대와 함께 시작되는데, '발견된' 이들의 시각으로 봤을 때는 침략의 시대라고 부르는 편이 더 정확할 터이다. 포르투갈의 항해 왕자 엔리케(Prince Henrique the Navigator)는 아프리카의 금을 찾아 함선을 파견했다. 1440년대에 포르투갈 사람들이 바람을 거스를 수 있는 삼각돛을 장착한 재빠른 소형 범선인 카라벨(caravel)을 개발하기 전까지만 해도 유럽 선박에 서아프리카 연안의 험난한 바다는 진입 불가능한 세계였다. 카라벨은 유럽인을 처음 카나리아제도(Canaria Islands: 아프리카 북서쪽 대서양에 위치한 군도─옮긴이) 너머로 데려다줬다. 그들은 1445년에 세네갈강 하구를 지났고, 1462년에 시에라리온(Sierra Leone)에 도착했으며, 1473년에는 기니만(Gulf of Guinea) 너머를 항해하면서 아프리카 해안이 남쪽으로 더 펼쳐져 있다는 걸 발견했다. 이 발견에 이어 디에구 캉(Diego Cão)이라는 탐험가가 그때까지의 어떤 유럽인보다 더 먼 남쪽까지 항해했고, 1482년에 콩고강 하구 근처 로앙고만(Loango Bay)에 닻을 내렸다. 침략의 시대는 1492년 크리스토퍼 콜럼버스가 아메리카 대륙에 도착하고 1498년 바스쿠 다가마가 아프리카를 돌아 인도까지 항해했을 때 비극적인 남반구 수색을 완료했다.

콩고강 어귀에 도착한 디에구 캉은 콩고 왕국 사람들을 만난 최초의 유럽인이 되었다. 한 번은 그가 퇴적물로 해안에서 100킬로미터 이상 떨어진 곳의 바닷물까지 갈색으로 만드는 엄청난 강의 이름이 뭐냐고 물었다. 콩고 사람들은 은세레(nzere, '다른 모든 것을 삼키는 강')라고 대답했는데, 캉의 지도 제작자가 잘못 듣고 이 강의 이름을 '자이르(Zaire)'라고 기록했다. 캉은 포르투갈로 귀국해 자신이 발견한 사실을 보고했다. 몇 년 지나지 않아 포르투갈인은 로앙고만에 노예 무역 기지를 구축했다. 1500년대 초부터 1866년 노예 무역이 종식될 때까지 아프리카에서 납치당해 대서양을 건넌 노예 1250만 명 중 4분의 1이 로앙고만에서 출발했다.

대서양 노예 무역 전 시기에 걸쳐 유럽인은 주로 아프리카 해안 지대에서 활동했고, 내륙에 대한 지식은 사실상 없었다. 아프리카 내륙으로 가는 통로를 개척한 일등 공신은 데이비드 리빙스턴이었다. 1813년 스코틀랜드에서 태어난 리빙스턴은 원주민에게 기독교를 전파하기 위해 1841년 케이프타운으로 떠났다. 모험에 목말랐던 그는 1849년 칼라하리(Kalahari)사막 횡단을 시도했다. 1851년에는 유럽인 최초로 잠베지(Zambezi)강을 목격했는데, 이때 새로운 꿈이 생겼다. 아프리카 해안에서 대륙의 중심부까지 항해할 수 있는 강이 있지 않을까? 그런 강이 존재한다면 아프리카에 '무역과 기독교'를 들여오겠다는 리빙스턴의 꿈이 현실화할 터였다. 그것이 노예 제도의 궁극적인 근절에도 도움을 줄 거라고 그는 생각했다.

리빙스턴은 탐험을 계속했고, 1856년 잠베지강이 해안에서 내륙까지 이어지는 수로가 아니라는 사실을 깨달았다. 여행 도중 27차례나 말

라리아에 걸렸지만 키니네(quinine)의 개량 성분을 발견한 덕분에 살아
남았다. 말라리아는 수 세기 동안 유럽인의 아프리카 내륙 탐험을 가로
막은 터였다. 키니네는 비록 말라리아 치료제는 아니었지만, 그로 인한
죽음을 막는 데 유용했다. 이로써 키니네는 유럽의 아프리카 식민화를
촉진한 두 가지 중요한 발전 중 첫 번째 것으로 밝혀졌다. 두 번째 발
전은 끓는 물과 관련이 있었다. 1850년대부터 증기 기관은 운송 혁명을
일으켰다. 증기선이 거친 바다를 헤치고 더 신속하고 저렴하게 물자를
실어 날랐다. 아프리카 대륙으로 들어가는 강을 탐험하도록 상류를 개
척할 수도 있었다. 잠베지는 해안에서 내륙까지 항해할 수 없는 강으로
밝혀졌지만, 유럽인은 증기 기관의 도움을 받으면 나일강도 거슬러 올
라갈 수 있을 거라는 희망을 품었다.

　1859년부터 1871년까지 리빙스턴은 나일강의 발원지를 찾기 위해 콩
고 동부의 대(大)호수 지역을 탐험했다. 1871년 3월에는 콩고의 열대 우
림 맨 끝에 위치한 냥웨(Nyangwe) 마을의 루알라바 강둑에 도착했다.
아랍인 노예 상인들이 냥웨 너머로 가려는 그를 가로막자 낙심한 리빙
스턴은 탄자니아 서부의 우지지(Ujiji)로 돌아갔다. 이 무렵 리빙스턴은
소식이 끊긴 지 여러 해가 지난 터라 그가 아직 살아 있는지 여부를 확
인하고자 하는 관심이 지대했다. 영국 웨일스 출신 고아에서 미국 저널
리스트가 된 헨리 모턴 스탠리(Henry Morton Stanley)가 리빙스턴의 행방
을 알아내려 했는데, 그것이 콩고의 운명을 결정하고 말았다.

　스탠리는 웨일스에서 10대 어머니의 사생아로 태어났다. 고아원에서
성장한 후 미국으로 건너간 그는 남북전쟁 당시 양쪽 편을 위해 싸웠으
며, 결국 〈뉴욕 헤럴드〉의 기자로 일자리를 찾았다. 동아프리카 어딘가
에서 리빙스턴이 실종되자 스탠리는 유명해질 기회를 포착했다. 그래서

19세기판 리얼리티 TV 쇼를 방불케 할 리빙스턴 수색 아이디어를 〈뉴욕 헤럴드〉에 제안했다. 리빙스턴을 발견하든가, 아니면 사망했다는 증거를 찾아내 현장에서 급보를 보내겠다는 것이었다. 스탠리는 1871년 11월 드디어 우지지에서 병들고 지친 상태의 리빙스턴을 찾아냈다. 출처는 불분명하지만, 그때 "리빙스턴 박사님 맞죠?"라는 유명한 말을 내뱉었다고 한다. 스탠리는 4개월 동안 리빙스턴과 함께 지냈고, 그를 자신이 한 번도 가져보지 못한 아버지로 모셨다.

스탠리는 나일강 발원지를 발견해 리빙스턴의 계획을 자신이 완수하고 싶다는 생각이 들었다. 1876년 10월 17일, 거의 4세기 전 디에구 캉이 발견했던 콩고강 유역의 반대편 끝에서 그는 루알라바강을 처음으로 목격했다. 이제까지 어느 누구도 콩고강 발원지에서부터 대서양 해안까지 따라가본 적이 없었다. 스탠리는 증기선을 타고 강을 내려가 1871년 아랍 노예 상인들이 리빙스턴의 강행군을 차단했던 냥웨에 도착했다.[2] 스탠리의 해결책은 아프리카 최대 아랍 노예 상인 중 한 명인 티푸 팁(Tippu Tip)에게 돈을 쥐어주고 함께 여행하는 것이었다. 팁은 이 기회를 이용해 자신의 노예 무역 제국을 콩고 북부까지 확장할 수 있을 터였다.

스탠리는 콩고 상류로 들어갔고, 1877년 2월 7일 스스로 스탠리 폭포〔보요마(Boyoma) 폭포〕라고 이름 붙인 곳에서 7개의 폭포를 통과했다. 그가 현지 부족이 이 강을 이쿠타 야콩고(ikuta yacongo)라고 부르는 걸 들은 게 바로 이 지점이었다. 그는 루알라바강이 나일강의 발원지가 아니라는 사실을 깨달았다. 그것은 콩고강이었다. 스탠리는 열악한 조건을 극복하며 1877년 3월 자신이 스탠리 호수〔말레보(Malebo) 호수〕라고 이름 붙인 320킬로미터 폭포 구간의 시작점, 곧 지금의 킨샤사가 될 곳에 도착했다. 스탠리와 생존한 그의 팀원들은 1877년 8월 10일 마침내 보마(Boma)에서 콩고강 하구에 다다랐다. 이렇게 해서 그는 콩고강을 이용하면 해안에서 아프리카 내륙 깊숙이까지 세 구간으로 항해가 가능하다는 사실을 입증했다. 리빙스턴의 꿈은 이뤄졌지만, 이것이 콩고 사람들에게는 악몽이 되었다.

1877년까지 아프리카 대륙 대부분은 이미 영국, 프랑스, 독일, 포르투갈, 에스파냐, 이탈리아가 차지한 상태였다. 대륙의 광활한 중앙부만이 여전히 주인 없는 영토였다. 스탠리의 여행으로 콩고가 유럽의 시야에 들어왔고, 벨기에 국왕 레오폴드 2세가 행동에 나섰다. 레오폴드는 자신이 유일한 주주인 콩고국제협회(Association Internationale du Congo, AIC)라는 지주 회사를 설립했다. AIC가 표방한 목적은 아프리카 중심부에 기독교와 무역을 도입하겠다던 리빙스턴의 꿈을 실현하는 것이었다. 레오폴드는 스탠리에게 일자리를 하나 제안했다. AIC를 대신해 콩고로 돌아가 현지 부족들과의 조약을 성사시키라는 것이었다.

스탠리가 AIC를 위해 조약을 체결하려 했던 무모한 행위는 배터리가 콩고 국민의 착취에 처음으로 어떤 역할을 한 때와 연관이 있다. 콩고를 여행 중이던 아프리카계 미국인 목사 조지 워싱턴 윌리엄스(George Washington Williams)는 부족 지도자들을 협박하는 방식으로 조약에 서명하게 하려던 스탠리의 계략을 폭로했다. 그는 '레오폴드 2세 폐하께 드리는 공개서한(An Open Letter to His Serene Majesty Leopold II)'에서 그 일에 관해 이렇게 썼다.

런던에서 전기 배터리 여러 개를 구입한 백인 형제가 그것들을 코트 안쪽 팔에 부착하고 손바닥 위를 지나게 리본과 연결한 뒤 흑인 형제의 손을 다정하게 잡았습니다. 그 흑인 형제는 백인 형제가 대단히 강하다고 오해해서 너무나 경악한 나머지 그 동료애의 손길에 거의 쓰러질 뻔했습니다. 원주민이 자신과 백인 형제의 힘이 왜 그렇게 차이가 나는지 묻자, 그 백인은 자신이 나무를 뽑아 올릴 수 있고 그 힘으로 가장 경이로운 묘기도 부릴 수 있다고 말했답니다.

1884년 초까지 스탠리는 원주민 부족들로부터 400건 이상의 조약을 체결해 콩고 전역에서 어마어마한 땅을 확보했다. 부족 지도자 중 누구도 그것이 자신들의 땅에 대한 권한을 AIC에 양도하는 것임을 제대로 알지 못했고, 조약을 작성한 언어는 당연히 읽을 줄도 몰랐다. 어쨌든 레오폴드는 베를린 회의(Berlin Conference)라는 제국주의자들의 화려한 쇼에서 콩고가 자신의 소유라고 주장하는 데 필요한 요건을 갖추었다.

1884년 11월 15일, 유럽의 주요 식민지 열강들이 아프리카를 어떻게 분할할지 논의하고자 베를린에 모였다. 레오폴드의 사절단은 AIC의 영토를 자유 무역 지대라고 소개하며 콩고강을 관세 없이 배가 다니도록 개방하겠다고 제안했다. 이 회의는 유럽의 아프리카 분할 조건을 명시하는 베를린 일반의정서(General Act of Berlin)로 마무리됐다. 레오폴드는 AIC를 해산하고 1885년 5월 29일 자신이 콩고자유국의 개인 소유주이자 왕임을 선언했다. 아프리카에 있는 그의 새 사유지는 벨기에 면적의 76배에 달했다.

식민화: 1885년~1960년

레오폴드는 콩고의 자원에서 최대의 가치를, 콩고 국민으로부터 최대의 노동력을 추출하려고 고안한 가혹한 식민지 체제를 촉발시켰다. 그는 용병 부대인 공안군(Force Publique)을 모집해 현지 주민을 강압적으로 노역에 동원했다. 레오폴드의 목록에서 첫 번째 목표는 상아였지만, 아프리카 전역에서 대규모 코끼리 밀렵이 일어나면서 상아 가격이 이내 폭락했다. 레오폴드의 모든 실험은 실패에 가까웠지만, 때마침 새로운 발명품이 그를 구제해주었다. 바로 고무 타이어였다. 1885년 카를 벤츠(Karl Benz)라는 독일인이 내연 기관과 저속 주행에 적합한, 무쇠를 씌운 나무 바퀴 자동차를 설계했다. 더 빠른 속도를 내기 위해 스코틀랜드 발명가 존 보이드 던롭(John Boyd Dunlop)은 1888년에 공기를 채운 고무 타이어, 즉 공기 타이어를 고안했다. 초기 자동차 산업의 성장과 함께 고무에 대한 수요도 증가했다. 민주콩고가 오늘날 전기차 혁명의 수요를 충족할 세계 최대 매장량의 코발트를 보유한 것처럼, 레오폴드의 콩고도 최초의 자동차 혁명의 수요를 충족할 수백만 제곱킬로미터의 고무나무를 보유한 축복받은 나라였다.

레오폴드의 공안군은 원주민을 깊은 콩고 열대 우림의 고무나무 덩굴에서 고무 수액을 추출하도록 강요했다. 그들은 하마의 가죽을 꼬아서 만든 시코트(chicotte)라는, 살을 갈기갈기 찢는 채찍을 휘둘러 원주민을 복종시켰다. 아내와 아이들을 납치하고는 마을 남자들에게 2주마다 3~4킬로그램의 고무 수액 할당량을 맞추라고 명령했다. 할당량을 채우지 않고 숲에서 돌아올 시에는 그들이 사랑하는 가족의 손이나 코나 귀가 잘려나갔다. 고무 수출 규모가 1890년부터 1904년까지 96배

증가하면서 콩고자유국은 아프리카에서 가장 수익성 높은 식민지로 떠올랐다.

조지프 콘래드는 1890년 6월 13일부터 콩고강을 여행하면서 레오폴드 정권의 잔혹 행위를 목격했다. 그는 이때의 인상을 검정색 수첩 두 권에 빼곡히 적은 일기로 남겼는데, 이것이 훗날 식민지 아프리카 훼손에 관한 격앙된 명상록 《암흑의 핵심》으로 탄생했다. 강 상류로 모험을 떠나기 전에는 마타디(Matadi)에서 친구가 된 로저 케이스먼트에게 보낸 편지에 "벨기에인들은 이집트의 일곱 가지 역병보다 더 끔찍하다"고 썼다. 콩고자유국의 실상은 1900년 영국이 로저 케이스먼트에게 20세기 최초의 인권 조사를 수행하라고 지시한 원인으로 작용한 모렐의 자료가 나타날 때까지는 세상에 알려지지 않았다.

1903년 6월 5일, 케이스먼트는 강 상류로 출발했다. 그는 상황을 조사하고 레오폴드의 공안군이 자행한 살인, 노예, 신체 절단에 관해 생존자 증언을 기록하며 100일을 보냈다. 그리고 1904년 1월 8일 《케이스먼트 보고서》를 발표하고, 모렐과 힘을 합쳐 레오폴드 정권을 종식시키고자 콩고개혁협회를 설립했다.[3] 레오폴드는 1908년 11월 15일 어쩔 수 없이 벨기에 정부에 콩고자유국을 매각했는데, 이로써 이미 챙긴 수익 말고도 무려 수억 달러의 순이익을 추가로 올렸다. 벨기에인들은 '벨기에령 콩고'를 장악했고, 유감스럽게도 레오폴드가 시작했던 고무 채취 강제 노동 체제를 이어갔다. 국제 시장에서 고무 가격이 폭락하기 시작하자, 벨기에인들은 식민지의 수익성을 유지할 방안을 쥐어짰다. 그들이 카탕가의 광물 매장지를 발견한 것은 바로 이때다.

1911년부터 오카탕가 광산연합, 곧 UMHK는 강제 노동을 이용해 현지 주민을 카탕가의 구리와 기타 광물을 채굴하는 데 동원했다. 1940년

10만 톤이던 구리 생산량은 1960년 전 세계 생산량의 10퍼센트에 해당하는 28만 톤으로 증가했다. 좀더 북쪽에 있던 벨기에인들은 기름야자나무로 가득한 7만 5000제곱킬로미터의 열대 우림 구역을 새 비누 제조법에 팜유가 필요했던 레버(Lever) 형제에게 팔아넘겼다. 레버 형제는 레오폴드의 모델을 따라 할당량 체제와 강제 노동을 팜유 채취에 활용했다. 이렇게 생성된 부는 그들이 다국적 최강 기업인 유니레버(Unilever)를 구축하는 데 일조했다.

제2차 세계대전의 참극은 유럽 소유주들이 스스로 내세우는 것만큼 계몽적이지 않다는 것을 아프리카 사람들에게 보여주었고, 이는 대륙 전역에 반식민지 정서의 물결을 일으켰다. 1950년대 말 벨기에령 콩고에서는 급부상한 민족주의 지도자 파트리스 루뭄바가 이끄는 독립 시위가 확산됐다.

희망의 탄생과 파괴: 1958년~1961년 1월

수 세기 동안 노예제와 식민 지배에 시달렸던 콩고는 자유와 자기 결정권의 땅으로 거듭날 독립의 기회를 가까스로 잡았다. 콩고 독립 투쟁의 선두에 4명의 인물이 나섰다. 첫 번째는 하층민 출신의 카리스마 넘치는 지도자 파트리스 루뭄바였다. 그의 절친한 친구이자 협력자인 조제프 모부투가 다음으로 가세했다. 세 번째 인물인 조제프 카사부부(Joseph Kasa-Vubu)는 콩고의 유명한 자유의 전사였으며, 네 번째인 모이즈 촘베는 카탕가의 자치권을 선호하는 정당 대표였다.

이 나라 최초의 선거는 독립 직전에 치러졌다. 여기서 루뭄바가 총리로, 카사부부가 대통령으로 당선됐다. 권력 이양을 알리는 기념식이 독립 당일에 레오폴드빌에서 열렸다. 벨기에의 보두앵(Baudouin) 왕은 "콩고 독립은 레오폴드 2세 국왕이 그의 천재성으로 구상하고 끈기 있는 용기로 착수해 벨기에와 함께 인내심을 가지고 지속한 과업의 정점"이라고 자랑했다. 이에 흥분한 루뭄바는 계획에 없던 연설로 응답했고, 그의 담화는 식민지 지배자의 '천재성'으로 노예가 되었던 수백만 아프리카인들의 심장을 분노로 고동치게 했다. 그는 벨기에인이 콩고인에게 강요한 "굴욕적인 노예제"를 규탄하고, "피, 불, 눈물 속에서" 자유를 위해 투쟁한 콩고인을 칭송했다. 그리고 "우리의 허기를 채워주지도 못하고 …… 너무나도 소중한 존재인 우리의 아이들을 키울 수도 없는 임금의 대가로 우리에게 요구한 혹독한 노동"과 "잔인하고 비인간적인" 법을 구실로 "우리의 천연자원이 도둑질당하는 것을 지켜본" 일을 콩고인은 절대 잊지 않을 것이라고 경고했다. 루뭄바는 벨기에 왕을 향한 다음과 같은 선언으로 선동적 연설을 마무리했다. "우리는 더 이상 당신들의 원숭이가 아닙니다."[4]

독립하고 11일이 지난 뒤, 벨기에인들은 콩고의 가장 중요한 자원, 즉 카탕가의 광물을 계속해서 장악하고자 뻔뻔한 계획을 실행에 옮겼다. 그들은 모이즈 촘베를 앞세워 카탕가주가 콩고에서 분리 독립했다고 공표했다. UMHK는 촘베 행정부에 결정적인 재정 지원을 해줬고, 벨기에 군대는 카탕가에서 콩고군을 추방했다. 벨기에인들은 외과의가 정확히 메스를 갖다 대듯 국가라는 신체에서 카탕가라는 손목을 잘라냈고, 이를 통해 정부 수입의 70퍼센트를 차단했다. 콩고는 기회를 잡기도 전에 불구가 됐다.

루뭄바는 유엔에 벨기에군 추방과 국가 통일을 지원해달라는 편지를 보냈다. 유엔은 이 나라의 안정을 돕기 위해 창설 이래 최대 규모의 지상 작전으로 부응했지만, 유엔군도 벨기에 군대를 추방할 권한은 없었다. 루뭄바는 대신 소련에 도움을 청하며 매달렸다. 콩고, 특히 카탕가가 소련의 영향력 아래 들어갈 가능성이 생기자 미국, 유엔, 벨기에는 루뭄바 제거에 시동을 걸었다. 1960년 8월 18일, 드와이트 아이젠하워 대통령은 콩고 사태를 논의하기 위해 국가안전보장회의를 소집하고, 미국이 "이자를 처리"해야 한다고 선언했다.[5] CIA는 코브라의 독이 든 치약을 사용해 루뭄바를 암살할 계획을 세웠지만, 루뭄바를 무너뜨리기 위해 그의 친구이자 군 책임자인 조제프 모부투를 포섭하는 쪽으로 선회했다.

1960년 9월 14일, 조제프 모부투는 자신이 정부를 장악했다고 발표했다. 모부투 배후에는 군대는 물론 미국, 유엔, 벨기에의 물자 및 재정 지원도 있었다. 그는 소련군을 모두 추방하고 루뭄바를 가택 연금했다. 1960년 11월 27일, 루뭄바는 간신히 탈출에 성공했다. 미국, 유엔, 벨기에는 루뭄바 체포를 지원하기 위해 자신들의 첩보 기관을 동원했다. 1960년 12월 1일 자정 무렵, 루뭄바는 모부투 군대에 체포당해 수감되었다. 한편, 루뭄바 지지자들은 역공을 준비해 곧 국토의 절반을 점령했다. 이러다가 루뭄바가 재집권할 수도 있겠다고 우려한 신임 케네디 행정부는 루뭄바를 그들의 본거지가 있는 엘리자베트빌로 보내 처형하라고 벨기에를 설득했다.

1961년 1월 16일, 파트리스 루뭄바는 항공편으로 엘리자베트빌로 송환되었다. 그리고 자동차에 실려 고립된 저택에 감금당했다. 6명의 벨기에인과 6명의 카탕가인이 그를 고문했는데, 그중에는 모이즈 촘베와 고드프루아 무농고(Godefroid Munongo)도 있었다. 모이즈 촘베 행정부의

2인자 무농고는 음시리 왕의 손자였으니, 역사의 역설적인 반전이 아닐 수 없다. 1891년 레오폴드가 파견한 벨기에 용병들은 카탕가를 장악하기 위해 음시리를 암살했고, 정확히 70년 후 음시리의 손자는 벨기에인들과 손잡고 루뭄바를 암살해 카탕가를 벨기에에 넘겨준 것이다. 촘베와 벨기에인들은 루뭄바를 몇 시간 동안 고문하다가 총살했다. 그리고 시신을 토막 내어 황산이 든 통에 던져버렸다. 가루가 된 루뭄바의 두개골과 뼈와 치아는 돌아오는 길에 도로에 뿌렸고, 치아 하나만 벨기에 사람인 카탕가 경찰청장이 기념으로 가져갔다.

지상의 지옥: 1961년 2월~2022년

민족주의자들의 위협이 힘을 잃자 유엔은 군대를 파견해 카탕가를 콩고공화국과 통일하도록 강요했는데, 이는 바로 루뭄바가 바라던 일이었다. 1961년 3월, 카사부부와 촘베를 비롯한 콩고 지도자들이 나라의 향방에 대한 결론을 내리기 위해 회동했다. 그들은 콩고공화국을 대체할 독자적인 국가 연합체를 만들기로 합의했다. 유엔과 미국은 통일된 콩고를 요구했기에, 이후 유엔 사무총장 다그 함마르셸드(Dag Hammarskjöld)는 재정 지원을 대가로 이 합의를 거부하도록 카사부부와 별도의 협상을 중개했다. 촘베는 배신감을 느끼고 카탕가에 주둔 중인 유엔군을 공격했다. 엘리자베트빌 거리에서 전면전이 벌어졌다. 함마르셸드는 촘베와의 평화적 협상을 위해 엘리자베트빌로 날아갔지만, 1961년 9월 18일 그를 태운 비행기가 공항으로 하강하던 중 격추당했다. 촘베가 공격 지시를 내렸을 거라는 소문이 여전히 사라지지 않고 있다.

UMHK는 촘베 정부에 광산세를 직접 납부하면서 독립한 카탕가주를 계속 지원했다. 촘베의 군대는 케네디 대통령이 미국 전투기들을 보내 유엔의 결정적인 공세를 지원할 때까지 카탕가에서 2년을 더 유엔군과 싸웠다. 1963년 1월 14일, 촘베는 패배를 인정했다. 3년 반 동안의 격렬한 폭력 상황 끝에 콩고는 마침내 통일되었고, 1965년 5월 새로이 선거를 실시해 카사부부를 대통령으로 선출했다. 카사부부의 대통령직은 오래가지 않았다. 1965년 11월 24일, 조제프 모부투가 두 번째 쿠데타를 일으켜 정부를 완전히 장악했기 때문이다.

모부투는 레오폴드와 똑같이 32년 동안 콩고를 통치했다. 개인의 부를 축재하는 기계로서 말이다. 그는 1966년 12월 31일 제카민 산하로 UMHK를 국유화했고, 여러 광구의 소유권을 편취했다. 이 나라가 광물 수출로 벌어들인 수십억 달러를 개인 은행 계좌로 빼돌려 1980년대에는 세계 10대 부자 중 한 명이 되었다. 1971년 10월 27일, 모부투는 콩고 왕국 시절에 콩고강의 원래 이름이라고 본인이 생각한 것을 토대로 국명을 자이르공화국으로 변경했다. 하지만 이는 포르투갈의 지도 제작자가 '은제레'라는 단어를 잘못 표기한 것에 불과했다.

모부투는 명백한 부정부패에도 불구하고 그에게 닉슨, 부시, 레이건, 클린턴 대통령 등의 변함없는 지지를 확보해준 반공산주의라는 미국의 대의를 받아들임으로써 수십 년간 권좌를 유지했다. 카탕가의 광물은 서구로 흘러 들어갔고, 그 수익은 모부투의 은행 계좌로 흘러 들어갔다. 하지만 카탕가가 제공하는 것이 영원할 수는 없다. 구리 가격은 1974년 4월에 파운드당 1.33달러까지 치솟았다가 1982년 6월에 저가 생산 국가들의 생산량 증가와 함께 파운드당 0.59달러로 급락했다. 이에 따라 1988년 약 48만 톤까지 최고치를 찍었던 제카민의 구리 생산량은 5년 후 3만 톤으로 급감했다. 1991년 소련 붕괴와 더불어 서구에서 모부투의 가치도 추락했다. 이웃 나라 르완다에서 벌어진 집단 학살은 그가 몰락하는 기폭제가 되었다.

1994년 4월 6일, 후투족(Hutu)인 르완다의 쥐베날 하브야리마나(Juvénal Habyarimana) 대통령이 탄 비행기가 키갈리(Kigali) 국제공항으로 접근하던 중 격추당했다. 후투족은 배후로 투치족(Tutsi)을 지목했고, 이어 대량 살육이 벌어졌다. 100일 만에 후투족 민병대 인테라함웨(Interahamwe)가 학살한 투치족이 최소 80만 명에 육박했다. 200만 명 넘는 난민이 자이르 국경을 넘어 키부스(Kivus)로 도망쳤다. 그러자 인테라함웨는 고마(Goma) 인근에 거점을 둔 소국가(ministate) 키부스를 세우고 계속 투치족 공격을 감행했다. 모부투 치하의 자이르가 쇠약해지자 상대적으로 약소국이던 이웃 나라들은 침공을 꾀할 수 있었다. 르완다군의 우두머리이자 현직 대통령 폴 카가메(Paul Kagame)가 기회를 잡았다. 그는 우간다와 함께 키부스에 공격진을 구축하되 카탕가의 대외적 간판이자 모부투의 오랜 정적을 이용하기로 했다. 바로 로랑데지레 카빌라였다.

카빌라는 여러 반군 단체를 AFDL, 곧 콩고해방민주세력동맹으로 통합하고, 즉시 대규모 군대를 이끌고 가서 카탕가를 장악했다. 이어 루붐바시의 카라비아(Karavia) 호텔을 주거지로 삼고 서구의 투자 은행, 드비어스(De Beers: 영국의 다이아몬드 가공 회사─옮긴이), 미국과 유럽의 광산 회사 등과 전쟁 전리품을 분배할 모임을 주선했다. 카가메의 충실한 부관이던 제임스 카바레베(James Kabarebe)가 지휘하는 나머지 AFDL 부대는 킨샤사를 향해 서쪽으로 진군했다. 노쇠한 모부투는 모로코로 피신했고, 거기서 망명 중에 결국 사망했다. 1997년 5월 29일, 카빌라는 콩고민주공화국의 대통령으로 취임 선서를 했다. 그는 자신을 파트리스 루뭄바의 적법한 계승자로 내세우고, 콩고 국민에게 자유와 번영을 가져다주겠노라 약속했다.

모부투나 레오폴드와 다를 바 없이 카빌라는 콩고를 개인 축재를 위한 약탈형 정치 체제로 운영했다. 외국 광산 회사들과 밀약을 체결하고, 그 돈을 개인 계좌로 빼돌렸다. 하지만 카빌라는 자신이 집권하도록 도와준 이들을 등지는 치명적 실수를 저질렀다. 1998년 7월 26일, 르완다와 우간다의 모든 군대에 그 나라에서 철수하라고 명령을 내린 것이다. 르완다와 우간다는 즉시 제임스 카바레베가 이끄는 새로운 반군을 지원하면서 카빌라 제거 임무를 맡겼다. 일주일 뒤, 카바레베는 두 번째 콩고 공격을 감행했다.

1998년 8월 2일부터 수년간 이어진 사건은 '아프리카판 세계대전'이라고 알려졌다. 아프리카 9개국과 30개 민병대가 개입해 콩고민주공화국을 초토화하고 최소 500만 명의 콩고 민간인을 죽음으로 내몬 내전이었다. 카바레베는 고마 공항에서 보잉 727기를 납치해 자신의 병력을 태운 다음 킨샤사 코앞까지 가서 수도를 공격했다. 카빌라는 11시간 만에 캄보베 인근 광산을 둘러싼 트레몰트와의 악명 높은 뒷거래를 포함해 광산 자산을 대가로 짐바브웨로부터 병력 지원을 확보하는 합의를 간신히 끌어냈다. 각각 카탕가의 광물 자원에 대한 지분을 받는 대가로 나미비아, 앙골라, 수단, 차드의 군대가 짐바브웨 군대에 합류했다. 르완다, 우간다, 부룬디의 군대는 콩고 동부를 장악하고 킨샤사를 향해 몰려들었다. 유엔이 상황을 안정시키려고 평화유지군을 파견하기까지 전쟁은 2년간 격렬하게 벌어졌다.

2001년 1월 16일, 로랑 카빌라는 자신의 경호원 중 한 명에게 암살당했다. 아들 조제프가 그의 뒤를 이어 폐허가 된 나라를 물려받았다. 조제프 카빌라는 국가 경제를 활성화하기 위한 노력의 일환으로, 2002년 외국인 투자 유치를 목적으로 고안한 새 광산법 아래 이 나라의 광업 부문을 부활시켰다. 아울러 르완다·우간다와의 분쟁 종식을 위한 평화 협상도 개시했다. 2002년 12월 17일에 체결된 최종 합의에 따르면, 르완다와 우간다는 민주콩고에서 모든 군대를 철수시켜야 했다. 그러나 이후 두 나라는 콩고의 광물 착취를 지속하기 위해 통제 권역을 설정했다. 이에 르완다군은 키부스의 콜탄 무역을, 우간다군은 금 무역을 장악했다. 그리고 높은 수익을 내는 콩고의 다이아몬드 광산을 차지하려고 양측이 치열하게 싸웠다.

콩고 동부가 분쟁에 휩싸이자, 카빌라는 카탕가에서 채굴 계약을 성사시켜 돈을 버는 데 몰두했다. 2009년에는 시코마인스와의 거래를 따냈고, 이는 중국이 카탕가를 인수할 수 있는 기회를 열어줬다. 그는 자신의 BGFI뱅크 계좌를 통해 뇌물을 받는 대가로 중국 광산 회사들과의 거래를 여러 건 중개했다. 카빌라의 두 번째 대통령 임기는 2016년 12월에 끝났다. 하지만 그는 2년 더 권력에 집착했고, 드디어 2018년 12월 30일에 선거가 치러졌다. 그리고 카빌라가 엄선한 후임자 펠릭스 치세케디가 당선자로 발표되었다. 선거 결과의 신뢰성에 대해서는 의문이 있지만, 2019년 1월 25일의 치세케디 취임은 1960년 콩고가 독립한 이래 최초의 평화적 정권 교체였다.

많은 콩고 국민은 치세케디가 조제프 카빌라의 이익을 도모할 것이라고 우려했다. 하지만 취임 후 몇 달 만에 그는 광산 부문을 겨냥한 반부패 캠페인을 시작했다. 중국 광산 회사들이 일으키는 피해를 비판적으로 언급하고, 미국과는 관계 강화를 추구했다. 마이크 해머 미국 대사에 따르면, 인권은 의제에서 중요한 부분이었다. "2019년 1월 치세케디 대통령이 집권했을 때 그와 처음 나눈 대화 중 하나가 인신매매와 아동 노동 문제에 관한 우리의 우려였습니다. 그는 인권을 위해 매진하고 있다며 저를 안심시켜줬지요." 같은 주제에 관해 한 서방 외교관은 비공개를 전제로 "치세케디 대통령은 자국에 대한 중국의 완전한 착취 관행이 지속되길 원치 않은 반면, 카빌라와 그 패거리는 자신들의 주머니를 채워주기 때문에 중국에 의존하고 있다"고 덧붙였다.

치세케디는 계속해서 중국 광산 회사들에 투명성, 근로 기준, 지속 가능성을 개선하라는 압력을 가하고 있다. 이에 치세케디의 행동이 못마땅한 카빌라는 중국인 후원자들의 도움을 받아 2023년 대선에 다시 출마해 국가를 장악하든가, 아니면 그들의 의제를 지지해줄 다른 후보가 당선되게끔 하는 계획을 꾸미고 있는 것으로 알려졌다.

카탕가의 자원을 차지하려는 다음 대결의 무대가 마련되었다. 서구 성향의 치세케디가 권력을 굳힐까, 아니면 카빌라가 이 나라를 되찾아 친(親)중국 기조를 더욱더 밀어붙일까? 코발트의 흐름이 걸려 있고, 그와 함께 우리의 충전 가능한 미래에 대한 통제권이 달린 문제다. 어느 쪽이든 콩고 국민의 삶이 나아질 거라고 누가 장담할 수 있겠는가? 1482년 디에구 캉이 콩고 왕국에 유럽인을 소개한 그 순간부터 아프리카 심장부는 전 세계의 식민지가 되었다. 파트리스 루뭄바가 다른 운명을 선택할 잠깐의 기회를 제공했지만, 서구의 신식민지라는 기계 장치가 그를 찍어내고 자신들의 부를 계속해서 이어지게 할 인물로 대체했다.

코발트는 그들이 가장 최근에 약탈한 보물에 지나지 않는다.

"안 파면 못 먹어요"

텐케 풍구루메, 무탄다, 틸웨젬베

―――

인류의 큰 비극에 대한 이러한 깨달음은 우리 스스로가 뇌리에 그 희생자들의 환영을
또렷하게 새길 수 있을 만큼 생생하며 역사에 영원히 남을 것이다.

—에드먼드 모렐, 《콩고 개혁 운동의 역사》

리카시에서 서쪽으로 이동하는 것은 고행길이 될 수 있다. 도로는 교통
체증으로 툭하면 정체되고, 톨게이트 검문소는 꽉 막혀 있다. 화물 트
럭들은 광물을 넘치도록 싣고 좁은 고속도로를 덜커덩거리며 달린다.
"리카시와 콜웨지의 중간쯤 도로에서 전기동(copper cathode, 電氣銅)과 코
발트 농축물을 가득 실은 트럭이 몇 대나 지나가는지 지켜보기만 해도
세계 경제 상황을 파악할 수 있다"고 빅 보스 콩고(Big Boss Congo)라는
건설 회사의 CEO 아사드 칸(Asad Khan)은 말했다. "경제가 호황일 때는
광산에서 나오는 트럭들로 도로가 꽉 막히죠." 이 지표에 따르면, 내가
민주콩고를 방문할 당시 세계 경제는 아주 잘 돌아가고 있었다. 도로는
바퀴가 큰 화물 트럭, 찌그러진 픽업트럭, 녹슨 자동차, 털털거리는 오
토바이, 바퀴가 휠 정도로 구리와 코발트 자루를 층층이 쌓아 올린 자
전거들로 끊임없이 정체가 이어졌다. 연료 공급이 수요를 따라가지 못

할 때가 많고, 그러면 별수 없이 '카다피(Gaddafi)'를 찾아내야 했다. 공급이 넉넉할 때 플라스틱 용기에 휘발유를 비축했다가 공급이 감소하면 막대한 프리미엄을 붙여 재판매하는 사기꾼을 이르는 말이다. 나부터도 콩고에서 현장 조사를 하는 동안 카다피를 찾은 게 한두 번이 아니다.

리카시 서쪽의 극심한 교통 체증과 끊임없는 채굴 활동은 위태로운 수준의 대기 오염을 불러왔다. 자욱하게 낀 매연과 재 그리고 모래가 대지를 질식시킨다. 하늘과 땅은 낮은 산들 위로, 모호하고 도달할 수 없는 경계선에서 어렴풋이 만난다. 도로변의 마을들은 공중을 떠다니는 쓰레기로 뒤덮여 있다. 아이들은 먼지 뭉치처럼 오두막 사이를 폴짝폴짝 뛰어다닌다. 꽃은 찾아볼 수 없다. 하늘에도 새가 없다. 잔잔한 개울도 없다. 기분 좋은 산들바람도 없다. 자연의 장식품이 사라졌다. 모든 색깔이 창백해서 생기다 만 것만 같다. 삶의 파편들만 남았다.

여기가 루알라바주, 코발트가 제왕인 곳이다.

리카시와 콜웨지 사이로 뻗은 도로는 아프리카의 최대 산업 광산, 곧 텐케 풍구루메와 무탄다를 지나간다. 세 번째로 큰 광산은 틸웨젬베인데, 그 뒤를 콜웨지가 잇는다. 아마도 틸웨젬베는 거의 전적으로 장인 채굴 구역 역할을 하는 곳으로는 최대 산업 현장일 터이다. 산업 광산과 장인 광산이 혼합된 루붐바시 인근의 에투알과 캄보베 북쪽 미카스 광산의 생산 모델이 루알라바주의 많은 산업 광산에서 장인 광산을 점점 더 변질시키고 있다. 코발트 공급망의 최상위에 있는 기업들은 산업 광산과 장인 광산 사이에 침투할 수 없는 벽이 존재한다며 자신들의 평판을 내건다. 이러한 주장은 콩고강 어귀에 서서 서로 다른 지류에서 흘러온 물을 구별할 수 있다고 떠드는 것만큼이나 무의미하다.

텐케 풍구루메

리카시에서 북서쪽으로 75킬로미터 떨어진 곳에 콩고 최대의 광구가 있다. 텐케 풍구루메(TFM)다. 광산의 이름은 광구의 서쪽과 남쪽 끝에 접한 두 마을(각각 텐케와 풍구루메)의 이름을 따서 지었다. TFM은 런던보다 약간 더 넓은 1500제곱킬로미터 남짓의 면적에 걸쳐 있다. 한때는 광구 전역의 마을에 수천 명이 거주했으나, 2006년 미국 광산 회사 펠프스 도지(Phelps Dodge, 57.75퍼센트)와 텐케 광업회사(24.75퍼센트) 그리고 제카민(17.5퍼센트)이 합작 투자한 회사에 권리가 매각되면서 쫓겨났다. 2007년에 펠프스 도지가 피닉스(Phoenix)에 본사를 둔 거대 광산 기업 프리포트-맥모란(Freeport-McMoRan, 56퍼센트)과 합병하고, 텐케 광업회사가 룬딘 광업(Lundin Mining, 24퍼센트)에 인수되면서 제카민의 몫이 20퍼센트로 늘었다.

2016년 프리포트는 TFM의 주식을 26억 5000만 달러에 중국 몰리브데넘 컴퍼니(China Molybdenum Company, CMOC)에 넘겼다. 이 매각은 민주콩고에서 미국계 광산 회사들의 존재감을 지우고 중국 업체들이 콩고의 구리·코발트 광산을 인수할 길을 터줬다. 코발트 혁명의 여명기에 프리포트가 그토록 가치 있는 광산 자산을 매각한 것은 이해할 수 없는 조치였다. 프리포트의 TFM 광구를 관리했던, 신원을 밝히길 원치 않은 한 고위 임원은 이렇게 설명했다. "우리가 TFM을 매각한 것은 순전히 재정적인 이유 때문이었습니다. 석유 및 가스 투자의 오판으로 회사 재무 상태가 심각한 압박을 받던 참이었거든요. 부채를 1년 안에 절반으로 줄이겠다고 시장에 약속했고, 이렇게 할 유일한 방안이 자산 매각이었죠."

CMOC는 2019년에 TFM의 소유권을 공고히 했고, 현재 그 광산의 지분 80퍼센트를 차지하고 있다. 이어서 5억 5000만 달러를 투자해 키산푸(Kisanfu)라는 TFM 인근의 미개발 구리·코발트 매장지의 지분 95퍼센트를 인수했다. 이로써 CMOC는 향후 세계 제일의 코발트 생산업체 중 하나로 우뚝 서기 위한 발판을 마련했다. 2021년에는 중국에 본부를 둔 세계 최대 리튬이온 배터리 제조업체 CATL이 1억 3750만 달러에 키산푸의 지분 25퍼센트를 매입하면서 충전식 배터리 공급망 전반에 걸쳐 중국의 우위를 앞당겼다

TFM은 2021년에 무려 1만 5700톤의 코발트를 생산했다.[1] 콩고 정부가 2022년 2월 세금과 로열티 지급액을 최소화시켜주기 위해 생산량을 축소해서 공식적으로 CMOC에 청구했는데도 말이다.[2]

북적거리는 도로변 마을인 풍구루메는 TFM의 주요 진입 지점이다. 주민들은 고속도로로 몰려들어 이 지역의 교통 혼잡을 가중시킨다. 숯, 야생 동물 고기, 휴대폰 충전 카드를 팔려고 늘어선 장사꾼들 때문에 길은 더욱더 막힌다. 풍구루메를 거닐다 보면 너무 서둘러 개발한 마을이라는 인상을 받는다. 풍구루메 인구는 2007년 5만 명에서 2021년 25만 명 이상으로 급증했고, 이 때문에 기반 시설, 주택 공급, 고용에 상당한 무리가 생겼다. 제과점, 자동차 수리점, 이발소, 레스토랑, 그리고 옷, 냄비, 프라이팬, 플라스틱 용기, 말린 생선, 채소 등을 살 수 있는 큰 시장 등 조그만 가게들이 마을의 비포장길을 따라 빼곡하게 붙어 있다. 풍구루메에는 학교가 몇 군데 있는데, 그중 가장 큰 곳은 검은색 금속 울타리를 친 2층짜리 분홍색 건물이다. 집은 대부분 금속 지붕

에 방 한두 개가 딸린 벽돌 구조물이다. 마을에는 무더기로 쌓인 나무 토막이 아무렇게나 흩어져 있다. 연초록색 잔디밭이 지배적인 붉은 벽돌, 갈색 흙과 소심한 대조를 이룬다. 현지인들은 운 좋게도 위성 안테나가 있는 집들 주변에 모여 축구 경기를 본다. 상점 밖 땅바닥에 놓인 스피커에서 쿵쿵거리며 나오는 음악이 불가해한 불협화음을 만든다. 여자들은 예전에는 강렬했으나 햇볕과 먼지로 서서히 퇴색해버린 색깔로 치장했다. 남자들은 담배를 태우고, 술을 마시고, 노름을 즐긴다. 아주 어린 아이들 말고는 아무도 미소 짓지 않는다.

TFM의 정문은 풍구루메 바로 서쪽에 위치한다. 광산에 들어가려면 경비가 삼엄한 검문소 두 곳을 지나야 한다. 첫 번째 검문소에는 철조망 울타리로 둘러싸인 금속 문이 달려 있다. 울타리 옆 다리 밑에 있는 작은 개울에는 더럽고 진창 같은 물이 흐른다. 이곳을 방문할 때마다 나는 그 개울에서 빨래하는 여자들과 헤엄치는 아이들을 봤다. 첫 번째 검문소에서 북쪽으로 250미터 정도 가면 경비가 더욱 삼엄한 두 번째 보안 출입구가 있다. 영어, 프랑스어, 중국어로 적힌 "텐케 풍구루메 광산에 오신 것을 환영합니다"라는 표지판이 방문객을 맞는다. 금속 깃대 꼭대기에 분홍색 삼각 깃발을 매단 순찰용 지프차들이 그 두 번째 문을 통과해 오간다. CMOC는 콩고 법을 준수하며 TFM 광구에서 장인 채굴을 허용하지 않는다고 주장하지만, 나는 방문할 때마다 두 번째 검문소 바로 뒤를 비롯해 광산에서 구덩이 벽을 파고 있는 장인 광부를 수십 명 봤다. TFM 광구에서 장인 채굴을 얼마나 많이 하면 풍구루메 서쪽으로 몇 킬로미터 떨어진 곳에 아예 '풍구루메 2'라는 장인 광부 마을이 생겨났겠는가. 어느 날 오후, 나는 이 마을에 앉아 있던 중 광석 자루를 가득 실은 오토바이 수십 대가 TFM 광구 안쪽에서 나와 비포장길을 따라 질주하는 걸 목격했다. 이들은 TFM 광구에서 장인 광부들이 채굴한 코발트를 구입한 네고시앙으로, 이 지역의 창고에 그걸 팔러 가는 길이라는 얘기를 들었다. 현지인들에 따르면, 광석 대부분은 창고에서 바로 CMOC에 팔린다.

두 번째 보안 검문소를 지나면 어마어마한 TFM 광구의 진입로가 북쪽으로 이어진다. 풍경 위로 구덩이 광산의 벽들이 불쑥 나타난다. 주요 도로를 벗어나면 산업 구역이 몇 군데 있고, 더 북쪽으로 가면 외국인 직원용 주거 단지가 나온다. 이곳에는 가로수 길을 따라 위치한 최소 200채의 개인 주택을 비롯해 테니스장, 체육관, 수영장이 있다. 주거 지역 북쪽에는 사무실 단지가 있고, 그 북쪽에는 회사 전용기 착륙장이 있다. 이 지점부터는 광구의 대부분이 황무지다. 두 번째 도로는 주요 주거 단지 서쪽으로 나 있고, 풍구루메의 절반 정도 크기인 텐케 마을까지 이어진다. TFM의 거대한 구리·코발트 가공 시설이 텐케 근처에 있다. 이곳은 용매 추출과 전해 채취(solvent extraction and electro-winning, SX-EW: '용매 추출'은 용매를 이용해 혼합물을 분리하는 것, '전해 채취'는 전기분해를 통해 광석에서 금속을 채취하는 것—옮긴이)라는 2단계 공정을 통해 전기동과 수산화코발트를 생산한다. 이 가공 처리에 쓰이는 독성 용매와 산(酸)은 공장에서 책임지고 폐기하게끔 되어 있다. 하지만 텐케를 방문해보니 그렇지 않았다.

풍구루메 광산 안팎에서 벌어지는 일의 진실은 풍구루메 주민들과의 대화에서 가장 잘 드러났다. 풍구루메와 TFM의 관계를 쓰디쓰다고 부르는 것은 순화한 표현일 터이다.

"그들이 우리를 집에서 쫓아냈어요!" 피부에 검버섯이 많은 사미(Samy)라는 한 노인이 소리쳤다. "광산 회사들이 오기 전까지 우리는 3대가 그 땅에서 살았습니다. 채소도 재배하고 물고기도 잡았죠. 그들한테 쫓겨나서 지금 우리는 가족이 먹을 식량도 제대로 구하지 못해요. 이 지역에는 우리 일자리가 없어요. 어떻게 살라는 말인가요?"

많은 풍구루메 주민이 2006년 광구에서 쫓겨난 것에 대해 사미처럼 분노를 표명했다. 그들은 사전 경고도, 보상이나 이주 지원금도 받지 못했다고 했다. 내 통역사 중 한 명인 올리비에(Olivier)가 상황을 가장 잘 설명했다.

어떤 광산 회사가 당신이 사는 곳에 와서 당신을 몰아낸다고 상상해보세요. 그들은 당신이 손에 들고 갈 수 있는 것 빼고는 전부 부숴버려요. 그러고는 땅속에 광물이 있다며 광산을 건설하더니, 군인들을 세워놓고 계속 못 들어가게 합니다. 당신을 도와줄 사람이 아무도 없다면 뭘 할 수 있겠어요? 당신이 살았던 그곳으로 돌아가서 혼자 광물을 캘 권리가 있다고 생각할 수도 있겠죠. 그게 바로 풍구루메 사람들의 생각이에요.

TFM 광구에서 코발트 부스러기를 캐는 것은 많은 풍구루메 사람들의 유일한 생존 방법이 되었다. 광구 매각 이유를 설명하던 프리포트 경영진도 이 점을 인정했다. "주로 활성화된 채굴 구역이 아닌 언덕에 늘 불법적인 광부들이 있었어요. 활성화 구역까지 들이닥칠 것 같았습니다. 그래서 불안한 휴전 상태에 들어갔죠. '산업 채굴 설비에 방해가 되지 않고 다른 사람을 성가시게 하지 않는다면 당신들을 내버려두겠다. 우리한테는 보안대가 있다. 하지만 싸울지 말지는 당신들이 알아서 선택해라. 당신들이 광구의 모든 곳에 있을 수 있는 것은 아니다.'"
CMOC 인수 후에는 프리포트와 풍구루메 사이의 그 '불안한 휴전 상태'가 깨지기 직전이었다. 다수의 장인 광부들이 계속해서 광구 안으로 대담하게 발을 들여놨고, CMOC는 그들의 수가 너무 많아지면 접근을 차단하라고 보안대에 명령했다. CMOC 보안대가 대처하지 못할 때는 군대의 지원을 받기로 했다. 전쟁이 터진 것은 바로 이런 때였다.

  그런 사건 중 하나가 풍구루메 주민들이 광산 접근 차단에 항의하며 폭동을 일으킨 2021년 8월에 일어났다. 무리는 고속도로로 몰려가 TFM으로 진입하는 화물 트럭의 통행을 막았다. 열기가 고조되자 그들은 지나가던 다른 차량도 공격하기 시작했다. 아사드 칸은 콜웨지에서 루붐바시로 돌아가던 중 이 공격에 휘말렸다. 그는 10~12명이 자신의 SUV에 달라붙더니 벽돌과 금속성 물건으로 창문을 깨부수기 시작했다고 말했다. "이러다 딱 죽겠다고 생각한 순간이었어요. 저는 극심한 공포를 느꼈고, 시속 60~70킬로미터로 후진해서 차를 지그재그로 몰았죠. 빠른 속도로 급회전했더니 그때야 사람들이 차에서 떨어지더라고요."

  이보다 훨씬 더 끔찍한 사건이 2019년 6월에 터졌다. 장인 광부들이 떼거리로 TFM 광구에서 땅을 파고 있었는데, 가장 큰 구덩이 일부도 거기에 포함되었다. CMOC의 보안대는 상황을 감당할 수 없었다. 프로메스(Promesse)라는 이름의 풍구루메 주민은 그다음에 벌어진 일을 이렇게 설명했다.

  땅 파는 사람들을 광구에서 내보내려고 군대가 병사들을 보냈어요. 그들이 허공에 총을 쏘았죠. 사람들을 쫓아내려 구타하기도 했고요. 많은 사람이 화가 났죠. 그들이 소리쳤어요. "여기는 콩고야. 중국이 아니라고!"

다음 날, 광석을 가득 실은 트럭 두 대가 광산을 나가고 있었어요. 어제의 그 풍구루메 사람들이 도로를 막았죠. 그들은 운전사들을 때리고 트럭에 불을 질렀어요.

프로메스는 트럭에 불이 붙은 후 완전 무장한 민주콩고 정부군 대대가 벌떼처럼 그 지역에 몰려와 총격으로 사람들을 진압했다고 말했다. 여러 명이 숨지고, 수많은 집과 가게가 불에 탔다.

풍구루메 주민과 CMOC 사이의 긴장은 반복되는 광구 접근 차단 때문만은 아니다. 지역 사회에 약속했던 지원의 부재가 초래한 현저한 불만도 포함되었다.

"그들은 학교도 짓고 일자리도 만들어주겠다고 했는데, 우리는 여전히 기다리는 중입니다." 풍구루메 주민 에릭(Eric)이 말했다. "그들은 코발트에만 신경 써요. 풍구루메 사람은 그들에게 해충 같은 존재죠."

"그들은 광구를 사들일 때 풍구루메 사람들도 샀다고 생각해요. 우리를 수감자처럼 통제할 수 있다고 생각하죠." 다른 주민이 덧붙였다.

오른팔이 없는 카푸푸(Kafufu)라는 또 다른 주민은 TFM 광산에 대해 다음과 같이 개탄했다.

그 광구에 사는 직원이 수백 명이라는 사실을 아세요? CMOC가 오기 전까지는 그들의 기숙사가 풍구루메하고 가까워 여기 와서 필요한 물품을 사거나 식당에서 밥을 먹고는 했죠. 그게 저희 생계에 큰 도움이 되었고요. 그런데 전 직원을 '브라보 캠프(Bravo Camp)'로 이주시켰어요. 광구 안에서 훨씬 더 먼 곳이라 그들은 더 이상 풍구루메나 텐케에 오지 않죠.

카푸푸는 텐케에 살았는데, 풍구루메에 있는 형을 보러 왔다가 마침 내가 현지인들과 얘기하는 모습을 본 터였다. 그는 내게 급히 보여줄 게 있으니 곧장 텐케로 같이 갔으면 한다고 말했다. 다음 날까지 기다려줄 수 있겠냐고 물었지만, 그날 꼭 동행해야 한다고 고집했다. 나는 인터뷰를 대충 정리한 후 카푸푸와 함께 차를 타고 텐케로 갔다. 마을은 TFM 광구에 있는 여러 개의 거대한 노천 광산 바로 서쪽에 있었다. 카푸푸는 텐케 북쪽, 인구 밀도가 더 낮은 조그만 오두막 지역으로 우리를 데려갔다. 우리는 지프차를 세워놓고 걸어서 이동했다. 카푸푸는 낡은 오두막 몇 채가 있는 쪽으로 걸어갔다. 그중 일부는 초가지붕에 나무로 만든 집이었다. 그가 그중 하나를 가리키며 말했다. "저기가 제 집입니다." 남쪽으로 한참 떨어져 있을 때는 몰랐는데, 가까이에서 보니 땅바닥, 나무, 오두막, 자전거, 사람 등 이 지역에 있는 모든 게 겨자색 먼지층으로 얇게 덮여 있었다. 오두막 밖에 앉아 빈 플라스틱 병에 흙을 채우고 있는, 기껏해야 다섯 살쯤 되었을 두 아이에게 시선이 갔다. 아이들의 피부와 옷과 얼굴도 겨자색 가루로 온통 뒤덮여 있었다.

"이게 뭔가요?" 내가 물었다.

"건조 황산입니다." 카푸푸가 대답했다. "광산에서 광석을 가공할 때 사용하죠."

"어떻게 아세요?"

"거기서 일했거든요." 카푸푸가 하나밖에 없는 손으로 TFM 광구 쪽을 가리키며 말했다. 그는 루붐바시 대학교를 졸업했는데, CMOC에서 가공 시설 작업을 위한 여러 가지 직업 훈련을 그에게 제공했다고 했다.

"사고로 팔이 으깨졌어요. 그들은 제게 일주일치 임금과 수술비를 대줬어요."

사고가 언제 일어났는지 물었다.

"2년 전이었어요." 그가 대답했다. 그날 이후 그는 아무 일도 할 수 없었다.

카푸푸는 가공 시설에 대한 지식을 바탕으로 시스템이 어떻게 가동되는지 설명할 수 있었다. "먼저 광석을 분쇄 공장으로 가져갑니다. 거기엔 광석을 모래처럼 분쇄할 수 있는 자동차만 한 금속 롤러들이 있죠. 그런 다음 구리와 코발트를 분리하기 위해 황산을 이용해서 모래를 침출하죠. 이때 불산, 이산화황, 황산으로 가득한 가스가 나옵니다."

카푸푸에 따르면, 문제는 CMOC가 그 가스를 따로 저장하지 않는다는 것이다. "가스가 우리 집들 위로 날아가게 놔둡니다. 그게 우리의 음식과 물에 떨어지죠. 여기 사는 모든 사람한테 떨어지는 겁니다."

나는 두터운 독극물을 뒤집어쓴 채 땅바닥에서 놀고 있는 두 소년을 바라봤다. 매일 오염되고 있는 자녀들을 지켜보며 그들을 보호하지 못해 무력감을 느끼는 부모들의 심정이 어떨지 상상해봤다. 폭력은 비록 용납할 수 없는 대응이긴 해도, 풍구루메 사람들이 왜 트럭에 불을 지를 만큼 절박함을 느꼈는지 이해가 갔다.

풍구루메의 여성들은 일반적으로 밤새 집에 내려앉은 가루를 깨끗이 닦아내는 밑도 끝도 없는 일로 하루를 시작한다. 프랑크(Franck)와 그의 아들 글루아르(Gloire, 14세)를 포함해 마을 남자 대부분은 늦잠을 자려 한다. 밤에는 대부분 TFM 광구에서 땅을 팔 때가 많기 때문이다. 나는 풍구루메 북서쪽 끝에 있는 작은 집에서 프랑크와 글루아르를 만났다. 집 입구에는 현관문 대신 얇은 연녹색 천이 늘어뜨려져 있었다. 안에는 방이 2개였는데, 한쪽 방에서는 글루아르와 부모 그리고 남동생 둘이 땅바닥에 매트를 깔고 잠을 잤다. 그리고 다른 한쪽 방에서는 요리하고, 식사하고, 라디오를 들었다. 풍구루메의 어떤 집엔 불규칙하게나마 전기가 들어왔는데, 이곳은 그렇지 않았다. 그들은 손전등과 라디오에 쓸 배터리를 구입했다. 배터리 가격은 내가 생각한 것보다 비쌌는데, AA 배터리 4개짜리 한 팩이 2달러(대략 하루 수입)였다. 특히나 그들이 배터리의 원료인 금속을 생산하는 세계 최대 광산 중 한 곳 바로 옆에 살고 있었기에 내게 그 가격은 터무니없이 비싸 보였다.

글루아르는 벽돌 벽에 등을 기대고 다리를 앞으로 쭉 뻗은 채 앉아 있었다. 온몸이 땀으로 젖고 턱에 잔뜩 힘을 주었다. 그 애 옆 모퉁이에 놓인 작은 나무 테이블 위에는 가족들의 옷이 쌓여 있었다. 나머지 옷은 바깥의 빨랫줄에 매달려 있었다. 글루아르 반대쪽에 있는 작은 구멍 하나가 창문 역할을 했지만, 환기는 거의 되지 않았다. 진흙 벽돌로 짓고 금속 지붕을 얹은 집은 아침 햇살 아래 오븐처럼 뜨겁게 달궈졌다. 금속과 벽돌 틈으로 먼지 덩이가 유령처럼 떠다녔다. 진갈색 바지와 흰색 테두리가 있는 진녹색 티셔츠를 입은 글루아르는 편안한 자세를 찾으려는 듯 계속해서 자세를 바꾸고 꼼지락거렸다.

글루아르는 3학년 때까지 풍구루메에서 학교를 다녔는데, 가족들은 그 무렵 월 6달러의 수업료를 더 이상 감당할 수 없었다. 그래서 열한 살 때부터 아버지와 함께 TFM 현장에서 땅을 파기 시작했다.

"우리는 밤에 광구로 가요. 보초들한테 돈을 주면 구덩이를 팔 수 있게 해주죠. 거기서 코발트를 찾는 게 더 확실하거든요. 돈을 내기 힘들면, 광구 안으로 몰래 들어가서 땅을 파요. 가끔 개들한테 쫓기기도 하지만, 대부분은 아무도 방해하지 않죠." 프랑크가 말했다.

"우리는 땅을 잘 알기 때문에 좋은 광석을 찾으려면 어디로 가야 하는지 알아요." 글루아르가 덧붙였다. 이 광구에는 구리와 코발트의 출처인 말라카이트와 헤테로제나이트가 대량 매장되어 있다고 했다. "우리는 그 돌들을 자루에 채워요. 아주 무겁기 때문에 자전거에 실어서 운반하죠."

나는 광구에서 자루를 가지고 나오면, 그 광석들을 어떻게 하느냐고 글루아르에게 물었다.

"풍구루메의 창고에 팔아요."

"그들은 그것으로 뭘 하지?"

"TFM으로 가져가요."

2018년 8월 19일 아침, 프랑크와 글루아르는 평소보다 좀더 일찍 일어났다. 글루아르가 라디오를 켜자 뉴스가 나왔다. 우간다 국경 이투리(Ituri)주에서 라이벌 종족들 간의 충돌을 피해 도망쳐 온 난민들에 대한 보도였다. 이전에도 충돌은 있었지만, 이번은 특히 폭력적이어서 쫓겨난 사람들의 대규모 탈출을 유발한다고 했다. 그날 오후, 글루아르는 시장에서 카사바를 사고 가족용 자전거 앞바퀴를 수리하는 등의 심부름을 하며 약간의 시간을 보냈다. 밤에는 아버지와 함께 TFM 광구로 몰래 들어갔다. 그들은 달빛에 의지해 큰 구덩이까지 한 시간 넘게 걸었다. 수많은 장인 광부들이 몇 주 동안 그 구덩이를 파고 있던 참이었다. 그런데 그들이 땅을 파는 동안 구덩이 벽 한쪽이 무너졌다. 글루아르와 다른 5명이 쏟아진 돌과 흙더미에 파묻혔다. 프랑크와 다른 장인 광부들이 파묻힌 사람들을 끄집어냈다. 몇 명이 심각한 부상을 입기는 했지만 모두가 살아남았다.

글루아르는 조심스럽게 오른쪽 다리의 바지를 들어 올려 내게 다친

곳을 보여줬다. 마치 누군가가 종아리 근육의 아래쪽 절반을 떼어낸 다음 그 상처 위에 단단하고 얇은 분홍색 피부를 넣은 것처럼 보였다. 발목의 바깥쪽 뼈는 사라지고 없었는데, 그 부위도 단단한 분홍색 피부로 봉합되어 있었다. 프랑크는 글루아르의 정강이를 가리키며 부서진 부위를 내게 보여줬다. 그 자리에 날카롭게 패인 자국이 있었다. 다리는 심하게 훼손된 상태였다.

사고가 난 그날 밤, 프랑크는 반쯤 의식을 잃은 아들을 집까지 들쳐 업고 옮겼다. 부부는 밤새도록 고통스러워하는 아이를 돌봤고, 다음 날 아침 풍구루메에 있는 진료소로 서둘러 데려갔다. 글루아르는 극심한 고통에 시달렸지만, 진료소에는 아세트아미노펜(acetaminophen) 말고는 다른 진통제가 없어 통증을 완화해주지 못했다. 그곳에는 잠재적인 감염을 막아줄 항생제도, 뼈 손상 정도를 확인할 엑스레이 기계도 없었다. 간호사 한 명이 글루아르의 다리를 소독하고 붕대로 감은 다음 집으로 돌려보냈다.

그 후로 글루아르는 극심한 통증과 고열에 시달렸다. 혼자서는 걷지도, 옷을 갈아입지도, 화장실에 가지도 못했다. 부모는 아들의 통증을 완화하거나 치료를 받게 해주기에는 무력했다. 내가 판단하기에 글루아르는 수술과 깁스와 광범위한 재활 치료가 필요했다. 하지만 그것은 콜웨지나 루붐바시에 있는 제대로 된 병원에서나 가능했다. 글루아르가 다친 이후 가족은 경제적 난관에 봉착했고, 소득 손실을 대체할 방안을 찾아야 했다.

"지금은 다른 아들을 데리고 함께 땅을 팝니다." 프랑크가 말했다.

"당신이나 다른 아들이 글루아르처럼 다칠까 봐 걱정되나요?"

"네, 물론이에요. 하지만 땅을 안 파면 못 먹어요."

프랑크는 TFM 광구에서 파낸 광석을 파는 창고를 보여주겠다며 나를 안내했다. 그곳은 고속도로에서 살짝 떨어진 풍구루메 동쪽 끝, 코발트 거래를 위해 용도를 변경한 것으로 보이는 버려진 벽돌 집 안에 있었다. 상호는 없고, 라피아 자루에 검정색 매직펜으로 쓴 가격표만 정면에 붙어 있었다. 바로 옆에도 역시 상호 없는 창고가 두 군데 있었다. 세 창고 모두 간편한 차림의 중국 남자들이 운영했는데, 그중 누구도 나와 대화할 용의가 없었다. 다음 날 일과가 끝날 무렵, 나는 창고를 관찰하기 위해 다시 그곳에 갔다가 콩고 남자들이 세 창고의 자루를 전부 회색 화물 트럭에 싣는 걸 목격했다. 나는 차에 올라 그 트럭을 따라갔다. 트럭은 TFM 광구로 들어갔다. 프랑크는 자신이 아는 장인 광부 대부분이 광석을 이 창고들을 비롯해 이 지역의 다른 몇 군데 창고에 판다고 했는데, 코발트를 네고시앙들에게 판다고 말하는 사람도 많았다. 내가 네고시앙들이 코발트를 어떻게 하는지 아느냐고 묻자 프랑크는 풍구루메에서 남서쪽으로 약 10킬로미터 떨어진 마을로 그것을 운반한다고 했다. 그들은 오직 밤에만 움직였다.

코발트를 거래하는 야시장은 새로운 얘기였다. 오카탕가에서는 그 같은 얘기를 들어본 적이 없었다. 하지만 루알라바에서는 숲속 마을에 그런 시장이 세 군데 있다는 소문을 접했다. 나는 그중 한 곳을 간신히 찾아냈는데, 바로 프랑크가 언급한 곳이었다. 어느 날 밤, 울퉁불퉁한 비포장길을 따라 외딴 지역 깊숙이 들어간 나는 양방향으로 달리는 수많은 오토바이 옆을 지나쳤다. 남서쪽으로 가는 오토바이들에는 코발트 자루가 실려 있고, 북동쪽으로 가는 오토바이들에는 뒷자리가 비었거나 승객이 타고 있었다. 오토바이는 헤드라이트 말고는 전부 검은색이었다.

5 "안 파면 못 먹어요" **173**

나는 귀신이 나올 듯 자욱한 먼지 속에서 모닥불과 손전등의 어렴풋한 후광이 은은하게 비치는 한 마을에 다다랐다. 대부분 벽돌로 지은 오두막들이 숲속의 넓은 공터에 늘어서 있었다. 오두막들 사이에 걸친 빨랫줄마다 옷가지가 매달려 있고 플라스틱병, 담배 꽁초, 버려진 쓰레기가 여기저기 널브러져 있었다. 몇몇 오두막 앞에는 많은 콩고 네고시앙이 중국 중개상들과 물건을 교환하고 있었다. 네고시앙 말고도 중국 구매자들에게 코발트를 파는 장인 광부도 있었다. 장인들은 필시 인근 마을에 살 테고, 내가 캄보베 남쪽 숲에서 봤던 것과 비슷한 채굴 현장에서 캔 코발트를 팔러 야시장에 왔을 거라고 추측했다.

마을의 몇몇 네고시앙한테서 매일 밤 보통 서너 번 풍구루메에서 코발트를 나르는데, 한 번에 10~15달러를 번다는 얘길 들었다. 하룻밤 노동치고는 장인 광부에 비해 터무니없이 많은 수입이었다. 또 중국 구매자들이 돈을 주고 몇몇 마을 주민의 오두막을 창고로 사용한다는 사실도 확인했다. 내가 목격한 거래량을 바탕으로 계산하면, 매년 수백 톤의 구리·코발트 광석을 이 시장에서 매매하고 있을 법해 보였다. 비공식적이고 거의 추적할 수 없는 이 시장의 성격 때문에, 일단 산업 채굴 광석을 가공하는 똑같은 산성 물질에 섞고 나면 코발트의 출처를 구별하기란 불가능했다. 장인 광부가 채굴한 코발트를 완전히 안 보이는 곳에서, (그것도 현재 진행되고 있다는) 코발트 공급망 추적이나 감시 범위를 확실히 벗어난 곳에서 공식 공급망으로 세탁하는 게 아니라면, 이런 종류의 한적한 야시장에 어떤 다른 목적이 있겠는가? 공급망 최상위에 있는 어떤 회사가 자신들의 기기나 자동차의 코발트가 이와 같은 마을 시장을 거치지 않았다고 당당하게 말할 수 있을까?

광산 지역을 더욱 깊게 파면 팔수록 코발트 공급망의 밑바닥이 얼마나 수상쩍은지 더 많이 드러났고, 코발트의 흐름에서 아동 노동이나 기타 학대를 충분히 감시하고 있다는 주장도 더는 믿을 수 없었다.

풍구루메 주민과 TFM 광산의 껄끄러운 관계는 콩고의 광물 생산지 전역에서 펼쳐지는 광범위한 위기의 명확한 사례였다. 외국 광산 회사들은 대규모 토지를 몰수하고, 주민을 몰아내고, 환경을 오염시키고, 현지 주민에게 아무것도 지원하지 않다시피 했으며, 그들이 예전에 살던 땅에서 장인 광부로 위험한 조건 아래 간신히 연명하게 방치했다. 어쩌면 풍구루메에서 내가 만난 이들 중 이 위기의 결과를 마카노(Makano, 16세)라는 소년만큼 잘 보여준 사례는 없을 것이다. 나는 마을 남서쪽 끝에 있는 벽돌집에서 그 애를 만났다. 집에 들어서자마자 썩은 악취가 밀려왔다. 역겨운 냄새가 마치 혼령처럼 공기 중에 감돌았다. 마카노는 쇠약한 몸통에서 늘어진 앙상한 팔다리로 땅바닥에 무감각하게 앉아 있었다. 고열에 시달리는 듯한 체구에서 열기가 뿜어져 나오는 게 느껴졌다. 마카노는 거친 귓속말처럼 목구멍에서 쥐어짜는 억양 없는 목소리로 이렇게 말했다.

아버지가 3년 전에 돌아가셨어요. 저는 장남이라서 가족을 위해 돈을 버는 게 제 책임이었죠. 친구였던 아이들과 함께 풍구루메 남쪽의 벌판을 파기 시작했어요. 우리는 작은 구덩이에서 팠어요. 어떤 날은 광석을 찾았고, 어떤 날은 그러지 못했죠. 이런 식으로는 많이 벌지 못했기 때문에 〔텐케 풍구루메〕 광구로 가야겠다고 생각했어요.

마카노는 자전거가 없어 매일 밤 광구에서 돌 자루 하나를 들어 날라야 했다. 그 자루로 무엇을 했느냐고 물었더니 풍구루메에 있는 창고에 팔았다고 했다.

"코발트의 순도가 좋다는 걸 우리가 아는데도 한 자루에 2달러 이상은 절대 안 주더라고요."

2018년 5월 5일 밤, 마카노는 친구들과 함께 TFM 광구에 코발트를 캐러 갔다. 그들은 몇 시간 동안 땅을 팠고, 새벽이 되기 전에 집으로 돌아갈 준비를 했다. 마카노는 어깨에 무거운 코발트 자루를 짊어지고 6미터 높이의 구덩이를 빠져나오다 그만 발을 헛디뎌 바닥으로 추락하고 말았다. 그리고 깨어보니 콜웨지의 제카민 병원이었다.

"왼쪽 다리뼈와 엉덩이뼈가 부러졌어요. 온몸이 상처투성이고, 머리는 부어올라 있었어요."

치료비와 마카노의 생명을 구할 초기 수술비를 위해 가족 전체가 돈을 모았다. 그렇게 일주일 동안 입원을 했는데, 어머니 로진(Rosine)은 아들이 다 낫기도 전에 집으로 데려올 수밖에 없었다.

로진이 바지를 내리는 마카노를 도와 내게 부상 부위를 보여줬다.

오른쪽 엉덩이에 곪아버린 깊은 상처가 보였다. 오른쪽 다리에는 의사들이 으스러진 뼈를 받치려고 금속 막대를 삽입한 길쭉한 흉터가 있었다. 상처는 감염된 것 같았다. 마카노는 고열에 시달렸는데, 분명 항생제와 즉각적인 진료 서비스가 필요해 보였다. 그러지 않으면 패혈성 쇼크가 올 게 분명했다.

"제 아들이 죽어가고 있다는 걸 알아요." 로진이 눈물을 흘리며 말했다. "병원에 가야 하는데, 제가 돈이 하나도 없어요." 그러곤 나를 쳐다봤다. 절망하고 낙담한 표정으로.

"저희를 좀 도와주세요."

로진은 콩고에서 내게 자기 아이를 도와달라고 부탁한 맨 처음 어머니도, 마지막 어머니도 아니었다. 그들 모두를 돕는 것은 불가능하다. 그렇다면 누구를 도와야 할까? 어떤 식으로, 그리고 얼마나 오랫동안? 민주콩고에서 내 연구 내부분은 지비로 진행했기에 아무리 심각한 사례라도 의미 있는 방식으로 지원하기에는 여력이 부족했다. 설사 만나는 사람을 모두 돕는 게 가능하다고 해도, 아무리 선의로 한 지원일지언정 한 가족한테 닥칠 예측할 수 없는 다양한 부정적 결과를 어떻게 가늠할 수 있겠는가? 내가 로진의 아들을 돕기 위해 돈을 놓고 갔다는 말이 새어나가면 어떻게 될까? 그만큼 절박한 다른 어머니가 자기 아이를 구하기 위해 로진으로부터 그 돈을 얻으려고 무슨 짓이든 하지 않을까? 이것은 분별없는 지원으로 인한 많은 잠재적 위험 중 하나일 뿐이다. 그럼에도 불구하고 마카노는 내 앞에서, 땅바닥에 앉아 서서히 죽어가고 있었다. 어떻게 이 아이의 이야기를 듣고 외면할 수 있겠는가?

나는 최대한 신중하게 마카노를 도우려고 최선을 다했다. 그 아이한테 필요한 만큼의 시간을 벌고 치료를 받게 하지는 못할지라도, 그 단계에서는 하루하루가 소중했다. 나는 내가 마카노의 절망적인 예후에 기껏해야 잠깐의 멈춤을 제공하는 게 고작이라는 걸 깨닫고, 마카노와 로진의 곁을 떠났다. 글루아르, 마를린, 니키, 샹스, 키용게, 키상기, 프리실 등 다른 많은 아이들이 떠오르면서 죄책감이 밀려왔다. 그들을 만났을 때의 상황이 마카노만큼 극단적이지는 않았을지 몰라도, 그것은 똑같이 캄캄한 종착역으로 가는 여정의 다른 지점에서 내가 그들과 마주쳤기 때문일 뿐이었다.

나는 다시 고속도로로 나와 풍구루메를, 먼지 자욱한 오두막과 상점들의 미로를 돌아다녔다. 이제 나는 이 마을의 금속성 맛을 알았고, 몇 분마다 한 번씩 쓰디쓴 침을 뱉었다. 고속도로의 소란이 희미해질 무렵, 어디선가 합창 소리가 들렸다. 행복감을 주는 그 목소리가 나를 국제기독연합교회로 이끌었다. 안에는 신도들이 꽉 들어찬 큰 공간이 있었다. 그들은 작은 나무 단상 위에 선 생기 넘치는 목사의 지휘하에 열정적으로 찬송가를 불렀다. 한 아이가 나를 쳐다봤다. 큰 눈이 내 마음을 밝고 편안하게 해줬다. 나는 마침내 콩고 사람들이 어떻게 매일의 고통에도 살아남았는지 이해했다. 그들은 충만하고 열렬한 마음으로 신을 사랑했고, 구원의 약속에서 위안을 얻을 것이다.

그들의 사랑은 강렬했지만, 그게 거의 짝사랑이라는 증거가 쌓여만 갔다.

무탄다

풍구루메에서 서쪽으로 70킬로미터 떨어진 곳에는 글렌코어가 관리하는 아프리카 채굴 사업의 꽃, 바로 무탄다가 자리하고 있다. 고속도로에서부터 거대한 산 같은 구덩이 벽들이 지평선 위로 높이 솟아 있는 광구의 산기슭까지 진홍빛 땅이 펼쳐진다. 2020년 1월 운영을 중단하기 전까지 무탄다는 세계 최대 코발트 광산이었다. 단지는 대략 185제곱킬로미터의 격리된 직사각형 구역으로, 100미터 넘는 깊이의 거대한 노천 구덩이 광산 여러 개로 이뤄져 있다. 땅속에 이 커다란 구멍을 내주느라 수십만 그루의 나무가 잘려나갔을 것이다. 현지인들의 보고에 의하면, 이를 대체하기 위해 많은 나무를 심은 듯하지는 않다. 글렌코어는 역사적으로 제카민과 댄 거틀러 등 다양한 이해관계자들과 함께 이 광산에 대한 70~80퍼센트의 지분을 보유했다. 2017년 2월 글렌코어는 콩고계 자회사인 무탄다 광업주식회사(Mutanda Mining Sarl, MUMI)를 통해 광산 지분을 100퍼센트 인수하면서 민주콩고에서 제카민과 합작하지 않은 유일한 주요 구리·코발트 광산이 되었다. TFM과 마찬가지로 무탄다도 다량의 황산이 필요한 용매 추출과 전해 채취 공정을 사용하는 자체 광물 처리 시설을 갖추었다. 광구에는 외국인 직원용 주거 구역, 후생 시설 구역, 작은 골프장이 있다. 무탄다는 2018년 정점을 찍었을 때 2만 7300톤의 코발트를 생산했는데,[3] 이는 전 세계 생산량의 거의 30퍼센트를 차지하는 수치로 글렌코어를 세계 최대 코발트 광산 회사로 올려놓았다.

2019년 8월 8일, 글렌코어는 2020년 1월부터 2년간 무탄다 운영을 중단한다고 발표했다. 회사는 가공 시설의 황산 공급 부족과 코발트 시장의 '부정적 상황'을 이유로 들었다. TFM 및 다른 산업 광산들은 중단 없이 계속 운영할 만큼 충분한 황산을 보유하고 있는 것으로 보이는데도 말이다. 하지만 2018년부터 2019년 중반까지 코발트 가격이 40퍼센트 하락한 것은 사실이고, 그래서 업계의 많은 분석가들은 이런 움직임이 국제 코발트 공급을 줄여 가격을 올리기 위한 글렌코어의 노력으로 보고 있다.

제카민의 한 고위 관료는 전혀 다른 이론을 내놓았다. "글렌코어는 콩고 정부에 더 나은 세금 조건을 제시하라고 압박하기 위해 무탄다를 폐쇄한 것입니다." 그에 따르면, 2018년 3월 7일 당시 CEO 이반 글라센버그(Ivan Glasenberg)와 조제프 카빌라가 킨샤사에서 직접 만났던 때를 포함해 글렌코어 측이 거세게 반대했음에도 불구하고, 2018년 11월

24일 민주콩고 정부가 코발트를 '전략' 광물로 공표했다. 이로써 광산 회사들이 추출한 코발트 양에 비례해 지불해야 하는 로열티 비중이 3.5퍼센트에서 10퍼센트로 인상되었다. 새로운 정책은 초과 이득에 대한 50퍼센트의 세금도 신설했다. 이는 광산 회사가 사업을 시작하기에 앞서 광구의 지질학상 매장량을 평가하고자 실시한 초기의 재무적 타당성 조사에서 인용한 수준보다 상품 가격이 25퍼센트 이상 높아질 경우 부과될 터였다. 만일 코발트 가격이 많이 오른다면, 광산 회사들은 초과 이득세 때문에 곤란해질 것이다. 실제로 런던 금속거래소(London Metal Exchange, LME)의 코발트 가격은 2019년 여름에 비해 2021년 여름 100퍼센트 넘게 상승했다. 2018년 무탄다 현장에서만 6억 2690만 달러, 민주콩고의 모든 광산 사업장으로 치면 총 10억 8000만 달러의 세금과 로열티를 콩고 정부에 납부한 글렌코어로서는 큰 금액이 걸린 문제였다. 10억 8000만 달러는 그해 콩고 전체 국가 예산의 무려 18.3퍼센트에 해당하는 액수였다. 글렌코어는 콩고 정부를 압박할 재정적 영향력을 가진 것처럼 보였지만 계획대로 먹히지 않았다. 뇌물과 수상한 거래에 대한 소문도 마찬가지였다. 회사는 수년간 미국 법무부, 영국 중대사기수사국(Serious Fraud Office), 스위스 법무장관실로부터 민주콩고의 광산 운영과 관련한 자금 세탁, 뇌물, 부패 혐의로 조사를 받아온 터였다.[4]

2018년과 2019년 그리고 2021년 이곳을 방문했을 때 나는 무탄다 단지에 들어가려고 온갖 애를 썼으나 허가받지 못했다. 하지만 무탄다 이야기는 그게 끝이 아니다.

콩고에 있는 대부분의 산업 광산과 마찬가지로 무탄다도 수년에 걸쳐 성장했다. 2015년 글렌코어는 MUMI의 가장 큰 광구 건너편에 있는 고속도로 북쪽의 광활한 미개발 토지를 매입했다. TFM 광구처럼 이곳에도 수 세대에 걸쳐 이 땅에서 살아온 수천 명의 주민이 있었다. 하지만 이번에는 주민들이 이주를 거부했다. 사실 글렌코어의 토지 매입은 마을 사람들에게 땅속에 분명 뭔가 가치 있는 물질이 있을 거라고 알려주는 신호탄이었다. 그들은 산을 파기 시작했고, 얼마 지나지 않아 루알라바주 최대의 장인광산협동조합 중 하나인 카탕가 장인광산협동조합 (Coopérative Minière et Artisanale du Katanga), 곧 코마카(COMAKAT)가 샤바라(Shabara) 현장에서 사업을 꾸렸다. 장인광산협동조합은 원래 2002년 광산법에 따라 공인 ZEA, 곧 장인 채굴 구역에서 장인 광부를 관리하는 수단으로 설립된 것이다. 조합은 노동자 등록, 임금 지급, 안전한 작업 조건 보장, 아동 노동 방지 등의 임무를 맡았다. 샤바라는 공인 ZEA는 아니지만, 코마카 산하의 본격적인 장인 채굴 사업이 수년간 번창한 곳이었다.

무탄다의 주요 단지와 달리 나는 샤바라 광산에 들어갈 수 있었다. 현장에 도착하기까지 무탄다 인근의 고속도로를 빠져나와 카와마(Kawama)라는 마을을 지나 북쪽으로 비포장도로를 달렸다. 한때 조용했던 이 마을은 최근 몇 년 동안 장인 광부들이 유입되면서 빠르게 성장했다. 사람들이 쇄도하자 카와마는 거대한 흰개미 둔덕들 주위에 산재한 뒤죽박죽 주거지로 변모했다. 어떤 집은 수년 동안 마을에 존재해온 오래된 벽돌 오두막이고, 또 어떤 집은 꼭 한 주 전에 서둘러 지은 것처럼 보이는 플라스틱 천막 같았다. 노란색 용기에 담긴 휘발유를 파는 카다피들, 숯 파는 여자들, 그리고 휴대폰 충전 키오스크도 2개 있었다. 샤바라로 가는 비포장도로는 그 마을을 가로지르면서 1킬로미터 넘게 꾸준히 경사를 이뤘다. 고도가 높아지자 숲이 조금 있는 대초원과 구불구불한 언덕이 시원하게 펼쳐진 풍경을 볼 수 있었다. 나는 무장한 보초들이 지키는 광산 입구에 도착했다. 그들은 손을 흔들며 나를 코마카의 손님으로 맞아줬고, 정문 위에 '코마카 행정국'이라고 쓰인 작은 겨자색 콘크리트 건물로 안내했다. 코마카의 고위 관리자 중 한 명은 물론 세마프 관료가 나를 반갑게 맞이하며 도보로 광산 가이드 투어를 시켜줬다. 세마프 관료가 여기 있다는 것은 샤바라 광산이 엄밀히 따지면 산업 광구에서 이뤄지는 불법 장인 채굴 사업이지만, 콩고 정부가 이곳의 생산분에 로열티를 징수하고 있다는 걸 시사했다.

샤바라 광산은 어마어마했다. 구불구불한 산들과 구덩이들에 이어 탁 트인 전원이 내려다보이는 절벽 가장자리까지 수십 제곱킬로미터에 걸쳐 있었다. 광석을 가득 채운 분홍색 라피아 자루가 1000개 이상 쌓인 대형 창고가 적어도 하나는 되었다. 화물 트럭들이 현장 주변에서 흙을 날랐다. 굴착기들은 땅을 긁어 파냈다. 코마카 직원은 대규모 채굴 구역 여러 곳을 지나 주요 굴착 구역까지 광산 안쪽 더 깊숙한 곳으로 나를 데려갔다. 키푸시나 토코텐스와 비슷한 광경을 볼 거라고 예상했다. 구덩이를 파고 자루를 채우는 장인 광부가 많아야 2000~3000명일 거라고 말이다. 그런데 넓은 산등성이를 돌아가자 드러난 가장 큰 구덩이의 모습에 나는 흡사 벼락을 맞은 듯했다. 콩고에 있는 동안 이런 광경은 본 적이 없었다.

적어도 깊이 150미터에 가로 400미터에 달하는 거대한 구덩이 안에 엄청나게 많은 사람이 빼곡히 들어차 있었다. 1만 5000명은 족히 넘는 성인 남자와 10대 소년들이 옴짝달싹하거나 숨 쉴 공간도 거의 없는 커다란 구덩이 안에서 망치질을 하고 삽질을 하고 고함을 질렀다. 1인치의 보호 장비를 착용한 일꾼은 아무도 없었다. 반바지, 긴 바지, 슬리퍼, 셔츠 따위가 전부였다. 온갖 색채의 향연이었다. 분홍빛 돌 구덩이 안에 빨간색, 파란색, 초록색, 노란색, 주황색이 뒤섞여 있었다. 굴착 구역 모퉁이에는 광석을 가득 채운 라피아 자루가 적어도 5000개는 쌓여 있었는데, 그날 아침 생산 분량만 그 정도 높이였다. 이 구덩이는 흙과 돌이 아니었다. 원초적인 인간의 힘에 의해 깎이고 망치질당해 자갈이 되는 단단한 바위산, 헤테로제나이트의 산이었다.

코마카 직원은 나를 울퉁불퉁하고 좁은 바윗길을 따라 구덩이로 안내했다. 그는 마치 인간 화물 열차처럼 육중한 라피아 자루를 어깨에 걸치고 반대편에서 걸어오는 남자와 소년들한테 우리가 내려갈 수 있게 길을 비키라고 지시했다. 샤바라 방문이 끝나갈 무렵 내 운동화 밑창이 찢어졌는데, 대부분의 장인 광부는 맨발이었다. 구덩이를 내려가면서 나는 광부들이 5~10명씩 한 팀으로 일한다는 걸 알았다. 어떤 팀은 두꺼운 강철봉을 갈라진 바위틈에 밀어 넣고 커다란 금속 망치로 두드려 바윗덩어리를 캐냈다. 또 어떤 팀은 작은 철근과 망치를 사용해 그 바윗덩어리를 돌과 자갈로 부쉈다. 대부분이 어린 소년인 다른 팀은 그 자갈들을 자루에 집어넣었다. 구덩이 주위의 수십 개 구역에서 장인 광부들이 터널을 오르내렸는데, 그중 일부는 마치 절벽에 걸터앉은 아이벡스(ibex: 산악 지방에 서식하는 야생 염소—옮긴이)처럼 높은 구덩이 위에 불안하게 서 있었다.

금속과 돌이 철컹철컹 부딪히는 소리가 하도 떠나갈 듯해서 구덩이 안에서는 코마카 직원에게 질문을 할 수 없었다. 그저 이 수많은 인간들이 무자비한 바위에 맞서 동물적인 힘을 쓰는 광경을 지켜보는 게 전부였다. 먼지와 모래가 산불 연기처럼 피어올랐다. 21세기에 이 같은 장관이 도대체 어떻게 존재할 수 있단 말인가. 이집트에서 억압받는 일꾼 수만 명이 거대한 피라미드를 건설하려고 수천 톤의 돌을 파냈던 수천 년 전의 장면이 이랬을까. 하지만 현대에, 그것도 수조 달러 규모의 공급망 맨 밑바닥에서 이런 일이? 국제 인권 규범을 준수하거나 코발트 공급업체에 대한 제삼자 감사에 100퍼센트 참여한다면 이럴 수가 없었다.

내가 서 있는 곳 근처에서 싸움이 났다. 코마카 직원은 목에 걸고 있던 호루라기를 불며 싸움판으로 달려갔다. 타는 듯한 햇볕 아래 자신들을 한계까지 밀어붙이니 장인 광부들이 숨 막히는 구덩이 안에서 왈칵 성질을 낸 게 분명했다. 코마카 직원이 소동을 처리하는 동안, 곁에 있는 인부 몇 명과 눈이 마주쳤다. 어떤 이들은 호기심 어린 눈빛 혹은 방어적인 시선으로 쳐다봤고, 어떤 이들은 그냥 흙 속의 또 다른 돌덩어리라도 되는 양 뚫어져라 쳐다봤다. 드디어 코마카 직원이 돌아와 나를 구덩이 밖으로 안내했다. 위로 올라가니 비로소 폭발 소리가 약해졌다. 마침내 다시 숨을 쉴 수 있을 것 같았다.

나는 직원과 함께 샤바라 광산 도보 투어를 계속했다. 머릿속은 온갖 질문들로 가득 찼으나 시간이 얼마나 더 남았는지 알 수 없어 어떤 게 가장 중요한 질문일지 정리했다. 첫 번째 질문은 임금에 관한 것이었다.

"과업에 따라 장인 광부들한테 하루 4~5달러를 지급합니다." 그가 대답했다. 콜웨지의 카술로 일대에서 터널을 파는 사람들을 제외하면 내가 조사한 구리 벨트의 모든 장인 광부의 하루 평균 수입 중 최고 액수였다.

"이 광산에서 얼마나 많은 광석을 생산합니까?"

"저희는 매달 1만 5000~1만 7000톤의 광석을 생산합니다."

믿을 수 없는 양이었다. 이 모든 생산량을 누가 구매하냐고 물었다.

"저희는 중국 쪽과 계약을 체결했습니다."

이 직원에 따르면, 글렌코어는 광구에 장인 광부들이 있다는 이유로 사이가 틀어져 샤바라의 생산분은 전혀 사들이지 않았다. 대신 구리 벨트에서 활동하는 많은 대형 중국 광산 회사들이 그 생산분을 구입하겠다고 나섰다. 그들이 아니면 누가 월 1만 5000톤의 헤테로제나이트를 소화할 수 있겠는가? 그는 중국 구매자들과의 계약서에 코마카가 판매 가격의 20퍼센트를 가져가고, 그것으로 운영비를 충당하도록 규정되어 있다고 설명했다. 조합 소유자들에게 남는 수익이 꽤 많을 수밖에 없었다.

2시간의 투어를 마친 우리는 광산 입구 근처에 있는 코마카 사무실로 돌아왔다. 그때 투어를 시켜준 직원이 내게 현장 방문을 허락한 이유를 명확히 얘기했다.

"외국 광산 회사들은 콩고 사람들이 일하도록 자리를 내주지 않습니다. 우리는 이 땅에 오랫동안 살아왔습니다. 우리는 떠나지 않을 것입니다." 그가 선언하듯 말했다.

그는 내가 미국에서 온 연구자인 걸 알고 있다며, 샤바라와 구리 벨트 전역에서 일하는 장인 광부들이 처한 곤경에 대한 인식을 높이는 데 도움을 줬으면 좋겠다고 했다. 에투알 인근의 마카자, 풍구루메의 사미, 그리고 내가 만난 다른 많은 이들의 감정과 일맥상통했다. 매년 계속해서 더 많은 토지를 매수하는 외국 광산 회사들로 의해 콩고인들이 벼랑 끝으로 밀려나고 있다는 것이다. 코마카 직원은 "우리는 떠나지 않을 것"이라고 선언하며 일정한 선을 그었지만, 이 사안은 장인 광부를 외국 광산업체와 대항시키는 것만큼 그리 간단하지가 않았다. 어마어마한 토지를 수십억 달러에 경매 부치고 가만히 앉아 순순히 조광료, 로열티, 세금이나 징수하는 콩고 정부도 위기의 직접적인 주범이었다. 이 중 콩고 국민의 혜택을 위해 재분배되는 자금은 거의 없었다. 정치 엘리트들이 식민지 시대 선조들이 확립한 도둑질 정부의 전통을 기꺼이 이어가는 한 콩고 국민은 계속해서 고통받을 것이다.

샤바라에서 내가 목격한 바에 따르면, 코마카는 연간 약 18만 톤의 구리·코발트 광석을 생산하는 글렌코어의 무탄다 광구 일부에서 놀랍게도 장인 채굴 작업을 관리하고 있었다. 여기가 장인 채굴이 지배적인 생산 방식인 많은 산업 광산 중 하나에 불과하다는 점을 고려할 때, 다음 두 가지 사실에 이견은 없을 듯하다. 1) 콩고의 전체 코발트 생산량에서 장인 광부들이 기여하는 비중은 최고 추정치인 30퍼센트를 훨씬 넘을 수도 있다. 2) 콩고에서 장인 광부들이 생산한 막대한 양의 코발트는 대형 테크 기업과 전기차 기업의 정식 공급망으로 유입되는 게 분명하다. 그렇지 않다면 연간 18만 톤의 코발트 광석이 도대체 어디로 갈 수 있겠는가?

샤바라는 시작에 불과했다. 루알라바주에는 장인 채굴 생산이 표준인 산업 광산이 여러 곳 더 있었다. 직접 조사한 곳은 샤바라 광산뿐이었지만, 나는 다른 광산에서 일하는 수십 명한테서 증언을 수집했다. 그런데 틸웨젬베보다 더 끔찍한 현장은 아마 없을 것이다.

틸웨젬베

샤바라에서 서쪽 도로를 타면 암울한 황무지의 외곽으로 더 깊이 들어간다. 도로변에서 물러난 마을들은 자욱한 먼지에 가려 어렴풋이 알아볼 수 있다. 한때 루붐바시 근처에 있던, 시야를 가리는 진한 스모그가 이제는 숨이 막힐 정도다. 여기서는 사위가 더 어둡게 느껴진다. 갈 길이 명확히 보이지 않는다. 틸웨젬베에 다다르면, 지금까지의 모든 삶의 모습은 완전히 사라진다.

틸웨젬베는 루알라바주에 있는 많은 구리·코발트 산업 광구에 비해 규모는 작지만, 콩고의 폭력적이고 비인간적인 광산업계의 성격에는 지대한 역할을 한다. 내가 보고 들은 바에 의하면, 틸웨젬베는 거의가 장인 광부들의 생산만으로 이뤄지는 산업 광산으로는 가장 큰 곳이다. 광구는 무탄다에서 서쪽으로 수 킬로미터, 고속도로에서 남쪽으로 딱 2킬로미터 떨어진 무판자(Mupanja) 마을 인근의 비포장길에 있다. 무판자는 아프리카 대륙 중심부를 선명한 부채꼴 모양으로 가로지르며 3000킬로미터 이상을 굽이치다 대서양으로 흘러드는 루알라바강의 하구에 위치한다. 헨리 모턴 스탠리는 무판자에서 정북 쪽으로 약 1000킬로미터 떨어진 콩고강에서 장대한 여정을 시작했다. 벨기에인들은 1953년 무판자 옆에 수력 발전 댐을 건설해 이 지역에 있는 UMHK의 구리 광산에 전력을 공급했다. 그 댐이 호수를 형성했고, 벨기에인들은 1891년 레오폴드 왕을 대신해 음시리와 조약을 체결하려고 벨기에 최초로 카탕가 원정을 진두지휘했던 알렉상드르 델코뮌의 이름을 따서 그곳을 델코뮌(Delcommune) 호수라고 명명했다. 그는 1877년 콩고강을 따라가다 마침내 보마에 도착한 스탠리를 가장 먼저 맞아준 인물이기도 하다. 콩고인들은 독립 이후 델코뮌 호수를 은질로(Nzilo, '젊은') 호수라고 바꿔 불렀다.

루알라바강은 광산에 전력을 공급할 뿐만 아니라 지역 사회에 물고기와 신선한 물을 제공하는 공급원이기도 하다. 하지만 **신선하다**는 말은 정확한 표현이 아니다. 수질 오염이 심각한데, 주민들은 이를 인근 광산에서 흘러나온 독성 유출수 탓으로 여긴다. 키푸시 방문 후 내가 만났던 루붐바시 대학의 환경 연구원 제르맹은 무판자 인근 강물에서 표본을 채취했는데, 거기서 매우 높은 수준의 납, 크롬, 코발트, 공업용 산(酸)이 검출됐다. 내가 봐도 물색이 부자연스러우리만큼 진하고, 수면은 기름과 폐기물로 덮여 있었다. 강둑을 따라 몇몇 곳에 거품이 모여 있고, 드문드문 죽은 물고기도 보였다. 광산 회사들이 숲과 강에 저지른 짓을 보면 가슴이 미어터질 거라고 했던 루붐바시의 학생 렌의 말이 떠올랐다. 독성 가득한 물에서 천진난만하게 물놀이하는 아이들을 바라보며 나는 슬픔과 분노를 동시에 느꼈다. 사내들은 강 위의 다리에서 저녁거리용 낚시를 하고, 아낙들은 흰가슴가마우지들이 지나가는 강둑에서 빨래를 했다. 무판자 사람들은 온갖 방식으로 오염되고 있었다.

무판자는 북적이는 도로변 마을이다. 옷과 신발, 냄비와 프라이팬, 숯, 야생 동물 고기, 아침에 잡은 생선을 파는 가게들이 수두룩하다. 정부군 병사들은 동네를 순찰하며 젊은 여자들을 힐끔거린다. 수력 발전 댐이 지척에 있지만, 안정적인 전기 공급은 되지 않는다. 대부분의 집은 철판 지붕을 얹은 붉은 벽돌 건물이다. 미국 성조기를 사용한 한 집을 제외하면, 다른 집들은 침대보로 현관문을 대신한다. 소녀들은 플라스틱 물통을 머리에 인 채 균형을 잡으며 오가고, 한쪽에서는 다른 소녀들이 저녁 식사로 끓일 카사바 이파리를 커다란 나무 절구통에 넣고 절굿공이로 으깬다. 아이들은 빈 술병 안에 곤충을 잡아넣는다. 집들 사이로 난 흙길에는 플라스틱병과 골판지 상자 그리고 온갖 쓰레기들이 널려 있다. 쓰레기 더미가 너무 커지면 불에 태우는데, 그 역겨운 악취가 공기 중에 퍼진다.

무판자에서 오랫동안 어부로 살아온 모데스트(Modeste)는 코발트의 장인 채굴이 시작된 후 자신이 목격한 변화를 들려줬다. "10년 전만 해도 평화로운 마을이었어요. 지금은 코발트를 캐려고 사방에서 사람들이 몰려오죠. ……마을에는 음주와 매춘이 너무 심각해요. ……여기는 군인들이 항상 있어요. ……사람들은 코발트 때문에 서로를 죽이죠." 최근 무판자에서는 폭력이 점점 더 심각한 문제로 대두되고 있다. 내가 말을 붙인 사람들은 하나같이 맘 편하게 특정 사건의 세부 정보를 언급하지 못했지만, 정부군 때문이냐고 묻자 많이들 고개를 끄덕였다. 음주는 마을에서 두 번째 큰 문제였다. 남자들은 틸웨젬베에서 일하기 전후에 술을 많이 마셨고, 이것이 필연적으로 더 많은 폭력을 불러왔다. 무판자 주민들이 직면한 세 번째 큰 문제는 홍수였다. 우기에는 강물이 내륙까지 밀려들어 마을 일부가 종종 물에 잠기곤 했다. 집수리나 재건축은 주민들이 해마다 겪는 시련이었다. 폭풍으로 지붕이 뜯겨나가면 많은 이들은 다음에 살 가족을 위해 노출된 벽돌 벽을 그대로 남겨둔 채 오두막을 떠났다.

틸웨젬베는 캐나다에 본사를 둔 카탕가 광업회사의 지분을 100퍼센트 확보한 글렌코어가 소유하고 있는데, 카탕가 광업회사가 보유한 지분은 75퍼센트다. (나머지 25퍼센트는 제카민이 갖고 있다.) 광산은 대략 11제곱킬로미터 크기로 수십만 톤의 구리와 코발트가 매장되어 있다. 틸웨젬베에 대해 알아야 할 가장 중요한 정보는 아마도 2008년에 산업 광산 운영이 공식 중단되었다는 사실일 터이다. 그리고 얼마 지나지 않아 장인 광부들이 이곳을 점령했다.

틸웨젬베는 민주콩고의 산업 광산 중 장인 채굴 활동이 가장 활발한 곳 중 하나다. 장인 채굴을 해서는 안 되는 곳인데도 말이다. 틸웨젬베의 아동 노동 이야기는 수년 전으로 거슬러 올라간다. 2012년 4월 15일, BBC는 다큐멘터리 시리즈 〈파노라마(Panorama)〉에서 틸웨젬베의 아동 노동과 관련한 글렌코어의 역할에 초점을 맞춘 에피소드를 방영했다.[5] 글렌코어와 콩고 정부는 모두 내용이 과장되었다고 일축했다. 하지만 실상은 현장의 장인 채굴 시스템이 루알라바주 최대의 장인광산협동조합 두 곳과 케마프 공무원들까지 포함된 정교한 경제로 진화했다는 것이다. 나는 정부군 병사들에게 광산 출입을 두 차례나 거부당했기 때문에 틸웨젬베의 상황과 관련한 증언에 의존해야 했다. 처음에는 무판자의 흙길 초입도 지나가지 못했다. 현장에서 일하다 부상당한 수많은 이들의 사례를 기록한 후 두 번째 시도를 했고, 이번에는 훨씬 더 가까이 접근할 수 있었다.

가장 유용한 인터뷰 중 하나는 부드러운 말투의 소년 펠릭스(Phelix, 16세)와의 대화였다. 펠릭스는 2015년부터 틸웨젬베에서 일하기 시작했는데, 7형제 중 둘째이자 광산에서 일하는 3형제 중 하나였다. 열한 살 때 아버지가 돌아가셔서 어머니 혼자 일곱 자녀를 키워야 했다. 머리 오른쪽에 큰 흉터가 있는데, 그 부위는 머리카락도 빠지고 없었다. 틸웨젬베에서 일하던 중 큰 바위가 머리 위로 떨어져 생긴 흉터라고 했다. 가족에게는 아이들이 버는 한 푼이라도 더 필요했기에 집에서 치료를 한 뒤 다시 일터로 복귀했다. 펠릭스는 매일 새벽 집을 나가 틸웨젬베에서 일하고 보통 해가 질 무렵 귀가했다. 그는 만성 피로를 호소했고, 끊임없는 기침에 시달렸다. 왼손은 손가락 2개가 부러져 가운데 마디가 영구적으로 굽은 상태였다. 다음은 펠릭스가 묘사한 광산의 시스템이다.

당신이 알아야 할 사실은 틸웨젬베의 크루제르 대부분을 CMKK와 코미쿠(COMIKU)가 관리한다는 거예요. 조합은 광구의 다른 부분을 관리하죠. 저는 CMKK 구역에서 일해요. 광구의 다른 부분을 개발하려고 CMKK나 코미쿠에 돈을 내는 독립적인 보스들도 있어요.

저는 CMKK에 등록되어 있지는 않아요. 등록증을 받으려면 18세가 되어야 하거든요. 저처럼 등록하지 않은 크루제르는 틸웨젬베에서 땅을 파려면 조합에 매일 200콩고프랑〔약 0.11달러〕의 수수료를 내야 해요.

현장에 오는 세스캄 공무원들이 있어요. 그들을 볼 때마다 우리한테 돈을 뜯어낼 방법을 찾아내려 한다는 걸 알기 때문에 불안해요.

우리는 광산의 다른 구역에서 팀으로 일해요. 저는 20명의 애들과 한 팀이에요. 어린애들은 구덩이를 파요. 나이 먹은 애들은 터널을 파고요. ……우리가 캐낸 것은 전부 보스들한테 팔아요. 보스는 대부분 중국인이고, 콩고인과 레바논인도 더러 있어요. ……우리 보스가 광산에서 제가 하는 작업을 관리해요. 그가 우리한테 어디를 팔지 지시하고, 돈도 주죠. 말을 안 들으면 보스가 군인들한테 우리를 혼내라고 할 거예요.

우리는 아무리 많이 캐도 4000콩고프랑〔약 2.20달러〕 이상 벌지 못해요. 우리 보스는 코발트를 사들여서 CMKK에 팔아요. 광구에 그들의 트럭이 한 대 있죠. 우리는 이 트럭에 자루를 실어요.

CMKK와 코미쿠는 루알라바주에서 가장 큰 2개의 장인광산협동조합이다. 코미쿠는 루알라바의 초대 주지사 리샤르 무예 망제 망(Richard Muyej Mangez Mans)의 아들 이브 무예(Yves Muyej)가 갖고 있다. 무예 집안은 조제프 카빌라의 충성스러운 협력자이며, 카빌라처럼 중국 광산 회사들과 강한 유대 관계를 맺고 있다. CMKK는 조제프 카빌라의 핵심 측근들이 소유하고 있는데, 지금은 고인이 된 일룽가(Ilunga) 대령이 처음 설립했다. CMKK와 코미쿠가 공급망의 상위로 팔아넘기는 구리·코발트 광석은 장인 광부들에게 합당한 임금을 지급하고, 보호 장비를 공급하고, 부상 시 진료 서비스를 제공한다는 보증을 포함하게끔 되어 있다. 아울러 채굴에 어린이를 동원하지 않으며, CMKK와 코미쿠가 승인한 등록 장인 광부만 현장에서 일한다는 보증이 필요하다.

내가 이후 인터뷰한 장인 광부들은 틸웨젬베의 광부 다수가 광산에서 일하면서도 CMKK나 코미쿠에 등록되어 있지 않고, 그들이 발굴한 광석을 보스들이 조합에 판다는 펠릭스의 진술이 사실임을 확인시켜줬다. 또한 세마프 공무원들이 현장에 있는 것도 사실이고, 여기서 땅을 파는 아이들이 하루 1000~2000명은 된다고 진술했다. 그들은 아이들이 생산량과 무관하게 하루에 보통 약 2달러를 받으며, 부상을 당해도 도움을 거의 못 받는다고 알려줬다. 위험한 근로 조건과 보스의 말을 따르지 않을 때 가해지는 가혹한 보복에 대해서도 언급했다. 어떤 이들은 최대 이틀간 음식이나 물 없이 카쇼(cachot, '지하 감옥')라 불리는 선적용 컨테이너 안에 갇히기도 했다.

다양한 증언으로 보건대, 틸웨젬베 장인 채굴 시스템의 경제는 다음과 같은 방식으로 돌아가는 듯했다. 즉, 보스가 자기 밑에 있는 아이들에게 30킬로그램짜리 헤테로제나이트 자루 하나당 약 1.10달러를 지급하고, 그걸 자루당 7~8달러를 받고 조합에 판매한다. 이렇게 해서 자루당 6~7달러의 수익을 남긴다. 이 시점 이후의 가치 사슬은 불투명하다. 완전히 정제된 코발트의 국제 시장 가격을 결정하는 런던 금속거래소에 도달하기까지 공급망의 상위로 올라가면서 코발트 가격이 거의 불투명하게 책정되기 때문이다. 내가 조합한 바에 따르면, 평균적으로 대부분의 협동조합(그리고 창고)이 코발트 등급 2~3퍼센트인 광석을 런던 금속거래소 정제 코발트 가격의 15~20퍼센트를 받고 민주콩고의 산업 광산 회사에 팔아넘긴다. 그러니까 가령 런던 금속거래소에서 정제 코발트 1킬로그램이 60달러에 거래된다면, 조합은 코발트 함유 광석을 1킬로그램당 9~12달러에 판다는 얘기다. 조합이 앞서 언급한 광석 30킬로그램을 8달러에 사들였다는 걸 감안하면, 조합은 이 시스템에서 막대한 수익을 창출하는 기업으로 부상한 셈이다. 이 수익은 대부분 조합 소유자들의 주머니로 들어가는데, 그들은 대부분 기업 대표 아니면 정부 관료다.

내가 인터뷰한 틸웨젬베의 장인 광부들뿐만 아니라 콜웨지의 동료들도 틸웨젬베 코발트의 주요 구매자에 다음과 같은 광산 회사들이 포함된다는 데 동의했다. 바로 콩고 둥팡 광업(화유 코발트), 카모토 구리회사(글렌코어), 코무스(쯔진 광업) 그리고 케마프(샬리나 리소시스). 이들 4개 업체는 현지에서 아투브낭(à-tout-venant, '모든 판매자의') 헤테로제나이트 구매자로 통하는데, 이는 광석의 구매 방법과 출처를 가리지 않는다는 뜻이다. 이런 내용을 현장의 공급망 추적을 통해 검증하기란 쉽지 않았다. 무장한 정부군 때문에 틸웨젬베 입구가 보이는 곳에서 트럭들이 짐을 싣고 출발하길 기다리는 것은 불가능했다. 같은 이유로 무판자 인근 광산으로 이어지는 비포장도로 초입에 너무 가까이 접근하거나 너무 오래 머무는 것도 불가능했다. 하지만 조합들이 현장 내부에서 트럭에 광석을 싣고 광산 회사나 가공 시설로 운반하는 것은 확인할 수 있었다.

내가 민주콩고의 광산 지역에서 만난 모든 장인 광부 중 틸웨젬베에서 일하는 광부들은 가장 말하기를 망설이는 축에 속했다. 광산 얘기를 해 보자는 제안만 했는데도 대부분 겁을 먹었다. 틸웨젬베의 비밀은 누설하면 안 되는 것이었다. 내가 필시 누가 입을 여는지 알아내려는 협동조합의 스파이일 거라는 말도 여러 차례 들었다. 어떤 이들은 내가 외국인 기자라 자기들이 말한 것을 폭로할 테고, 그러면 폭력적인 보복이 이어질 거라고 말하기도 했다. 나는 콜웨지의 한 동료로부터 "루알라바주에서는 공화국 수비대가 일거수일투족을 감시한다"고 들었다. "그들은 마을을 감시하고, 얘기를 꺼내려 하면 협박하죠. 제가 당신한테 하고 싶은 말은, 그러니까 틸웨젬베나 말로 호수 또는 카술로에서 일하는 누군가가 만일 당신 같은 사람하고 얘기를 하면 한밤중에 총을 맞을 수 있고, 그 시신은 입을 다물지 않은 결과가 무엇인지를 다른 사람들한테 똑똑히 알려주기 위해 거리에 방치될 거라는 거예요."

폭력과 협박은 어느 정도 효과가 있고, 그게 먹히지 않는 시점은 사람들이 더 이상 잃을 게 없다고 느끼는 순간이다. 이미 모든 것을 빼앗긴 이들한테는 가장 가혹한 처벌도 말의 힘에 비하면 별 의미가 없다. 아니, 더 이상 말하지 못하는 사람들을 대신해 말하는 힘에 비하면 그렇다. 틸웨젬베에서 일하는 사람들의 공동체에 대해 잘 아는 현지 팀과의 협력을 통해, 나는 펠릭스를 비롯해 광산에서 일한 경험을 흔쾌히 얘기하고자 하는 17명을 몇몇 마을에서 찾아낼 수 있었다. 우리는 제보자들의 신원을 보호하기 위해 세심하게 준비했다. 동트기 전에 그들을 마을에서 이동시키고, 호기심 어린 시선을 피할 안전한 장소를 마련하고, 밤늦게 혹은 다음 날 아침 이른 시간까지 그 장소에 머물게 한 다음 집으로 돌려보냈다. 인터뷰는 콜웨지 외곽에서 몇 킬로미터 떨어진 게스트하우스에서 진행했다. 주인은 내 동료들이 잘 알고 신뢰하는 사람이었다.

게스트하우스의 인터뷰 공간에는 흰색 플라스틱 의자들이 딸린 작은 나무 테이블이 있었다. 무테바(Muteba, 15세)라는 소년이 어머니 델핀(Delphine)과 함께 제일 먼저 도착했다. 소년은 목발을 짚고 간신히 방에 들어왔다. 가느다란 허리에 심하게 훼손된 두 다리가 매달려 있는 모습이었다. 빛바랜 빨간색 셔츠와 해진 검정색 바지를 입고 맨발이었다. 찡그린 표정에는 마치 입속에 시큼한 뭔가가 걸린 것처럼 불쾌한 감정이 실려 있었다. 무테바는 테이블 맞은편 플라스틱 의자 하나에 앉았다. 나는 그 애가 아픈 다리를 받칠 수 있도록 다른 의자를 내밀었다. 소년의 입에서 불규칙한 입김과 함께 짧은 시간에 많은 말이 쏟아졌다.

"4학년 때까지 학교에 다녔는데, 그때 우리 가족이 수업료를 못 냈어요. 베코(Beko) 형이 이미 틸웨젬베에서 일하고 있었죠. 제가 거기서 일하기 시작한 건 2016년 1월이에요. 추(Chu)라는 보스 밑에서 일했어요. 매일 아침 입구에 있는 군인들한테 그의 이름을 대면 광산에 들어가게 해줬어요. 보스는 어느 구덩이를 파야 하는지 적은 번호표를 우리한테 주었어요."

추 밑에서 일하는 사람이 몇 명이었는지 물었다.

"최소 40명."

"전부 아이들이었니?"

"네."

무테바는 추 밑에서 일하는 아이들이 대부분 10~13세였다고 했다. 그들은 아직 터널을 파기에는 체력이 딸려 매일 다른 지역에서 지표면을 팠다. 무테바는 보통 하루에 1달러 정도를 벌었다.

"보스는 광석의 순도에 따라 돈을 줬어요. 어떤 날은 순도가 좋지 않으면 우리한테 한 푼도 주지 않았죠."

"순도가 좋지 않다는 걸 누가 결정해?"

"추 보스."

2019년 5월 6일 밤, 무테바는 잠을 잘 못 이뤘다. 마을에 시끄럽게 울부짖는 병든 개가 한 마리 있었다. 다른 가족들은 그 소란에도 잠을 잘 잤지만 무테바는 잠귀가 밝았고, 낑낑대는 동물로 인해 마음이 괴로웠다. 깜깜한 바깥으로 나간 소년은 마을 외곽의 덤불 옆에서 얌전히 웅크리고 있는 개를 발견했다.

"누군가가 그 개를 공격한 것 같았어요. 다리와 얼굴에 피가 나고 있었죠. 개는 저를 아주 슬프게 바라봤어요. 제가 자기의 고통을 끝내주길 바라는 것 같았지만, 저는 무서웠어요."

다음 날 아침, 무테바는 평소처럼 틸웨젬베에 일하러 갔다. 그날 벌어진 사건을 설명하면서 소년은 자기 몸 쪽으로 고개를 돌리고 조그만 소리로 말했다. "저는 베코 형과 함께 구덩이 안에서 흙을 파고 있었어요. 같은 구덩이에 세 팀이 더 있었죠. 그때 우르릉 소리 같은 게 들렸어요. 고개를 들었는데, 구덩이 벽이 우리 주위로 무너져 내렸어요……." 무테바는 말을 멈췄다. 눈가가 촉촉해졌다. 그러곤 갈라진 목소리로 힘겹게 이야기를 이어갔다. "돌 밑에 파묻혔어요. 움직일 수가 없었죠. 소리를 지르려 했지만, 거의 숨을 쉴 수가 없었어요. 숨이 막혀 죽겠구나 싶었어요. 심장이 터져버릴 것만 같았죠." 무테바는 잠시 멈췄다가 덧붙였다. "몇 분 후 고함 소리가 들렸어요. 신께 감사하게도 누군가 저를 발견한 거죠. 그 사람 눈을 봤던 게 기억나요. 눈이 정말 컸어요. 사람들이 저를 빼내줬어요. 제 다리를 봤더니 뼈가 피부 바깥으로 삐져나와 있더라고요."

무테바는 벽의 벗겨진 회반죽을 한참 동안 쳐다보다 눈물을 훔치고 호흡을 가다듬었다.

"사고 후에 세스캄 사람들이 저를 콜웨지의 제카민 병원으로 데려갔어요. 다리뼈가 뭉개졌더라고요. 수술을 맡은 의사들이 제 양쪽 다리에 금속 막대를 넣었죠." 무테바가 말했다.

나는 무테바의 어머니에게 수술 비용은 어떻게 감당했는지 물었다.

"세스캄이 지불했는데, 일주일이 지나니까 더 이상 치료비를 내줄 수 없다고 했어요." 델핀이 대답했다.

형은 어떻게 됐냐고 무테바에게 물었다.

"베코 형은 죽었어요. 벽이 무너질 때 전부 죽었죠. 살아남은 사람은 저뿐이에요."

당시 베코의 아내(18세)는 첫아이를 임신하고 있었는데, 몇 달 뒤 여자애가 태어났다. 베코가 세상을 떠나고 무테바마저 일을 할 수 없게 되는 바람에 가족은 하루하루를 겨우 버티고 있었다.

"이제 그 개가 어떤 기분이었는지 알아요." 무테바가 말했다. "그 개를 죽여줄 만큼 용기가 있었더라면."

틸웨젬베에서 일한 경험을 들려주러 온 다른 장인 광부들의 사례도 무테바의 경우와 소름 끼칠 만큼 비슷했다. 광산 시스템을 설명하는 방식도 일치했다. 그들은 하루에 최대 1만 명이 틸웨젬베에서 죽을힘을 다해 일한다고 말했다. 보스, 협동조합, 민주콩고 정부군, 외국 광산 회사들이 연루된 견고한 시스템에 대해서도 설명했다. 그들은 각자 코발트를 공급망의 상위로 밀어 올리면서 자기 몫의 돈을 챙기고 있었다. 이 거대한 제국의 밑바닥에는 어두운 무엇인가가 존재했다. 내가 지금껏 거의 들어본 적 없는 무엇인가가 말이다. 키푸시에는 그런 게 존재하지 않았다. 아르튀르가 소개해준 마을을 나는 어렴풋이 볼 수 있었을 뿐이다. 텐케 풍구루메에서 몇몇 장인 광부가 지나가는 말로 그런 얘길 언급하긴 했었다. 샤바라에서는 그것을 얼핏 봤다. 하지만 틸웨젬베에서는 그것이 일반적이었다.

터널.

터널은 수백 개, 아니 어쩌면 수천 개가 넘을지도 모른다. 콜웨지에서 가장 가까운 이곳에는 머리 히츠먼 박사가 묘사한 케이크 속 건포도처럼 더 깊은 지하에 가장 풍부한 코발트 매장지가 있었고, 터널을 파야만 그곳에 닿을 수 있었다. 터널 채굴의 암울한 결과는 코송고(Kosongo)라는 아이와 그 애의 어머니 위고트(Hugotte)를 통해 밝혀졌다.

코송고는 11세 때인 2015년에 틸웨젬베에서 땅을 파기 시작했다. 같은 나이 또래의 소년 6명과 한 팀을 이뤄 지표면을 팠다. 반자(Banza)라는 소장이 이 팀을 담당했다. 코송고는 반자가 CMKK 조합이 관리하는 구역에서 일했다고 말했다. 반자는 아이들에게 어디를 파야 할지 지시하고, 하루 1달러가량을 줬다. 아이들의 말에 따르면, 그는 아이들이 생산한 것을 CMKK에 팔았다. 2018년 11월, 반자는 코송고 팀에게 그들이 터널을 파도 될 만큼 힘이 세졌다고 했다. 당시 코송고는 14세였다. 터널을 파기 시작하면서 반자와 아이들의 관계에 변화가 생겼다. 코송고는 이렇게 설명했다.

> 최상품 코발트는 아마 땅속 20~30미터 아래에 있을 거예요. ……틸웨젬베는 땅이 굉장히 단단해서 〔터널을〕 파는 데 오래 걸려요. ……저희가 코발트를 찾기까지 두 달이 걸렸죠. 그때 터널 깊이가 20미터였어요.
>
> 이 터널을 파는 동안 저희는 돈을 하나도 못 벌었어요. 코발트가 없었거든요. 반자 소장은 우리가 땅을 파는 동안 매일 먹을 것과 2000콩고프랑〔약 1.10달러〕을 줬어요. 그런데 코발트를 찾자 우리가 터널에서 캔 코발트로 빚을 갚아야 한다고 했어요. 동의하지 않으면 틸웨젬베에서 일을 시켜줄 수 없다면서요.

반자는 여기에 덧붙여 만일 아이들이 다른 곳에서 일하려고 할 경우, 군인들을 집으로 보내 자신에게 빚진 돈을 가족들한테서 빼앗겠다고 협박했다. 코송고는 반자가 위험한 사람이라고 알려져 있었기 때문에 이 새로운 협상 아래 그를 위해 일하는 것 말고는 선택의 여지가 없다고 생각했다. 코송고는 어떤 날은 약 1달러를 받고, 어떤 날은 아무 보상도 받지 못했다.

코송고 팀 아이들은 반자와의 협상에서 아무런 힘이 없었고, 가족을 도울 대체 수입원도 없었다. 아이들은 반자에게 큰 빚을 진 상태였고, 그의 지시를 따르지 않으면 군인들이 가족을 갈취할 거라는 처벌성 협박에 시달렸다. 국제법상 강제 노동의 교과서적 정의에 해당하는 내용이다.[6] 설상가상으로, 반자는 CMKK에 파는 헤테로제나이트의 가격에 대해 어떤 설명도 해주지 않았다. 그에게 진 빚을 갚아나가려면 얼마인지 알아야 하는데도 말이다. 지하 깊은 곳에 매장된 헤테로제나이트는 지표면에 매장된 것보다 5배 이상 높은 등급의 코발트를 함유하는데도 불구하고 코송고의 수입은 지표면을 팔 때나 터널을 팔 때나 달라진 게 없었다. 아마도 그가 두 달에 걸쳐 누적된 빚을 갚고 있었기 때문인 듯했다. 아이들은 위험한 환경에서 강제 노동을 하는 데다 빚에 발목까지 묶인 시스템 아래 착취당하고 있었다. 다시 말하면, 경제적 향상이라는 명분이 아이들로부터 강제 노동을 뽑아내는 데 이용되었고, 부채는 노동의 아웃풋에 대한 정당한 시장 가치에 따라 탕감받지 못했다. 폭력의 위협, 작업 현장에서 추방당할지 모른다는 두려움, 합리적인 대안의 부재로 인해 아이들은 구속의 덫에 계속 갇혀 있었다. 사실상 그들은 아동 노예였다.

코송고는 종이에 터널의 모양을 그렸다. 주 갱도의 지름은 약 1미터였다. "우리는 손과 발을 벽 쪽으로 밀면서 갱도를 내려가요." 주 갱도 밑바닥에서 소년들은 헤테로제나이트 자루를 모아둔 다음 찢어진 라피아 자루로 만든 밧줄에 감아 땅 위로 끌어 올리는 공간을 파냈다. 그 공간은 높이 1.5미터에 넓이 2미터 정도 크기였다. 그 공간에서 나오면 자신들이 찾아낸 헤테로제나이트 광맥을 따라가며 지표면과 평행하게 터널을 팠다. 터널은 배를 깔고 엎드려 겨우 통과할 정도의 높이였다. 유일한 광원이라고는 머리띠로 고정한 조그만 건전지식 손전등뿐이었다. 코송고는 곡괭이로 터널 벽의 헤테로제나이트를 내려친 다음 라피아 자루 안으로 그 조각을 밀어 넣었다.

"터널 안은 아주 더워요. 먼지도 많고요. 숨 쉬기가 어려워요." 코송고가 설명했다.

자루에 헤테로제나이트를 채우고 나면, 아이들은 자루를 다시 주 갱도 바닥에 있는 방으로 끌고 갔다.

"반자 소장이 밧줄을 늘어뜨려요. 우리가 그것을 자루에 묶으면, 그가 위로 당기죠."

아이들은 일반적으로 하루 종일 지하에 머물렀고, 작업이 끝나면 반자 소장이 코발트 자루를 끌어올릴 때 사용하는 것과 똑같은 밧줄로 아이들을 한 번에 한 명씩 끌어올렸다.

2019년 3월 20일, 일과를 마친 코송고와 팀 아이들은 지상으로 올라가려고 모였다. 코송고는 팀원 맨 뒤에서 터널과 큰 공간이 만나는 지점에 배를 깔고 엎드려 있었다. "머리 위에서 소리가 들렸어요. 고개를 들어보니 천장에 금이 가 있더라고요. 공간 안으로 기어 들어가려는데, 천장이 무너져 제 다리 위로 떨어졌어요. 이제 다 죽었구나 생각했죠." 공간 안에 있던 다른 아이들이 그의 다리 위에 쌓인 돌들을 밀어서 치워줬고, 반자 소장이 밧줄로 그를 끌어 올렸다. 그리고 세스캄의 두 남자가 그를 콜웨지의 제카민 병원으로 데려다줬다. "다리가 불덩이 같았어요. 의식을 잃었죠." 큰 공간과 만나는 지점에 있는 측면 터널이 붕괴되면서 코송고의 양쪽 다리에 다발성 골절을 일으킨 것이다. 다리는 회복 불가능한 지경이라 무릎 위를 절단해야 했다. 위고트는 제카민 병원에서 수술하고 잠시 치료를 받은 후에는 더 이상 지원을 받지 못했다고 말했다. 수술비는 누가 냈냐고 물었더니 세스캄(지금의 세마프)이라고 대답했다. 절단 이후 코송고는 점점 더 우울해지고 실의에 빠졌다.

"왜 저만 다쳤을까요?"

코송고는 반바지를 걷어 올리고, 남아 있는 뭉툭한 다리를 보여줬다. 눈에는 이슬이 맺히고 입술은 떨리기 시작했다. 소년은 허벅지 위에 손을 읽고 잃어버린 것들을 그리워했다.

"일요일마다 축구를 했어요. 정말 잘했거든요."

틸웨젬베에서 일했던 사람들이나 거기서 일했던 자녀를 둔 사람들과 며칠 동안 인터뷰를 하고 나서 나는 인간이 표현할 수 있는 모든 고통을 봤다고 확신했다. 가장 가슴 아픈 일은 광산 때문에 아이를 잃었다는 부모들의 얼굴을 보는 것이었다. 대표적인 사례가 있다. 아버지의 이름은 치테(Tshite). 내 맞은편에 앉은 그의 얼굴은 분노와 슬픔과 죄책감으로 부들부들 떨리고 있었다. 그가 첫아이인 루보(Lubo) 이야기를 들려줬다. 치테는 루보가 태어난 그날부터 그 아이를 유독 아꼈다. 그에게는 커다란 선물이자 희망이었다. 루보가 자신보다 더 나은 삶을 살게끔 하기 위해서라면 뭐든지 하겠다고 다짐했다. 치테는 고통스러운 감정을 겨우겨우 눌러가며 힘겹게 사건을 설명했다.

> 저는 루보를 학교에 보낼 돈을 마련하려고 틸웨젬베에서 아주 열심히 일했어요. 그 애한테 말했죠. "아빠는 네가 손으로 하는 일이 아니라 머리로 하는 일을 했으면 좋겠어." 틸웨젬베에서 집으로 돌아오면 매일 온몸이 아팠어요. 머리와 목의 통증이 너무 심했죠. 발에서는 피가 났고요. 손은 물집투성이였죠. 입안에도 물집이 생기고요. 가슴속이 늘 화끈거렸어요. 기침은 항상 달고 살았죠.

치테는 아무리 고통스럽고 아파도 단 하루도 일을 쉬지 않았다. 루보가 학교에 계속 다니기를 원했기 때문이다.

어느 날 치테는 틸웨젬베에서 사고를 당해 일을 할 수 없게 되었다. 구덩이 벽이 무너져 오른팔이 부러진 것이다. 치테는 어떻게 해야 할지 몰랐다. "루보가 저한테 오더니 '걱정 마세요, 아빠. 제가 일하면 돼요'라고 하더라고요. 그래서 루보한테 말했죠. '아니야! 넌 학교를 계속 다녀야 해. 학교를 관두면 다시는 돌아가지 못할 거야.' 저는 다른 방안을 찾을 거라고 했어요. 루보는 저를 돕는다면 자신이 자랑스러울 거라고 하더군요. 제가 다시 일할 수 있게 되면 바로 학교로 돌아가겠다면서요."

치테는 그 후에 벌어진 일을 차근차근 들려줬다.

루보는 틸웨젬베로 일하러 갔어요. 그의 보스는 아란이라는 레바논 사람이었어요. 아란 밑에는 200명 넘는 아이들이 있었죠. 틸웨젬베에서 제일 잘 나가는 보스였어요. 그가 루보에게 터널을 파라고 지시했죠. 무슨 일이 일어날지 알기 때문에 저는 루보가 그 일을 하지 않길 바랐지만, 아란은 루보한테 터널을 파지 않으면 광산에 발을 못 붙이게 하겠다고 했어요.

루보는 한 달 넘게 터널을 파며 틸웨젬베에서 일했죠. 저는 우리 애가 무사히 귀가하게 해달라고 매일 기도드렸어요. 제 팔은 거의 다 나아가고 있었어요. 며칠만 있으면 제가 복귀할 수 있을 테고, 루보도 학교로 돌아갈 수 있을 거라고 생각했죠.

[2019년] 1월 18일, 틸웨젬베로 일하러 간 루보가 집에 돌아오지 않았어요. 광산으로 달려갔죠. 도착하니 다른 부모들이 이미 와 있더라고요. 모두가 소리를 지르고 있었어요. "내 아들 어딨어? 내 아들 내놔!" 군인들이 우리 얼굴에 총구를 들이대며 강제로 집으로 돌려보냈어요. 미치겠더라고요. 루보한테 무슨 일이 일어났는지 알고 싶었어요! 저는 산길을 오르내리며

걸었죠. 광산으로 돌아가 군인들에게 애원했어요. "제발 제 아들을 찾게 해주세요." 하지만 그들은 저를 때리고 발로 찼어요.

저는 광산 근처 숲에서 밤새 기다리다 아침에 현장으로 돌아갔어요. 부모들이 전부 왔더라고요. 고함이 빗발쳤어요. 군인들은 우리를 쏘겠다고 했어요. 그때 CMKK 관계자가 지프차를 타고 광산에 왔어요. 그가 우리한테 조용히 하라면서 모든 걸 설명하겠다고 했어요. 그러곤 전날 터널이 붕괴됐다고 하더군요. 생존자가 하나도 없다면서요.

며칠 뒤 치테와 아내는 틸웨젬베에서 터널이 무너질 때 땅속에 최소 40명의 아이들이 있었다는 얘기를 들었다. 현장에 있던 다른 장인 광부들이 시신의 일부를 잔해에서 파내는 견디기 힘든 과업을 맡았다. 17명의 시신을 수습할 수 있었는데, 그중 한 명이 루보였다.

"아들의 싸늘한 몸을 껴안았어요. 제발 깨어나라고 애원했죠." 치테가 말했다.

치테는 세마프가 루보의 관을 제공하고, CMKK가 장례식 비용을 댔다고 했다. 내가 치테를 만났을 때, 그는 자신의 부러진 팔이 루보의 목숨을 앗아갔다는 죄책감에 괴로워하고 있었다. 길어야 한 주만 지나면 자신이 일터로 복귀하고 루보는 학교로 돌아갈 수 있었을 거라면서 말이다.

"루보가 너무 보고 싶어요. 그 애는 저의 가장 친한 친구였어요."

이는 치테만의 일이 아니었다. 틸웨젬베 터널 붕괴 사고로 아들이 생매장됐다는 부모가 6명 더 있었다. 그들이 말한 붕괴 사고는 전부 2018년 5월에서 2019년 7월 사이에 일어났다. 부모들의 증언에 따르면, 틸웨젬베 터널 붕괴로 생매장된 아이들 7명 중 5명이 아란 밑에서 일했다고 한다. 아란은 신콜로브웨의 우라늄 밀수와 연관된 자로 내가 앞서 3장에서 언급한 인물과 동일인이었다.

나는 증거를 찾으려고 우라늄 밀수 소문을 추적했다. 2021년 여름, 이 사건과 관련된 루붐바시 고등법원의 판결문 사본을 어렵사리 손에 넣기 전까지 거의 2년간 소문에 소문만 더 들을 수 있었을 뿐이다. 판결문 내용과 몇몇 민주콩고 동료들의 증언을 바탕으로 종합하면, 2016년 1월 드래곤 인터내셔널 광업(Dragon International Mining)이라는 중국 광산 회사에 등록된 화물 트럭 30대가 키푸시에서 멀지 않은 카숨발레사 (Kasumbalesa)의 잠비아 국경 교차로에 도착했다. 트럭에 있는 서류에는 이들이 중국에 수출할 구리와 코발트를 다르에스살람으로 운송 중이라고 쓰여 있었다. 카숨발레사의 국경 수비대원들은 우라늄을 확인하는 데 쓰이는 가이거 계수기(Geiger counter: 방사능 탐지기－옮긴이)를 갖고 있었지만 거의 사용하지 않았다. 그런데 이날 부지런한 국경 수비대원 한 명이 뭔가 수상쩍은 것을 감지하고 가이거 계수기를 트럭에 갖다 댔다. 기계가 시끄럽게 틱틱거리기 시작했다. 트럭 중 22대가 짐칸에 생우라늄 광석을 가득 숨기고 있었던 것이다.

미국 정보기관들은 신속하게 콩고 정부의 조사를 지원하는 작전에 돌입했다. 아란이라는 레바논 밀수업자를 역추적한 결과, 우라늄의 행선지가 북한이라는 사실이 밝혀졌다. 이 거래를 지원하는 북한 첩보원들이 민주콩고에 있다는 보고도 접수됐다.

"미국 입장에서 볼 때, 우리는 그 북한인들에 대해, 그리고 그들이 콩고에서 무엇을 하고 있는지에 신경이 쓰이죠." 마이크 해머 미국 대사가 말했다. "여기에 북한인들이 체류 중이라면, 악의적인 활동을 하고 있는지 경계해야 합니다."

아란은 2016년 2월, 루붐바시 고등법원에서 5년 징역에 100만 달러의 벌금형을 받았다. 또 복역 후에는 민주콩고에서 추방된다는 선고도 받았다. 그러나 아란은 몇 개월 후 출소했고, 아직도 이 나라에 있었다.

법원의 문서에는 언급되지 않았으나 나와 대화를 나눈 모든 사람이 기정사실로 여기는 게 하나 있었다. 민주콩고와 북한의 우라늄 밀수 작전은 조제프 카빌라만이 중개하고 승인할 수 있었을 것이며, 아란은 카빌라가 작전을 처리하기 위해 엄선한 꼬나풀이었다는 점이다.

"카빌라가 그 사건을 알고 있었다는 데는 의심의 여지가 없습니다." 익명을 조건으로 한 서구 외교관이 말했다. "카빌라가 그 사건 전체에 손을 대지 않았다거나, 거기서 개인적 이득을 취하지 않았다는 건 상상하기 어렵습니다."

그 외교관은 조제프 카빌라가 아란을 조기 출소시켜 다시 사업에 투입했을 가능성이 높다고 추측했다. 거기에는 루보 같은 아이들의 죽음을 초래한 틸웨젬베의 아동 노예 채굴업 운영도 포함될 것이다.

누구의 말을 들어봐도 틸웨젬베는 구리 벨트에서 가장 위험한 산업 광산 현장이자 콩고의 어떤 공인(公認) 광산보다도 아동 노동이 더 성행하는 본거지인 듯했다. 인터뷰를 통해 내가 최종 집계한 바로는 틸웨젬베에서 중상을 입은 인원은 성인 남성과 소년을 다 합쳐 12명, 생매장된 인원은 어린이 7명이었다. 이상은 나의 여러 차례에 걸친 콩고 여행 중 단 한 번의 연구 답사 동안 나와 흔쾌히 대화를 나눈 소수에게서 들은 사례다. 하지만 그림의 일부만으로도 틸웨젬베가 단순한 구리·코발트 광산이 아닌 인간 도살장이라는 사실은 분명해 보였다.

그게 썩어빠진 정치인이든, 착취하는 협동조합이든, 고삐 풀린 군인이든, 아니면 갈취하는 보스든 현지 행위자들을 대학살의 주체로 지목하고 싶은 충동이 치밀었다. 이들은 각자 수행하는 역할이 있었지만, 보다 악의적인 질환, 즉 아프리카에서 미쳐 날뛰는 글로벌 경제의 징후이기도 했다. 틸웨젬베에서 일하는 아이들이 겪는 윤리적 패륜과 무관심은 국제 공급망 밑바닥에서 고통받는 이들의 가난과 취약함과 실추된 존엄성을 먹이로 삼는 세계 경제 질서의 직접적 결과다. 공급망에 있는 모든 노동자의 권리와 존엄성을 보호하고 존중한다는 다국적 기업들의 선언이 이렇게 기만적으로 보인 적은 없다.

인터뷰를 통역해준 오귀스탱(Augustin)은 슬픔을 포착하는 영어 단어들의 스와힐리어 표현을 찾느라 며칠을 보내고 나더니 심란해졌다. 그는 사람들이 한 말을 통역하기 전에 이따금 고개를 숙인 채 흐느끼곤 했다. 헤어지면서 오귀스탱은 이런 말을 했다. "당신네 나라 사람들에게 부디 전해주세요. 그들이 휴대폰을 전원에 연결할 수 있게 하려고 콩고에서는 매일 한 아이가 죽어가고 있다고요."

틸웨젬베 때문에 고통받는 가족들과 인터뷰를 하고 2년 후, 광산에 들어가기 위해 두 번째 시도를 감행했다. 나는 무판자 현지 주민의 안내로 정부군에게 발각되지 않을 경로를 거쳐 광구로 이어지는 흙길에 들어섰다. 1킬로미터 이상 떨어져서 봐도 광산의 거대한 벽들은 인상적이었다. 우리는 남쪽으로 마을을 관통하는 길을 걷다가 벽돌 오두막이 더욱 띄엄띄엄 펼쳐진 지역에 다다랐다. 아이들은 쓰레기에 지핀 조그만 불 근처에서 비닐봉지를 가지고 놀았다. 빨래는 축 늘어진 끈에 대롱대롱 매달려 있었다. 샛노란 원피스를 입은 한 소녀가 어머니를 따라 플라스틱 물통을 머리에 이고 중심을 잡으면서 비탈길을 올라갔다. 오토바이들이 각각 두세 명의 승객을 태우고 흙길을 오르락내리락했다.

한 젊은 엄마가 눈에 들어왔다. 여자는 무릎에 갓난아기를 올린 채 땅바닥에 앉아 있었다. 그들 뒤로 하늘색 페인트를 칠한 미용실이 보였다. 입구 위에는 "TOUT VIENT DE DIEU"라는 문구가 빨간색 페인트로 적혀 있었다. "모든 것은 신이 내려주신다"라는 뜻이다. 아기는 천 기저귀를 찼고, 엄마는 연보라색 원피스를 입고 있었다. 풀어헤쳐진 머리카락이 어깨 아래로 부드럽게 흘러내렸다. 나는 엄마가 아기를 품에 안고 앞뒤로 흔드는 모습을 지켜봤다. 엄마는 앞으로 흔들 때마다 아기의 얼굴에 대고 코를 비볐고, 아기는 깔깔깔 자지러지게 웃었다. 아기를 뒤로 흔들 때 엄마의 눈은 기대감으로 커졌고, 다시 앞으로 흔들며 신이 난 아기에게 코를 비볐다. 엄마와 아이는 더없이 행복해 보이고 환하게 빛났다.

흙길을 따라 마을을 거쳐 숲으로 계속 들어갔다. 작은 호수를 지나고부터는 광산 기슭을 향한 오르막길이 시작됐다. 연료 트럭 한 대가 동쪽에서 틸웨젬베 방향으로 이어지는 두 번째 흙길을 달려갔다. 굴착기 두 대가 한쪽 언덕 꼭대기에서 흙을 긁어모으고 있었다. 오토바이들이 양방향으로 달렸다. 자세히 살펴보니 운전자들은 모두 형광색 조끼를 입었다. 광산에서 나온 승객들은 흙을 뒤집어쓰고 있었다. 10대처럼 보이는 소년이 몇 명인지 세다가 놓치고 말았다.

길이 남쪽으로 이어지면서 오르막 경사가 급해졌다. 드디어 틸웨젬베

입구의 보안 검문소에 도착했다. 광산 바닥에서 올려다보니 거대한 구덩이 벽들이 하늘을 삼킨 듯했다. 길을 사이에 두고 검문소 동쪽엔 커다란 선적용 컨테이너가 하나, 서쪽엔 제복 입은 군인 둘이 칼라시니코프 소총을 들고 서 있는 정부군 초소가 하나 있었다. 경첩 위에 얹은 기다란 쇠기둥이 길을 차단했다. 기둥 끝에는 오토바이가 통과할 공간만 겨우 있었다. 나는 정부군 병사들에게 광산에 들어가도 되냐고 물었지만 거절당했다.

오토바이 운전자 중 한 명이 입구에서 공회전을 하고 있었다. 그도 다른 운전자들과 똑같은 형광색 조끼를 입었다. 조끼 등판에 31이라는 숫자가 박음질되어 있었다. 그는 자신의 이름이 존(John)이고 틸웨젬베의 일꾼들을 태우는 공인 수송자라고 했다. 조끼의 숫자가 바로 그런 뜻이었다. 그는 31번 수송자였다. 나는 그에게 매일 몇 번 수송하는지 물었다. "아마 스무 번"이라고 그가 말했다.

존은 다음 채굴자들을 실어 나르기 위해 무판자로 되돌아갔다. 나는 광산 기슭에 좀더 머물며 이 고통의 기념비를 천천히 받아들였다. 오토바이들이 멈추고 세상이 고요해지는 순간이 찾아왔다. 그 무시무시한 침묵 속에서 내 생각은 그들을 향했다. 그 구덩이 벽 반대편에서 차가운 흙 속으로 떨어져 영원히 틸웨젬베에 생매장된 루보 같은 수많은 아이들을.

틸웨젬베에 얼마나 많은 아이들이 묻혀 있는지는 아무도 알 수 없겠지만, 이것만큼은 확실하다. 즉, 2021년 11월 1일 현재, 틸웨젬베 광산은 완벽하게 잘 가동되고 있으며, 매일 또 매일 수백 명의 아이들이 그곳에 들어가는 것을 볼 수 있다.

"우리는 우리 무덤에서 일하고 있소"

콜웨지

돈에 대한 갈망이 인간을 암살범으로 둔갑시키죠.
……돈을 벌거나 인간을 욕보이기 위해서라면 어떤 수단도 괜찮아지는 겁니다.

–외젠 카방가 송가송가(Eugèn Kabanga Songasonga), 루붐바시의 대주교, 1976년

이제 다 왔다. 드디어 세계의 기기 주도 경제(device-driven economy)와 전기차 혁명의 고동치는 심장부에 도착했다. 바로 콜웨지다. 이런 도시는 세상 어디에도 없다. 콜웨지는 황량한 서부 개척지요, 세계 코발트 매장량의 약 4분의 1을 보유한 곳이다. 이곳의 특별한 광물 자원은 광산업의 급속한 팽창으로 인해 상당한 환경 파괴를 초래했다. 구글 어스 (Google Earth)에서 콜웨지를 찾아 확대해보라. 초대형 구덩이, 거대한 노천 광산, 엄청난 흙더미를 보라. 작은 인공 호수들은 주민이 아닌 광산 업체에 물을 공급한다. 마을들은 편평해졌다. 숲은 흔적도 없어졌다. 땅은 들쑤셔지고 파헤쳐졌다. 광산이 싹 다 집어삼키고 있다.

매년 이주민들이 수천 명씩 콜웨지로 모여든다. 그들은 이웃한 주에서, 인근 국가에서, 중국과 인도처럼 멀리서 온다. 이주민들은 탈출구라고는 없는 광물과 돈의 소용돌이에 휘말린다. 이익을 위해 고통을 감

수하겠다는 사람이 전 세계 다른 어떤 도시보다 콜웨지에 많을 것이다. 콜웨지의 공식 인구 추정치는 약 60만 명이지만, 실제 수치는 150만 명에 가깝다. 도시는 한도 끝도 없이 확장되었다. 당장이라도 주저앉을 듯한 빈민가와 임시변통으로 형성된 마을들이 도심에서부터 안 그래도 줄고 있는 주거 가능 공간에 우후죽순 퍼져나가고 있다. 광산은 콜웨지 개발 부지의 최소 80퍼센트를 차지한다. 녹색은 사라졌다. 경작지는 절멸했다. 2012년부터 2022년까지 콜웨지를 담은 저속 촬영 위성 이미지에는 콜웨지 주위로 쓰나미처럼 '갈색'이 퍼지면서 그 경로에 있는 모든 것을 집어삼키는 변화가 고스란히 드러난다. 콜웨지는 아프리카 발전의 난도질당한 얼굴이다. 코발트 사냥뿐이다.

콜웨지로 가는 도로는 화학 공장들과 노동자 복합 주거지를 거쳐 동쪽에서 도심으로 진입한다. 중앙 업무 지구에는 상점, 시장, 교회, 호텔, 게스트하우스 등이 밀집해 있다. 트럭, 오토바이, 굴착기, 중형 트럭, 장인 광부들은 도로 곳곳이 파인 거리에 몰려 있다. 콜웨지는 남동부 지역에서도 단연 공해가 가장 심한 도시다. 숨 쉬기가 괴롭다. 눈이 따갑다. 식민지 시대 건물이 많은 역사 깊은 동네도 이 도시에서는 허물어지고 있다. 콜웨지에서 아무 데나 서 있어보라. 거의 사방이 광산일 것이다.

도심 북쪽으로 카술로라는 곳이 있다. 콩고 최대 장인 광산 구역 중 하나로, 터널 채굴이 시작된 곳이다. 2012년과 2022년의 위성 이미지를 비교해보면 수천 개의 어두운 동그라미와 분홍색 방수포가 폭발적으로 증가한 변화가 드러난다. 동그라미 하나하나가 바로 터널이다. 카술로의 코발트 매장량이 얼마나 풍부한지 2018년 콩고 둥팡 광업은 장인 채굴 시범 현장을 운영하겠다며 이 구역 일부에 장벽을 건설했다. 카술로 북동쪽에는 케마프가 운영하는 무토시(Mutoshi)라는 두 번째 시범 현장이 있다. 루붐바시 인근에서 에투알 광산을 운영하는 곳과 동일한 업체다. 우리는 양쪽 '시범 현장'을 다 방문해 시범이라는 단어가 과연 합당한지 시험대에 올릴 것이다.

도심의 남서쪽은 카니나(Kanina)라는 지역으로, 코무스라는 산업 광산 현장과 골프(Golf) 호수의 대규모 장인 채굴 코발트 세척 구역이 가깝다. 코무스는 쯔진 광업 소유이며, 인접한 무소노이에(Musonoie)에 걸쳐 있다. 무소노이에에는 글렌코어 소유의 산업 광산 단지 두 곳, 즉 카모토 이스트(Kamoto East)와 카모토 올리베이라 & 비르귈르(Kamoto Oliveira and Virgule, KOV)가 있다. 이 광산들 남서쪽에는 콜웨지의 거대 기업인 글렌코어 소유의 카모토 구리회사(KCC)와 마샴바 이스트(Mashamba East)가 있다. 콜웨지에 있는 글렌코어의 광산들은 2021년에 다 합쳐서 무려 2만 3800톤의 코발트를 생산했다.[1] KCC 단지 근처에는 중국 업체가 운영하는 현장도 몇 군데 있다. 시코마인스의 마샴바 웨스트와 디쿨루웨 광산 그리고 우리 여정의 종착지가 될 카밀롬베다.

콜웨지는 1937년에 UMHK가 카탕가주 서부 지역의 수도로 세운 도시다. 이 도시의 광물 자원 통제권은 콩고가 독립한 지 11일 만에 모이즈 촘베가 카탕가를 국가로부터 분리 독립시키겠다고 선언했던 1960년으로 거슬러 올라가 그때부터 폭력 사태의 원인이었다. 촘베는 1963년 자신의 군대가 미국의 개입으로 패배한 후 이웃 나라 앙골라로 도망쳤다. 그러나 카탕가 독립의 꿈을 접고 싶지 않았던 그는 그 지역에 대한 통제권을 되찾기 위해 두 차례의 큰 군사 작전을 이끌었는데, 이것이 샤바 전쟁이다. 촘베가 카탕가주의 주요 광산들을 장악하기 위해 2000명의 병사를 진두지휘한 1977년 3월 8일 첫 번째 샤바 전쟁이 발발했다. 이로 인해 민간인 수백 명이 숨지고, 수만 명이 피난했다. 무력한 자이르(민주콩고의 당시 국가명—옮긴이) 군대는 저항조차 거의 하지 못했다. 궁지에 몰린 조제프 모부투는 서구의 지원을 얻어내려고 침략자들을 가리켜 소련을 등에 업은 공산주의자라고 둘러댔다. 콩고의 중요한 광물 자산이 공산주의자들 차지가 될까 봐 두려웠던 미국, 벨기에, 프랑스는 이 지방의 통제권을 되찾기 위해 또다시 군사 원조를 해줬다.

이듬해에 촘베는 두 번째 샤바 전쟁을 개시했다. 이번에는 그의 군대가 콜웨지를 재빨리 장악했다. 서구 열강들은 싸움에 두 차례나 가담하는 걸 망설였다. 일각에서는 제정신이 아니었던 모부투가 서구의 개입을 부추기기 위해 콜웨지에 거주하는 유럽인을 죽이라고 부대에 지시했다는 소문이 돌았다. 수백 명의 유럽인이 목숨을 잃은 후, 미국의 항공 지원을 받은 프랑스와 벨기에의 낙하산 부대가 콜웨지에 침투했다. 뒤이은 전투로 도시는 거의 다 파괴되었고, 반군으로부터 통제권을 빼앗기까지 수백 명의 민간인 사상자가 발생했다.

민병대 간 소규모 충돌과 민족 간 분쟁은 구리 벨트 전역에서, 특히 콜웨지 주변에서 계속해서 벌어지는 삶의 방식이다. 그렇다 보니 콜웨지는 이 지방에서도 군인과 보안 인력이 가장 집중된 곳이 되었다. 도시의 주요 채굴 현장은 거의 다 정부군이나 공화국 수비대, 아니면 둘 다가 지키고 있다. 내 연구 초기에는 루알라바의 전(前) 주지사이자 조제프 카빌라의 강력한 측근인 리샤르 무예 망제 망이 채굴 현장들을 엄중하게 감시했다.

무예는 2016년에 루알라바의 초대 주지사가 되었다. 그는 주지사로서 이곳에서 진행되는 광산 사업의 여러 측면에 대한 최종 결정권을 갖고 있었다. 광산 회사가 사업을 확장하거나 변경하고 싶을 때면 그를 찾아왔다. 지역 사회와 분쟁이 있을 때면 그의 판결을 구했다. 무에도 조제프 카빌라와 다를 바 없이 광산 거래에서 개인 계좌로 돈을 빼돌린다는 소문이 파다했고, 부패 혐의는 결국 그의 발목을 잡았다. 치세케디 대통령이 착수한 반부패 캠페인의 일환으로 2021년 9월 10일 공직에서 해임됐는데, 광산 거래를 통해 3억 1600만 달러 이상을 횡령한 것이 죄목이었다.[2]

2018년 콜웨지를 처음 방문했을 때 나는 현장 답사 허가를 받기 위해 무에 주지사의 사무실에 갔었다. 칼라시니코프 소총을 소지한 남자들이 정문을 지키고 있었는데, 내가 들어갈 때 군대식 경례를 했다. 나는 구내의 보안 검색대로 안내되었고, 거기서 휴대폰을 압수당하고, 배낭의 내용물을 검사받고, 몸수색을 거쳐 칼라시니코프로 무장한 더 많은 인원이 지키고 있는 대기실로 갔다. 약속 시간보다 30분을 더 기다린 끝에 무에 주지사가 나를 만나지 못하게 됐다는 통보를 받았다. 대신 무셍가 마포(Musenga Mafo) 과장을 만날 수 있었다. 루알라바 주정부에서 인도주의 및 사회 문제를 담당하는 마포 여사는 콜웨지 주변 광산 지역을 왜 답사하려 하는지 설명하는 나의 말을 편견 없이 들어줬다. 그는 자국 내 외국 광산 회사들의 파괴적인 행동에 우려를 표명했고, 특히 장인 채굴이 여성과 소녀들에게 미치는 부정적 영향을 걱정했다. 그러면서 여성 장인 광부들이 만성적으로 성폭행을 당하고, 남성보다 훨씬 적은 임금을 받으며, 안전에 대한 선택권도 사실상 없다고 설명했다.

훈훈한 대화를 나눈 후, 마포 여사는 나의 책임 서약 서류에 도장을 찍고 서명해줬다. 그의 도장은 오카탕가주에서 루칼라바 국장의 도장이 그랬듯 최악의 상황으로부터 방패막이가 되어줄 것이다. 하지만 콜웨지 인근 장인 채굴 구역을 지키는 무장 군인들이 나를 통과시켜줄 거라고 보장하지는 않았다.

카파타, 말로 호수 그리고 마샴바 이스트

콜웨지 변두리에는 수많은 마을과 정착촌이 흩어져 있다. 어떤 마을은 수십 년 동안 존재해왔고, 또 어떤 마을은 이주민들이 도시로 흘러 들어오면서 최근에 갑자기 생겼다. 이런 지역에 수십만 명이 살면서 엄청난 장인 채굴 노동력을 공급해준다. 전기차 혁명이 콜웨지의 최빈층 주민들의 지친 어깨에 달려 있다고 해도 과언이 아닐 텐데, 이들은 안정적인 전기 공급, 깨끗한 물과 위생 설비, 진료소, 자녀들을 위한 학교 같은 현대 생활의 가장 기본적인 편의 시설조차 누리지 못하고 있다.

콜웨지 주변의 모든 마을 중 카파타보다 더 중요한 곳은 아마도 없을 것이다. 카파타는 원래 1970년대에 KCC 광산의 노동자들을 수용하기 위해 제카민이 세운 마을이었다. 지금은 KCC 광구와 마샴바 이스트 광구 안팎에 위치한 대규모 장인 광산 지역으로 가는 관문이다. 카탕가 광업회사의 지분 100퍼센트를 보유한 글렌코어가 두 광산의 75퍼센트 소유하고 있다. 카탕가 광업회사는 2002년 광산법 제정 직후 이 광산들에 대한 권리를 인수했다. 여기서 생산한 구리와 코발트는 콜웨지에 있는 카모토 선광장과 루일루(Luilu) 야금 공장에서 처리된다.

현지 활동가 질베르(Gilbert)의 안내로 나는 카파타와 주변 광산 지역으로 첫 답사를 갔다. 질베르와 그의 동료들은 장인 광부 가족을 지원하고 그 자녀들이 광산에서 벗어나도록 돕는 활동을 하고 있다. 우리는 마을로 이어지는 마지막 몇 킬로미터가 비포장인 도심에서 남서쪽으로 난 좁은 도로를 차로 달렸다. 카파타 인근 광산의 광물을 운송하는 화물 트럭들 때문에 계속해서 흙길을 벗어나곤 했다. 우리는 마을 외곽에 차를 대고 도보로 계속 이동했다. 거대한 KCC 광구와 카불룽구(Kabulungu) 호수 사이에 끼어 있는 마을은 가지런히 늘어선 붉은 벽돌 오두막들로 이뤄져 있었다. 대부분이 주거용이지만 일부 오두막은 채소, 탄산음료, 식용유, 빵을 파는 시장 같은 작은 가게들로 변신했다. 내가 발견한 바로는 인터넷 카페도 최소 한 곳 있었다. 1990년대로부터 순간 이동을 한 듯 먼지 쌓인 델(Dell) 데스크톱 두 대가 보였다. 오두막들 사이로는 흙길 가장자리를 따라 하수도 도랑이 파여 있었다. 닳아 빠진 전선들이 카파타를 구불구불 통과하며 간헐적으로 전기를 공급했는데, 그나마 콩고의 마을에서는 보기 드문 일이었다. 교사들의 임금이 지급되지 않을 때는 한 번에 몇 주씩 문을 닫는 학교도 몇 군데 있었다.

질베르가 카파타에서 내게 소개해주고 싶어 한 첫 주민은 루부야(Lubuya)라는 할머니였다. 이 지역의 역사를 누구보다 잘 아는 사람이라고 했다. 할머니의 집이 가까워지자 몇몇 아이가 우리 옆을 지나가며 "니하오!" 하고 외쳤는데, 이는 전형적인 표준 중국어 인사말이었다. 구리 벨트에서는 많은 콩고인이 중국인 창고 거래상이나 그 밖의 광산 직원들과 접촉해봐서 초보적인 중국어를 알아들었다. 할머니의 집에 도착해 안으로 안내를 받았다. 루부야는 친절한 눈빛과 단호한 표정을 지닌 노인이었다. 빳빳하게 세운 머릿수건으로 머리를 감싸고 빨간색과 주황색 초승달 무늬의 블라우스와 치마를 맞춰 입었다. 69세로 내가 콩고에서 인터뷰한 사람 중 최고 연장자였다. 우리는 루부야가 손주 셋과 함께 쓰는 방 2개짜리 오두막 안의 플라스틱 의자에 앉았다. 손자 둘에 손녀가 하나인데, 아이들은 말로 호수 근처에서 코발트를 캤다. 남편은 14년 전에 세상을 떠났다. 손주들의 엄마인 루부야의 딸은 6년 전에 병으로 사망했다. 그리고 얼마 지나지 않아 사위마저 떠나는 바람에 혼자 손주들을 키우고 있었다.

루부야는 1977년 카파타에 첫발을 들였다고 했다. 당시 콜웨지는 한층 조용한 도시였다. 사람들에겐 거주할 공간과 먹을 음식이 있었다. 공기와 물도 깨끗했다. 가난했지만, 어떻게든 살아갈 수 있었다.

우리한텐 카지(kazi)라는 시스템이 있었어요. 어떤 회사에서 일자리를 얻으면, 그들이 당신한테 월급을 지급하고 식량 배급을 해준다는 뜻이죠. 살집과 아이들을 위한 학교도 세워줬어요. 그래서 우린 카파타에 왔고, 남편은 제카민에서 일을 할 수 있었죠.

그때는 살기가 괜찮았어요. 우리한테 필요한 것들이 충족됐죠. 문제는 1992년 제카민이 직원들한테 월급을 주지 않으면서 시작됐어요. 사람들은 굶주렸고, 화가 났어요. 그때부터 남자들은 광산에 가서 스스로 땅을 파기 시작했죠.

요즘 같은 콩트와르가 없었기 때문에 사람들은 버스를 타고 루붐바시로 가서 돌을 시장에 내다 팔았어요. 아주 어려운 상황이었지만, 달리 선택의 여지가 없었죠.

외국 광산 회사들이 콜웨지에 왔을 때, 외국인 거래상들도 따라왔어요. 그들이 이 지역에 콩트와르를 지었죠. 콩트와르에 팔면 손에 돈을 쥐고 집으로 걸어올 수 있기 때문에 집집마다 광산에서 땅을 파요.

사람들은 묻죠. 아이들이 왜 광산에서 일을 하느냐고요. 내 손주들도 지금 거기에 다녀요. 애들이 굶었으면 좋겠어요? 많은 아이들이 부모를 잃었죠. 여자가 재혼을 하면 남편이 집에서 아이들을 쫓아내기도 해요. 그 아이들이 도대체 뭘 해야 할까요? 그 애들은 땅을 파야만 살 수 있어요.

얘기는 이제부터 시작이었다. 루부야는 계속해서 콜웨지가 당면한 일상에 대한 우려를 우리한테 들려줬다. 외국 광산업체들이 밀려드는 바람에 식품과 주거 비용이 대폭 상승한 게 또 다른 문제라고 했다. 그것 때문에 많은 가정이 장인 채굴로 돈을 벌 수밖에 없다는 것이다. 광산 회사들로 인한 농경지 파괴와 대기 오염 그리고 수질 오염도 비난했다. 하지만 가장 거친 비판은 이 나라 지도자들을 위해 남겨졌다.

우리 속담에 이런 게 있어요. "뱀의 새끼는 뱀이다." 로랑 카빌라가 첫 번째 뱀이었어요. 그는 르완다인들하고 힘을 합쳐 콩고를 침공해놓고는 자신을 해방자라고 불렀죠. ……그의 아들도 뱀이죠. 중국인들한테 나라를 팔아먹고, 그 돈을 챙겼으니까요.

한마디 더 하자면, 사람들은 모부투 때가 더 좋았다고들 하죠. 모부투는 강했고, 그 당시 콩고는 자랑스러웠다고요. 하지만 모부투는 국민이 고통 받는 동안 혼자만 부자가 됐어요. 우리나라 지도자들은 자기만 챙깁니다.

다양한 주제에 대한 나의 질문에 우아하게 대답하고 난 뒤, 루부야는 나에 대해 더 알고 싶어 했다. 그리고 미국에서의 삶은 어떤지 호기심을 가졌다. 미국에서는 거의 모든 가구에 전기가 공급되고, 배터리에 코발트를 사용한 스마트폰 가격이 최대 1000달러라는 말을 도저히 믿지 못했다.

"이곳 사람들은 그렇게 많은 돈은 꿈도 못 꿔요."

내가 떠나려 할 때, 루부야의 표정이 굳어지더니 회의적인 눈빛으로 나를 쳐다봤다.

"여기에 정말 왜 오셨나요?"

처음 마주 앉았을 때 이미 설명했으므로, 나는 장인 코발트 채굴의 양상을 문서화하는 게 나의 목적이라고 반복했다.

"왜요?" 그 이유를 이해할 수 없다는 듯이 루부야가 다시 물었다.

"제가 그 양상을 정확하게 글로 쓸 수 있다면, 사람들한테 이곳 상황을 개선하려는 의지를 고취시킬 거라고 기대합니다."

루부야는 바보 같다는 듯이 나를 바라봤다.

"코발트 때문에 매일 사람들이 죽어가고 있어요. 그 얘기를 한다 한들 아무것도 바뀌지 않을 거예요."

카파타에서 작은 유칼립투스나무 숲을 지나 말로 호수에 이르는 길을 따라갔다. 호수는 KCC 노천 광산의 60미터 높이 흙벽들과 인접해 있었다. 이곳은 비교적 작은 호수로, 우기에는 약 300미터로 넓어졌다 건기가 끝나갈 즈음에는 그 크기의 3분의 1 정도로 줄어들었다. 수목 한 계선에서 본 광경은 놀라웠다. 수천 명이 호수 둘레의 밟을 수 있는 땅이란 땅은 모두 채우고 있었다. 수백 명이 KCC 광산의 거대한 벽들을 터덜터덜 오르내렸다. 수십 명이 커다란 광석 자루를 호수 옆 창고들로 끌고 갔다. 2018년 KCC 광산의 땅속에서 높은 수준의 우라늄이 발견되었지만, 장인 채굴은 멈추지 않았다. KCC 구역에서 흙을 파고 돌을 씻는 일꾼들은 코발트를 정식 공급망에 바로 제공하는 정교한 생태계의 일부였다. 나는 이 지역을 더 자세히 답사하기 위해 먼저 말로 호수 일대의 최고 우두머리인 잠바(Djamba) 소장의 허가를 확보해야 했다.

호수 옆 창고 중 한 곳에서 목재 책상 앞에 앉아 있는 잠바를 만났다. 그곳엔 총 17개의 창고가 있었다. 15개는 중국인, 2개는 콩고인 중개상이 운영했다. 방문할 때마다 그 수가 달랐지만, 창고는 늘 중국인 구매자들로 북적였다. 이곳 창고들은 키푸시나 리카시 또는 풍구루메에서 봤던 분홍색 방수포보다는 더 격식이 있었다. 커다란 금속 컨테이너 안에 지었고, 무장한 사복 요원들이 지키는 창고도 여럿 있었다. 무장 경비 요원들은 장인 광부가 인접한 창고들에만 코발트를 팔게 하려고 호수를 순찰하기도 했다. 대부분의 창고 정면에는 라피아 자루에 검정색 매직펜으로 쓴 가격표가 달려 있었다. 가격은 1퍼센트 등급 코발트 1킬로그램당 250콩고프랑(약 0.14달러)에서 7퍼센트 등급 코발트 1킬로그램당 3000콩고프랑(약 1.67달러)까지 다양했다.

잠바는 검정색 제복을 입은 무장 요원들의 경호를 받았다. 질베르가 말로 호수 인근을 돌아다니며 장인 광부들과 대화를 나눌 수 있도록 요청하는 동안, 나는 컨테이너 입구에 놓인 의자에 앉아 있었다. 질베르는 마포 여사한테 받은 책임 서약 서류의 서명과 도장을 잠바에게 보여 줬는데, 그것이 이렇다 할 좋은 인상을 준 것 같지는 않았다. 질베르가 우리 사정을 얘기할 때, 잠바는 나를 똑바로 쳐다보며 담배를 한 모금 길게 빨았다. 질베르가 간절하게 잠바한테 요청하고, 잠바가 담배를 피우며 나를 쳐다보는 상황이 몇 분간 지속됐다. 마침내 잠바가 질베르에게 탁한 목소리의 스와힐리어로 뭔가를 얘기했다.

"가도 좋대요." 질베르가 말했다. "하지만 당신 전화기하고 배낭은 여기 두고 가야 합니다."

우리는 동쪽에서 말로 호수로 접근했다. KCC 광산의 흙벽들이 호수 너머 북쪽과 서쪽으로 솟아 있었다. 에투알, 미카스, 무탄다, 텐케 풍구루메, 틸웨젬베와 달리 KCC 광산은 2021년 여름까지 담이나 울타리 또는 그 밖의 방식으로 막아놓지 않았다. 누구든 광산으로 걸어 올라가서 땅을 판 다음, 광석을 가득 채운 자루를 들고 걸어 내려올 수 있었다. 글렌코어가 언덕 꼭대기에 나지막한 콘크리트 울타리를 세운 뒤에도 장인 광부들은 그 위를 그냥 넘어 다녔다.

호수가 가까워지자 시끌시끌한 소리가 더욱 커지고 요란해졌다. 정체를 알 수 없던 형체가 선명해지면서 여자들과 아이들 무리가 보였다. 질베르는 시스템이 어떻게 돌아가는지 설명해줬다.

사람들은 호수 주위를 파고 자루를 돌로 채워요. 아이들은 KCC 구덩이로 올라가서 땅을 파고요. 그 애들이 자루를 호수로 가져오면, 거기서 여자들과 소녀들이 돌을 씻어요. 깨끗해진 돌은 한쪽에 쌓아놓죠. 이 돌을 자루에 채워서 콩트와르로 가져가는 겁니다.

창고에서 사들인 광석은 그다음에 어떻게 되느냐고 질베르에게 물었다.

"말로 호수의 광석은 트럭을 이용해 루일루로 운송해요. 기억하시겠지만, 카파타로 가는 길에 우리 옆을 지나갔던 트럭들이 바로 그런 차량이죠."

광석이 루일루의 시설 말고 다른 곳으로도 운반되는지 물었다.

"일부는 루붐바시에 있는 CDM 가공 시설로도 가죠."

"그러니까 모든 코발트가 KCC 아니면 CDM으로 간다는 거네요?"

"거의 전부라고 할 수 있죠. 다른 광산 회사로 팔리는 분량도 약간 있거든요."

다음 날, 나는 말로 호수 인근 창고에서 헤테로제나이트를 가득 실은 화물 트럭들을 콜웨지에 있는 루일루 시설의 보안 출입구까지 따라갔다. 트럭들은 정문을 통과해 시설 안으로 들어갔다. 중국인이 관리하는 창고에서 빨간색 화물 트럭 한 대가 광석 자루를 싣는 것도 보았다. 트럭이 CDM 소속이라고 들었는데, 루붐바시까지 계속 따라가서 정말 CDM의 가공 시설로 들어가는지 확인할 수는 없고 해서 그냥 그곳이 도착지이겠거니 추정했다.

호수 남쪽으로 그리 멀지 않은 곳에서 질베르는 그가 아는 소년들을 발견했다. 9~13세의 3형제였다. 질베르가 그중 막내의 등을 가볍게 톡톡 두드리자 낡은 소파처럼 셔츠에서 먼지가 날렸다. 형제들은 카파타에 살았고, 매일 말로 호숫가에서 땅을 팠다. 모두 단 하루도 학교에 다녀본 적이 없었다. 맏형인 탐브웨(Tambwe)는 KCC의 구덩이에서 광석 자루 하나를 가지고 막 내려왔다가 다시 올라가려던 참이었다. 그때까지도 나는 콩고의 구리·코발트 노천 산업 광산을 가까이에서 본 적이 없었기 때문에 같이 가도 되겠냐고 탐브웨한테 물었다. 그는 좋다고 하면서 언덕 위로 가는 안전한 통로를 안다고 했다.

나는 탐브웨를 따라 말로 호수에서 벗어나 유칼립투스나무 숲을 따라 흙벽의 서쪽 구역 밑으로 갔다. 45도 경사에 최소 40미터 높이의 자갈과 흙으로 된 산이었다. 몇몇 아이들은 빈 자루를 가지고 산을 오르고, 또 몇몇 아이들은 돌이 가득 담긴 자루를 어깨에 메고 내려왔다. 탐브웨가 오르막 통로를 가리켰고, 우리는 위로 올라가기 시작했다. 발을 디딜 때마다 불안했다. 발밑의 자갈이 움직여서 몇 번이나 미끄러졌다. 온 근육을 사용해 균형을 유지하느라 진이 빠졌다. 올라가는 동안 2~3미터 깊이의 광산 벽에 난 구멍에서 땅을 파고 있는 많은 아이들을 지나쳤다. 산의 측면으로 파 들어간 터널도 여러 개 지났다. 그것들 대부분은 사람들이 빠지지 않도록 분홍색 방수포로 표시를 해두었다. 상상할 수 있는 코발트 출처란 출처는 몽땅 발굴하고 있는 것 같았다.

우리는 언덕 꼭대기에 도착해 마구잡이로 파헤쳐진 흙밭을 따라 걷다가 또 다른 경사면에 올라섰는데, 그때 드디어 나는 보고 말았다. 노천 구리·코발트 광산의 소름 끼칠 만큼 아름다운 광경을. 그것은 가로세로 대략 450×200미터에 깊이 최소 120미터의 거대한 직사각형 모양이었다. 구덩이는 붕괴를 막기 위해 계단식으로 파여 있었다. 이집트에서 계단식 피라미드 중 하나를 가져다가 거꾸로 뒤집어 바닥에 던졌다고 상상해보라. 그걸 집어 들면 KCC의 노천 구리·코발트 광산 모양과 똑같을 것이다. 계단 면의 대칭성은 그것이 파괴를 뜻한다는 걸 알고 있음에도, 우아하고 고요히 참선(參禪)하는 것 같은 느낌마저 줬다. 내가 봤던 많은 터널들의 내부를 제외하면, 맹렬한 태양을 피할 곳 하나 없이 그저 돌을 캐러 다니는 수백 명의 일꾼이 광산 전역에 흩어져 있었다.

탐브웨는 내게 작별 인사를 건네고 다시 돌 자루를 채우러 떠났다. 나는 벽 끝으로 되돌아가서 지평선 너머로 시선을 던졌다. 이 진저리 나는 언덕 위에서 콜웨지 사람들이 하루 몇 달러를 받고 코발트를 캐는 동안, 나는 그들을 괴롭히는 폭력을 충분히 조사할 수 있었다. 총을 든 미치광이들이 순찰을 도는 거대한 구덩이와 터널의 지옥 같은 풍경이었다. 마치 땅 자체가 그 모습을 차마 보이기 싫다는 듯 지형 위에는 시야를 흐리는 창백함이 자욱하게 깔려 있었다. 내가 암울한 광경을 이 제야 막 파악했다 싶었을 때, 뜨거운 바람이 획 불더니 눈과 입에 모래를 흩뿌렸다. 기침이 연거푸 나왔다. 물병은 잠바의 사무실에 두고 온 내 배낭 속에 있었다. 눈에서 모래를 닦아낼 만큼 충분한 수분이 필요해 손수건에 침을 뱉어야 했다. 메시지는 확실했다. 요컨대 나는 이곳 사람이 아니었다.

돌아가는 길은 어깨에 코발트 자루를 메지 않았는데도 올라갈 때보다 한층 더 어려웠다. 중력이 나를 앞으로 끌어당겼다. 걸을 때마다 그 힘에 땅이 움푹 파였다. 나는 게걸음을 하며 아래로 굴러 떨어지지 않도록 낮은 자세를 유지했다. 주변의 아이들은 맨발로 언덕을 오르내렸다. 운이 좋으면 플라스틱 조리를 신고 있는 게 고작이었다. 한 아이가 돌로 가득 찬 라피아 자루의 무게에도 불구하고 내 옆을 지나 위험천만한 지형을 능숙하게 내려갔다. 노련한 움직임이 놀라웠지만 소년의 발목, 무릎, 등, 목에 어떤 피해가 갈지 궁금하지 않을 수 없었다. 그 결과를 알 수 있을 때까지 그 애가 오래 산다고 가정했을 때 말이다.

언덕 아래에 도착한 나는 질베르와 함께 말로 호수 쪽으로 다시 걸었다. 가까이에서 보니 호수의 물이 소금기 있는 뿌연 거품처럼 보였다. 여자들과 소녀들이 무릎 깊이의 호숫가에서 돌과 흙을 분리하려고 체를 위아래로 흔들었다. 물이 얼마나 오염되었을 것 같냐고 질베르에게 물었다. "저들한테 물어보시죠." 질베르는 이렇게 대답하고, 완벽하게 직각으로 허리를 굽힌 한 여자에게 다가가 질문을 던졌다. 여자가 목소리를 높이며 장황하게 대답했다. 다른 여자들이 의견을 덧붙이곤 흥분한 몸짓을 했다. 질베르는 답을 알고 있었지만, 내 질문이 그들의 감정을 얼마나 자극하는지 내가 보길 바랐던 것 같다.

"저 엄마가 이 호수는 독이라고 하네요. 자기들 뱃속의 아기들을 죽인대요. 모기도 여기서 일하는 사람들의 피는 빨지 않는다는군요."

우리는 호수에서 돌을 씻고 있던 몇몇 여성과 더 이야기를 나눴다. 대부분이 물의 독성에 대한 걱정을 드러냈고, 따가운 피부와 배탈을 하소연했다. 일부는 그 지역을 순찰하는 군인들의 신체적 폭력에 대한 불만을 털어놓았다. 그들은 모두 호수에서 일하는 게 돈을 벌 수 있는 유일한 방법이라고 했다. 창고의 중개상들이 하나같이 그들을 부당하게 대우하는데도 말이다.

"육안으로도 표본이 더 우수하다는 걸 알겠는데, 우리한테는 절대 순도 2퍼센트 이상은 쳐주질 않아요." 한 여자가 말했다.

말로 호수에서 돌을 씻는 여자들과 소녀들은 일부 다른 채굴자의 돌을 씻기도 했지만 대부분 가족 단위로 일하고, 자기들이 직접 캐낸 돌을 씻기도 했다. 지독한 햇볕 아래 유독한 환경에서 하루 10시간씩 일해도 이들의 수입은 하루 1달러를 넘지 않았다.

말로 호수 안팎에서 일하는 많은 이들과 가벼운 대화는 나눌 수 있었지만, 좀더 자세한 인터뷰는 카파타의 집 내부나 사람들이 더 안심하고 얘기할 수 있다고 느끼는 다른 안전한 장소에서 이뤄졌다. 아르샹주(Archange, 15세)라는 소년과의 인터뷰도 그런 만남 중 하나였다. 그 애는 가슴 위로 팔짱을 꽉 낀 채 빨간색 휠체어에 앉아 있었다. 뼈가 가늘고 불안한 기색이었으며, 인터뷰 내내 턱을 빠르게 악물고는 했다. 아르샹주는 5학년까지 학교에 다녔다고 했다. 가장 좋아하는 과목은 프랑스어였다. 가족이 더 이상 수업료를 감당할 수 없게 되자 자퇴하고 2018년 여름부터 KCC의 구덩이에서 코발트를 파기 시작했다.

"매일 아침 일어나면 광산에 가야 해서 울고 싶었어요. 매일 온몸이 아팠죠. 머리도 아프고, 목도 아프고, 어떤 때는 눈까지 아팠어요."

고통스러운 기억과 씨름하면서 아르샹주는 부상당한 그날의 일을 설명했다. 2018년 9월 14일, 아르샹주는 먼지를 뒤집어쓴 채 잠에서 깼다. 건기의 마지막 달이었고, 카파타의 용수(用水)는 거의 고갈된 상태였다. 건기 후반부인 이맘때는 일요일에만 씻었다. 그마저도 얼굴, 다리, 팔을 젖은 천으로 닦는 게 고작이었다. 아르샹주는 열이 있고, 며칠째 마른기침을 했다.

몸이 안 좋아서 그날은 좀 늦게 호수에 갔어요. 땅을 파려고 KCC 광산으로 올라갔죠. 첫 번째 자루를 채워서 언덕을 걸어 내려오고 있는데, 힘이 확 빠졌거나 약간 어지럽다고 느꼈던 것 같아요. 순간, 발이 미끄러졌어요. 바닥까지 곤두박질치면서 떨어졌죠. 세상이 빙빙 도는 것 같았어요. 몸을 도저히 움직일 수 없었어요. 어떤 사람들이 부모님을 불렀죠. 그들이 저를 병원에 데려갔어요.

콜웨지의 병원에서 아르샹주는 척추 세 군데가 골절됐다는 걸 알았다. 그 결과, 하반신이 마비됐다. 의사들은 휠체어를 제공하는 것 말고는 그 애를 위해 아무것도 해줄 수 없었다.

나는 KCC 광산 벽 아래로 추락해 다리나 척추 손상을 입은 소년을 3명 더 만났다. 문제는 그게 다 예견된 사고였다는 것이다. 나는 코발트 자루를 나를 필요도 없고 영양실조와 극도의 피로 상태가 아닌데도 그 벽을 간신히 오르내렸다. 분명 비슷한 추락 사고를 당한 소년이 내가 만난 아이들보다 훨씬 더 많을 터였다. 아르샹주 같은 아이들이 KCC 광산에서 캔 코발트는 안전하게 공급망의 상위로 전달되어 우리 휴대폰과 자동차 내부로 들어갈 테지만, 구덩이에서 코발트를 캐는 데 따른 위험은 오로지 카파타의 주민들이 감당할 몫이었다. 아르샹주의 노동에서 나오는 수입이 없어져 그의 가족은 어려움을 겪고 있었다. 아르샹주는 자신이 부모님에게 짐이 된 데 죄책감을 느꼈고, 자살할 생각도 했다고 토로했다.

"가족이 힘들게 일하는 동안 저는 이 휠체어에 앉아만 있어요. 가족을 도울 수 있으면 좋겠는데, 아무것도 할 수가 없네요. 혼자서는 옷도 못 입어요. 살아 있다는 걸 더 이상 견딜 수가 없어요."

말로 호수를 처음 방문하고 얼마 지나지 않아 아리스토트(Aristote)라는 이름의 제카민 고위 간부가 킨샤사에서 이곳에 왔다며 콜웨지의 문 팰리스(Moon Palace) 호텔 바에서 만나자고 내게 제의했다. 아리스토트는 품위 있는 풍모와 상대방을 무장 해제시키는 매너를 갖고 있었다. 물론 친구인지 적인지 판단하려고 나를 예리하게 살핀다는 걸 느낄 수 있었지만 말이다. 우리는 야외 수영장 옆에 있는 바에서 만났는데, 아리스토트는 지체하지 않고 나의 연구 목적과 민주콩고를 떠난 뒤의 계획에 관해 물었다. 나의 의도를 설명하는 동안 그는 참을성 있게 귀를 기울였다. 그리고 마침내 그가 자신의 생각을 얘기한 순간, 의제가 명확하게 드러났다.

"외국의 많은 NGO들이 제카민과 콩고 광업 부문을 공격한다는 사실을 당신도 분명 알고 계실 겁니다."

나는 그들이 왜 그렇게 하는지 물었고, 아리스토트는 그렇게 하면 NGO들의 모금 활동에 도움이 되기 때문이라고 대답했다. 그러면서 외국 NGO들이 자기들 배를 불리기 위해 광업 부문을 이용하는 것이며, 따라서 그들이 제기하는 혐의를 믿어서는 안 된다고 주장했다. 나아가 그중 일부는 제카민 계정에서 돈이 증발했다는 주장을 지어냈고, 그런 다음 이것을 그들이 상상하는 부정 거래의 증거로 써먹었다고 했다. 아리스토트의 말에 따르면, 외국 광산 회사들한테 속고 있는 것은 바로 제카민이었다.

아리스토트는 세계은행이 민주콩고에 절실한 대출을 해주는 대가로 강요해서 나온 것이 2002년 광산법이라고 했다. 민주콩고가 르완다 대량 학살로 거슬러 올라가는 수년간의 전쟁과 폭력 사태로 휘청대고 있었기 때문에 재정적 지원이 간절하게 필요했다는 것이다. 아리스토트는 세계은행이 주로 민주콩고의 광구를 이해관계자들에게 개방해 그들을 부유하게 만들겠다는 야심을 가지고 재정 지원을 한 것이라고 주장했다. 그리고 외국 광산 회사들은 일단 이 나라에 발판을 구축하고 나자 납세 부문에서 콩고 정부를 속이기 위해 수상쩍은 관행을 이용했다. 가령 광산 회사들은 애초의 타당성 조사에서 예상했던 것보다 더 높은 자본 지출과 운영 비용을 청구했다. 그리고 나서는 이런 비용 상승을 근거로 자신들이 수익을 내지 못했으니 제카민에 세금이나 배당금을 지불할 필요가 없다고 주장했다.

"그들은 우리를 속이려고 회계 꼼수를 씁니다. 하지만 NGO들은 모든 콩고인이 부정직하다고 믿기 때문에 콩고인들만 비난하죠."

NGO들이 자신들의 자금을 마련하려고 제카민과 콩고 정부에 관해 허위 진술을 했다는 아리스토트의 주장은 억지스러웠다. 내 경험상 극소수의 NGO만이 영리를 목적으로 참사를 이용했다. 아니, 레오폴드 왕의 콩고국제협회처럼 인도주의적 의도를 내세우며 탐욕을 은폐할 수는 있다. 내가 콩고에 체류한 전 기간 동안, 아리스토트가 언급한 NGO의 의심스러운 거래 유형 사례가 하나 있긴 했다. 그것은 콜웨지 인근의 케마프 시범 채굴 현장에서였다. 나와 소통한 다른 모든 NGO 직원들은 세상에서 가장 가난하고 가장 착취당하는 이들을 돕기 위해 극히 적은 예산으로 일하면서도 커다란 위험을 무릅쓰는, 헌신적이고 원칙을 따르는 사람들이었다.

외국 광산 회사들이 납세 부문에서 제카민을 속이기 위해 회계 꼼수를 쓰고 있다는 아리스토트의 주장은 어느 정도 일리가 있는 것으로 드러났다. 내가 아리스토트의 주장을 얘기했더니, 내 동료들은 외국 광산 회사들이 콩고 정부에 지불할 납세액을 최소화하려고 회계 허점을 이용한 것으로 의심된다는 사실을 확인시켜줬다. 이것이 콩고 정부가 2018년 코발트 세율을 3배로 인상하고 부가세를 시행한 이유 중 하나다. 예전에 중국 회사들의 광산 계약 관련 부패 청산 노력에 대해 나와 이야기를 나눴던 치세케디 대통령 행정부의 고위직 인사 실베스트르는 그들의 회계 부정을 바로 꼬집었다.

중국 업체들은 탈세와 조세 회피를 통해 콩고에 부정적 영향을 미치고 있습니다. 우리가 어떻게 이 사실을 알았을까요? 대부분의 중국 광산 회사들이 2개의 계좌를 보유하고 있다는 사실을 발견했거든요. 하나는 생산량을 축소 신고한, 우리에게 보여줄 계좌이고, 다른 하나는 그것보다 높은 금액을 신고한, 중국 정부와 국영 은행에 보여줄 계좌입니다. 일단 생산을 시작하면 대출금을 상환해야 하기 때문에 이런 짓을 하는 거죠. 두 번째 문제는 광물 분리입니다. 구리에는 항상 코발트가 몇 퍼센트 따라옵니다. 중국 기업은 금속을 분리한 후 구리는 빼놓고 코발트만 신고하죠. 우리에게 이를 감시할 역량이 없다는 걸 잘 알기 때문에, 이것이 우리한테 지불할 세수를 회피하는 또 다른 방법이 되는 겁니다.

아리스토트가 제기하고 실베스트르가 확인해준 탈세 및 조세 회피 문제를 더 자세히 조사하기 위해 나는 루알라바주의 광산부를 찾아갔다. 이 부처는 제카민과 외국 광산 회사 간 합작 투자 회사들로부터 세금, 로열티 및 기타 지불금의 징수를 감독한다. 사무직원인 샤를(Charles)은 사실상 이 부처에는 믿을 만한 세금 징수 자료가 하나도 없다고 했다. 나는 기록이 있다고 해도 외부인과 공유해서는 안 되므로 그가 이렇게 말한 것이라고 생각했다. 그래서 대신 세금 시스템이 어떻게 돌아가는지 좀더 설명해달라고 요청했다.

"주에서는 추출된 광석의 지층과 종류를 바탕으로 광산 회사에 세금을 징수합니다. 세수는 킨샤사의 중앙 정부로 송금되고, 중앙 정부는 인구수를 토대로 이 세수의 일부를 각 주에 재분배하죠."

이 나라의 마지막 인구 조사가 1984년에 실시되었고, 각 주의 인구 추정치가 모호하다는 점을 제쳐둔다면, 샤를이 말한 시스템은 전국에 공평하게 재원을 분배하는 방안인 듯했다. 하지만 샤를은 동의하지 않았다.

"문제는 루알라바주와 오카탕가주 자체만으로도 아마 중앙 정부 세수의 절반을 공급할 텐데, 이에 비해 그 주들이 적절한 몫을 받지 못한다는 데 있습니다."

카탕가의 부는 카탕가인을 위한 것이어야 한다는 게 콩고의 해묵은 갈등 원인이었다. 포퓰리즘 정치인들은 민주콩고로부터 카탕가의 분리 독립을 계속 요구하고 있으며, 카탕가의 부를 카탕가 내부에 두려는 그들의 열망은 킨샤사에 대한 납세를 최소화하기 위한 갖가지 책략을 양산했다. 실제로도 사용했던 주요 책략 중 하나가 이른바 '3분의 1, 3분의 1, 3분의 1'이라는 것이다. 실제 채굴 대금의 3분의 1만 킨샤사에 송금하고, 3분의 1은 장부를 조작하기 위한 뇌물로 주 공무원(들)이 먹고, 3분의 1은 자금 회피 책략 리베이트로 광산 회사가 먹는 식이다.

루알라바주 광산부 방문은 내게 대답보다 더 많은 의문을 남겼다. 광산 세수는 어떻게 처리되고, 그 돈은 다 어디로 갈까? 2018년 글렌코어에서만 10억 8000만 달러의 세금과 로열티를 중앙 정부에 납부했고, 이는 그해 국가 예산의 18.3퍼센트에 해당한다는 얘기가 떠올랐다. 그렇다면 루알라바주와 오카탕가주에서 국가 예산의 절반까지 기여한다는 샤를의 말도 놀랍지 않았다. 하지만 2021년도 콩고민주공화국 예산을 검토했을 때,[3] 나는 다음 두 가지 정보에 놀랐다. 1) 광산업 부문에서 징수한 세금, 로열티 및 기타 세수가 69억 달러의 국가 예산 어디에도 드러나지 않았고, 2) 루알라바주는 중앙 정부의 총예산 대비 세수의 4.1퍼센트만 기여한 것으로 나타났다. 글렌코어만으로도 18.3퍼센트를 차지했다는 2018년도 자료를 확인해보니, 루알라바주는 국가 예산 대비 세수의 4.1퍼센트만 기여한 걸로 나와 있었다. 2019년과 2020년 역시 루알라바주는 4.1퍼센트를 기여한 것으로 나타났다. 이 수치들은 그냥 가짜였을까? 광산업 부문의 모든 수익은 다 어디로 갔을까? 지금까지도 나는 이 질문들에 대한 답을 찾지 못했다.

공식 광산 부문의 회계 관행은 더없이 수상쩍어 보였지만, 장인 광부들의 생산에서 나온 세수가 어떻게 처리되는지는 한층 더 불분명했다. 공인 ZEA를 관리하는 협동조합들은 주정부에 낼 세금을 책정하도록 생산량을 기록하게 되어 있지만, 아무도 그들의 장부를 감사하지 않으므로 수치를 얼마든지 쉽게 조작해 차액을 챙길 수 있었다. 마을, 언덕, 숲 빛 기타 외딴 지역에 있는 공인 ZEA 외에 수백 개의 비공인 장인 광산들은 또 어떤가? 이런 현장에서 생산한 코발트를 과연 주정부가 집계하고 있을까? 그리고 설령 그것이 공급망의 어느 지점에서 포착된다고 해도 그 돈은 다 어디로 갔을까? 행방불명된 모든 돈을 콩고 국민의 복지에 투자했을 수도 있다. 네고시앙과 창고업자들이 온갖 단계에서 빼돌린 자금 중 지극히 일부만으로도 광산 지역 어린이들이 하루 종일 학교에 머물 수 있도록 하는 데 필요한 교사 임금과 책과 물품을 전부 쉽게 댈 수 있을 것이다. 이 자금은 또한 공중 보건 인프라, 위생 시설, 전력화를 구리 벨트 전역으로 확대하는 데도 충분할 터였다. 뇌물은 외국 광산 회사들이 콩고 정부를 속이는 데 사용한 것으로 추정되는 재무적 꼼수와는 별개로 민주콩고에서 거의 모든 단계의 관리 방식을 오염시킨 듯했다.

있을 법한 모든 발톱이 콩고 장인 광부들이 창출하는 가치를 꽉 움켜쥐고 있었다. 장인 광부들의 회계야말로 가장 명확해야 마땅한데, 그다음으로 암울한 장부의 항목이 마샴바 이스트 광산에서 나왔다.

글렌코어의 마샴바 이스트 광산은 카파타 북쪽 가장자리를 따라 위치한 KCC의 가장 큰 구덩이 바로 서쪽에 있다. 내가 콜웨지에서 맨 처음 마샴바 이스트를 답사하러 나선 날, 1킬로미터 넘게 이어지는 도로 보수 공사 때문에 속도가 나지 않았다. 공사 구역을 엉금엉금 기어가다시피 이동하면서 나는 모든 인부가 중국인이라는 걸 알았다.

"중국 기업은 아프리카 사람들을 믿지 못해 중국에서 인부들을 데려옵니다." 질베르가 설명했다. "그들은 우리가 자기들을 속일 거라고 생각하는데, 그러면서도 우리나라에서 돈을 벌고 있죠."

나는 왜 중국 기업 대신 콩고 건설 회사가 도로 공사를 하지 않느냐고 물었다.

"중국 기업들은 계약을 따내려고 최저 입찰가를 제시해요. 프로젝트를 마무리하려면 인부들한테 낮은 임금을 지급하겠죠. 중국인들은 인권에 대한 제약이 하나도 없기 때문에 다른 업체는 그들과 경쟁이 안 되는 겁니다."

건설 회사 '빅 보스 콩고'의 CEO 아사드 칸도 질베르의 말에 공감했다.

중국 기업들은 제 회사를 포함해 콩고에서 사업하는 다른 모든 회사에 비해 불공평한 이점을 갖고 있습니다. 첫째, 그들은 자신이 민간 기업이라고 주장하지만, 전부 중국 정부로부터 자금 지원을 받습니다. 기본적으로 공짜 돈을 받으니 자본 비용이 거의 안 든다는 뜻입니다. 이런 토대 위에서는 경쟁이 안 됩니다. 성공하기가 지극히 어려운 환경이죠. ……카빌라 정부가 체결한 중국 광산 계약은 한쪽으로 치우친 계약이며, 민주콩고와 국민에게는 거의 도움이 되지 않아요.

나는 마샴바 이스트 외곽에 도착해 정문의 보안 출입구로 걸어 올라갔다. 흰색 콘크리트 벽 윗부분은 철조망으로 둘러싸였고, 정부군이 보초를 서고 있었다. 나는 마포 여사의 도장과 서명을 정부가 도움을 준다는 증거로 보여주고 들어가려 했지만 거부당했다. 다행히 정문에서 동쪽으로 광산 흙벽을 따라 올라가는 게 생각보다 간단해서 커다란 구덩이에서 땅을 파는 남자와 소년 수십 명을 볼 수 있었다. KCC에서처럼 아이들은 광산 벽 안에서 코발트를 캤다. 보안 출입구에서 동쪽으로 100미터도 채 떨어지지 않은 마샴바 이스트의 벽 안쪽에는 굉장히 큰 터널이 뚫려 있었다.

비록 마샴바 이스트에 직접 들어가지는 못했지만, 나는 광산 안에서 땅을 판다는 몇몇 아이들과의 인터뷰를 통해 그곳 내부 상황에 대해 많은 걸 알 수 있었다. 첫 번째 인터뷰 대상자는 카볼라(Kabola, 14세)라는 소년이었는데, 내가 그때까지 들어본 적 없는 이야기를 해줬다. "저는 군인들이 모집해서 광구에서 일하게 됐어요." 카볼라는 이렇게 설명했다.

정부군은 카파타에서 아이들을 모집해요. 콜웨지 인근의 다른 마을에서도요. 우리한테 땅을 파러 광산에 오라고 했어요. 군인 한 명이 애들 대여섯 명을 한 팀으로 관리할 거예요. 저는 제우스(Zeus) 밑에서 일했어요. 그 사람이 저한테 가난하고 멍청하게 살고 싶지 않다면 돈을 벌 수 있게 도와주겠다고 했죠. 그 돈으로 수업료를 낼 수 있다면서요.

저는 제우스 밑에서 땅을 팠어요. ……그는 매일 2000콩고프랑(약 1.10달러)을 저한테 줬죠. 우리 가족은 이 돈이 필요했기 때문에 계속 땅을 파야 했어요. 그러니 어떻게 학교에 다닐 수 있겠어요?

나는 제우스를 위해 캔 광석은 어떻게 됐냐고 물었다. 카볼라는 제우스가 마샴바 이스트에서 이동 노동 팀을 운영하는 다른 정부군 병사들 대부분이 그렇듯 말로 호수 근처에 있는 창고에 판다고 했다. 카볼라는 자신이 직접 팔면 돈을 훨씬 더 많이 벌 수 있다는 걸 깨닫고, 어느 날 코발트 자루를 호수 근처 창고에 가져가기로 결심했다.

"제우스가 코발트를 들고 나가는 저를 보더니 소리를 질렀어요. 저는 뒤도 돌아보지 않고 계속 걸었죠. 그때 빵 하는 소리가 들렸고, 숨을 쉴 수가 없었어요. 저는 바닥에 쓰러졌어요. 죽는 줄 알았죠."

제우스는 카볼라의 왼쪽 어깨 아래를 쐈다. 14세 소년한테 말이다. 카볼라는 콜웨지의 병원으로 긴급 이송되었고, 총알을 제거한 다음 며칠간 입원했다가 집으로 돌아왔다. 총상으로 왼팔의 뼈와 신경이 손상되었다. 지금도 주먹을 쥐지 못하고, 팔이 갑자기 찌릿하는 통증에 시달린다. 가정 형편이 어려워 학교에 갈 가망은 없을 듯하고, 부상으로 인한 제약을 감안할 때 분명 일자리도 찾기 힘들 것이다. 다른 현장에서 일을 하고 싶어도, 제우스가 아버지를 찾아와 만일 카볼라가 말로 호수나 카밀롬베 또는 콜웨지 근처의 다른 곳에서 코발트를 캐면 이번에는 등짝이 아니라 머리에 총을 쏘겠다고 했다.

나는 지난 6개월 동안, 마샴바 이스트에서 일하다가 부상을 당했다는 다른 12~15세 소년 5명과 더 이야기를 나눴다. 3명은 구덩이 벽이 무너져 뼈가 부러졌고, 한 명은 이해할 수 없는 이유로 정부군한테 심한 구타를 당했으며, 다섯 번째 아이는 터널 갱도를 내려가다 발을 헛디뎌 다리가 골절됐다. 아이들은 하루에 1달러 조금 넘게 벌었다. 그들은 모두 정부군이 모집했으며, 광산에서 그들의 작업을 관리하는 군인에게 생산분을 팔도록 강요당했다. 그들이 아는 한 군인들은 광석을 말로 호수 옆에 있는 창고에 팔았다. 그중 2명은 일부 정부군이 광석을 무솜포

(Musompo)라는 시장으로 운송한다는 소문을 들었다고 했다. 군인들은 아이들에게 지급한 하루 1달러의 임금과 자신들이 창고에서 받은 판매 가격의 차액을 착복한 듯했다. 마샴바 이스트의 평균 코발트 등급이 2퍼센트이고 아이 1인당 하루 평균 광석 생산량이 약 30킬로그램임을 고려할 때, 군인들은 아마 하루 최대 50달러를 벌었을 것이다. 이는 자신들을 위해 일하는 아이들이 받는 평균 일당의 50배나 되는 금액이다.

더 나아가 KCC 광구와 마샴바 이스트 광구 장인 광부들의 실상은 내가 예상했던 것보다 훨씬 더 열악한 것으로 판명 났다. 아동 노동, 인간 이하의 작업 환경, 독성 물질 및 잠재적 방사능 노출, 하루 2달러를 거의 넘지 않는 임금, 셀 수 없을 만큼 빈번한 부상이 일상이었다. 놀랍게도 이 광산들의 끔찍한 환경은 거의 다 외부 세계에 알려지지 않았다. 사고는 거의 보도되지 않고, 사람들은 사랑하는 가족의 부상 여파를 스스로 감당할 수밖에 없었다. 내가 수행한 모든 인터뷰에서 2018년 6월부터 2021년 11월 사이 KCC와 마샴바 이스트에서 발생한 7건의 터널 붕괴 사고에 관한 증언을 들었지만, 이 중 언론에 보도된 참사는 단 한 건뿐이었다. 바로 2019년 6월 27일에 41명의 목숨을 앗아간 KCC 광산 내 터널 붕괴 사고다. 이 비극에 대해 글렌코어는 매일 2000명 이상의 장인 광부들이 광산 현장에 불법으로 들어오고 있다며, "KCC는 모든 불법 광부에게 주요 산업 현장에 무단 침입해서 자신의 생명을 위험에 빠뜨리는 행위를 중단해줄 것을 촉구한다"는 공개 성명을 발표했다.[4]

KCC를 마치 글렌코어와 다른 별도의 기업인 것처럼 메시지 주체로 지명한 것은 공급망 최상위에 있는 기업들이 최하위의 장인 광부들에 대한 전적인 책임을 피해가는 또 다른 사례다. 소비자를 대상으로 하는 테크 기업과 전기차 기업, 광산 회사 및 코발트 공급망의 다른 이해관계자들은 너나없이 전방 산업, 심지어 자회사에까지 책임을 돌린다. 마치 그렇게 하면 콩고의 코발트 광산에서 벌어지고 있는 일에 대한 자신들의 책임을 어떻게든 끊어낼 수 있다는 듯이 말이다. 이들 기업은 국제 인권 규범에 대한 약속을 일관되게 공언하지만, 민주콩고에서 이 약속의 이행은 전무한 것으로 보인다. 정부군부터 중국인 광물 거래상, 콩고 정부, 다국적 광산 회사, 그리고 시가 총액 수천억 달러인 테크 기업과 전기차 기업에 이르기까지 모두가 KCC, 마샴바 이스트 등 카파타 인근 광산들의 구덩이와 흙벽 그리고 터널에서 코발트 장인 광부들을 착취하는 데 한몫하고 있다. 글로벌 경제는 장인 광부들을 마치 걸림돌인 양 압박하며 그들이 돌을 찾아 헤매는 바로 그 땅 위에서 짓이기고 있다.

이런 불행을 대표하는 한 얼굴, 무역을 위장한 해적질 때문에 나락으로 떨어진 한 아이가 있다면 그것은 바로 엘로디(Elodie, 15세)다. 내가 엘로디를 만난 것은 KCC 광산 지역의 첫 방문이 끝나갈 무렵이었다. 엘로디는 보라색 새들이 춤추는 빛바랜 주황색 사롱을 입고 말로 호숫가의 흙 속에서 코발트를 찾고 있었다. 소녀는 피골이 상접한 상태였다. 앙상한 얼굴은 콧물로 뒤덮였고, 머리카락은 흙덩이와 엉켜 있었다. 갈비뼈가 갈라질 듯 기침을 해대느라 괴로워하기도 했다. 소녀의 2개월짜리 쇠약한 아들은 해진 천에 단단히 감긴 채 등에 업혀 있었다. 엄마가 강철봉으로 땅바닥을 마구 칠 때마다 그 조그만 머리통이 이리저리 흔들렸다. 나는 HIV 감염 말기 환자가 어떤지 많이 봐서 아는데, 엘로디의 모습이 그와 흡사했다. 비록 소녀의 모습을 하고 움직였지만, 소녀라는 말이 무색했다.

엘로디는 코발트 광산 때문에 고아가 되었다. 아버지는 2017년 8월, KCC 현장의 터널 붕괴 사고로 사망했다. 카파타의 다른 사람들은 기억하고 있었지만, 나는 그 사고에 대한 어떤 공개적인 보도도 찾을 수 없었다. 엘로디의 어머니는 아버지보다 약 1년 전에 세상을 떠났다. 엘로디가 기억하기에 어머니는 말로 호수에서 돌을 씻었는데, 회복할 수 없는 감염병에 걸렸다. 부모를 잃은 후 엘로디는 살아남으려고 매춘에 뛰어들었다. 군인과 장인 광부들이 단골손님이었다.

"콩고 남자들은 여자를 싫어해요. 우리를 때리고 비웃죠."

그러다 임신을 했다. 아기가 태어난 후에는 말로 호수에서 땅을 파기 시작했다. 엘로디는 매춘과 코발트 채굴은 똑같다고 말했다. "나의 몸이 나의 시장이죠." 엘로디는 카파타 남쪽 끝에 있는, 절반쯤 짓다 만 버려진 벽돌 오두막에서 고아들과 함께 잠을 잤다. 이 아이들은—셍겐(Schengen) 지역에서 유래한 말인—세게(shegué)라고 불렸는데, '가족 없는 부랑아'라는 뜻이다. 구리 벨트에는 수천 명의 세게가 있는데, 생존을 위해서라면 코발트를 찾든 허드렛일을 하든, 아니면 성매매를 하든 수단과 방법을 가리지 않는다. 엘로디는 말로 호수에서 하루에 보통 1000콩고프랑(약 0.55달러)을 벌었는데, 이걸로는 입에 풀칠하기도 충분치 않다고 했다. 살아남기 위해서는 군인들이 자신한테 '부자연스러운 일'을 하도록 내버려둘 수밖에 없었다.

엘로디는 내가 민주콩고에서 만난 아이들 중 가장 잔인하게 학대받는 아이에 속했다. 너무나도 무자비한 계산 시스템이 그 애를 늑대 굴에 던져 넣었고, 그 애의 수모를 전 세계에서 판매되는 반짝이는 기기와 자동차로 어떻게든 바꿔놓았다. 이런 기기의 소비자들이 만일 엘로디 옆에 선다면 마치 다른 차원에서 온 외계인처럼 보일 것이다. 한쪽에서 다른 쪽으로 흘러간 코발트를 제외하면, 형태로나 환경으로나 그들을 같은 행성인으로 묶어줄 만한 게 아무것도 없을 테니 말이다.

엘로디는 곧 나라는 존재에 싫증을 냈다. 난 그저 또 하나의 달갑지 않은 짐에 불과했다. 나는 말로 호수의 심연 같은 풍경을 거닐며 그 아이를 멀리서 지켜봤다. 힘겨운 움직임, 거친 기침 소리, 그리고 강철봉으로 찌를 때마다 빳빳한 근육이 조였다 풀리는 모습. 그 애는 아프리카 심장부에서 수 세대를 거슬러 올라가는 아주 오래된 고통의 연대기에서 가장 최근의 입회자였다. 엘로디의 할아버지의 아버지의 아버지의 아버지가 그날의 고무 할당량을 채우지 못해서 엘로디의 할아버지의 아버지의 아버지의 어머니가 공안군에게 손을 잘린 모습을 상상했다. 어쩌면 그들의 자녀는 벨기에인이 레버 형제에게 임대한 야자수 플렌테이션 농장에서 노예로 부려졌을지도 모른다. 아마 그다음 세대는 UMHK가 소유한 카탕가의 구리 광산에서 강제 노동에 시달리고, 엘로디의 조부모는 아프리카판 세계대전 중 카사이에서 다이아몬드 때문에 학살당했을지도 모른다. 그의 부모는 우리가 알고 있듯이 콜웨지 근처에서 코발트를 채굴하다 엘로디만 남기고 세상을 떠났다. 비록 가설이기는 해도, 이러한 고통의 계승은 실제로 충분히 벌어질 수 있는 일이다. 그것은 콩고에서 태어난 모든 아이들의 비극적 유산이다. 엘로디의 등에 업힌 병든 아기가 이 유산을 전부 물려받을 것이다.

카니나, 골프 호수 그리고 코무스

카니나는 카파타에서 북동쪽으로 약 9킬로미터 떨어져 있는 지역인데, 거대한 구리·코발트 산업 광산인 코무스 및 골프 호수의 넓은 코발트 세척 구역과 인접해 있다. 골프 호수의 시스템은 말로 호수와 비슷하다. 장인 광부들이 치푸키(Tshipuki)라는 인근 현장에서 캐낸 헤테로제나이트를 자루에 담아 호수로 가져오면 여자들과 아이들이 돌을 세척한다. 기니(Geany)라는 이름의 성실하고 또박또박 말 잘하는 한 10대 소년은 이렇게 설명했다. "저는 아침에 밥을 먹고 나면 땅을 파러 가요. ……하루에 한두 번 골프 호수로 광석을 나르죠. 엄마하고 누나들이 거기서 돌을 씻고 있어요." 기니는 코발트를 세척하고 나면 네고시앙과 군인들이 광석을 구매한다고 했다. 그들은 코발트 자루를 가져가 무솜포 시장의 창고에 팔았다. 작년에는 가끔 골프 호수의 몇몇 군인이 기니한테 코발트 자루를 시장으로 운반하는 걸 도와달라고 했다. 그래서 기니는 트럭에 자루들을 싣고 무솜포에서 그것을 내렸다. 군인들은 모든 코발트 자루를 555 창고에만 팔았다.

정부군 병사들이 골프 호수를 삼엄하게 지키고 있었지만, 나는 답사를 시도했다. 최소한 12명의 군인이 지키는 보안 검문소에 도착하자, 그들은 말로 호수 근처의 창고들처럼 커다란 금속 컨테이너 작전 센터에 있는 한 지휘관에게 보고했다. 골프 호수를 지키는 군인들은 마샴바이스트의 군인들만큼 공격적이지 않았지만, 여전히 나를 들여보내지 않았다. 거의 한 시간을 토론하고 나서야 군인들은 무장한 감시자 한 명이 따라붙는 조건으로 나를 통과시켰다. 우리는 보안 검색대에서 10분정도 걸어 호숫가에 도착했다. 골프 호수는 말로 호수보다 훨씬 컸지만, 헤테로제나이트 돌을 씻고 골라내는 여자들과 아이들로 가득 차 있는 것은 마찬가지였다. 정부군 병사 여럿이 이 지역을 순찰하고 있었다. 호수 근처에는 광석을 운반하는 수많은 자전거와 오토바이, 픽업트럭 2대가 주차되어 있었다. 호숫가에는 헤테로제나이트 더미가 줄지어 쌓여 있고, 그중 어떤 것은 높이 1미터가 넘었다.

수백 명의 여자들과 아이들이 무릎 깊이의 물에 들어가 허리를 완전히 구부린 채 헤테로제나이트 돌을 손으로 일일이 씻고 있었다. 물은 호숫가에서 안쪽으로 약 5미터까지는 혼탁한 카키색이고, 점점 더 깊은 쪽일수록 회색빛으로 바뀌었다. 호숫가의 진창은 폐기된 라피아 자루, 깨진 플라스틱 병, 버려진 사탕 포장지 따위로 너저분했다. 몇몇 아이는 목마른 인부들에게 판매할 물이 든 비닐봉지로 가득한 플라스틱 양동이를 날랐다. 검정색 반바지에 찢어진 라임색 티셔츠를 입은 일고여덟 살쯤 되었을 한 소년이 오른손 검지에서 날카로운 뭔가를 빼내려다 비명을 질렀다. 그 애의 쇠꼬챙이 같은 팔다리는 온통 진흙투성이였다. 허리춤까지 진흙 범벅이 된 두 소녀가 돌로 가득 찬 흠뻑 젖은 라피아 자루를 몇 인치라도 움직이겠다고 있는 힘을 다해 질질 끌고 있었다. 소녀들은 열 살도 채 안 되어 보였다.

정부군 동행자가 내 일거수일투족을 감시하고 있었으므로 골프 호수에서 인터뷰를 하는 건 불가능했다. 그래도 돌을 씻고 있는 몇몇 여성과 아이들하고는 가벼운 대화를 조금 나눌 수 있었다. 그들은 하루 7~8시간 헤테로제나이트 자갈을 세척했고, '남자들'이 그것들을 사간다고 했는데, 나는 이 말을 근처를 배회하는 네고시앙과 정부군을 뜻하는 것으로 받아들였다. 이 여성들은 대부분 가족 단위로 일하고 치푸키에서 땅 파는 일은 주로 그들의 남자 형제나 남편들이 맡고 있다는 걸 확인

시켜줬다. 한 사람과 몇 문장 이상 대화를 나누기도 어려웠지만, 여기저기서 들리는 이야기 소리와 고함 그리고 물 첨벙거리는 소리에도 불구하고 시스템이 어떻게 작동하는지는 잘 파악할 수 있었다.

그러다가 에메(Aimée)라는 이름의 소녀를 봤다. 혼자 호숫가 진흙탕에 앉아 헹궈진 돌을 주황색 라피아 자루 위에 쌓고 있는 모습이 눈에 띄었다. 여덟 살이나 아홉 살쯤 되어 보이는 그 애는 머리카락이 하나도 없고, 빨간색과 황갈색 줄무늬가 있는 레깅스와 만화 캐릭터인 연갈색 강아지가 새겨진 분홍색 티셔츠를 입고 있었다. 내가 콜웨지에서 만났던 많은 아이들처럼 에메 역시 고아였다. 나는 내 소개를 하고 티셔츠에 있는 강아지에 관해 물어봤다. 에메는 강아지 이름이 알퐁스(Alphonse)라고 했다. 에메가 자신이 무슨 일을 하는지 얘기하기 시작한 순간, 한 무리의 여자들이 주위에 모여들었다. 부모님이 모두 죽어 카니나에서 이모와 함께 살고 있다는 사실을 내가 막 알게 되었을 때, 에메가 갑자기 바락바락 악을 쓰기 시작했다. 여자들은 내게 핏대를 올리며 소리를 질렀고, 에메를 위로하느라 분주했다. 소란이 커지자 정부군 병사들이 달려왔다. 통역사가 상황을 진정시키려 했지만, 에메는 비명을 멈추려 들지 않았다. 내가 도대체 뭘 했기에 에메가 화를 내는 건지 알 수 없었다. 혹시 내 존재 자체가 에메를 극심한 공포에 빠뜨린 원인일까? 에메 같은 아이에게는 내가 어떤 형태의 폭력, 강제적인 고통과의 대면을 상징할지 모른다는 생각을 해본 적이 있던가? 대화가 어떤 사람들한테는 카타르시스를 줄 수 있다. 또 어떤 사람들한테는 지옥을 실감하게끔 만들기도 한다. 어쨌든 내 접근 방식이 그 애를 극심하게 동요시켰고, 후회하기에는 너무 늦었다.

빗발치는 항의 속에 골프 호수를 떠나면서 나는 카밀롬베에 도착하는 그날까지 …… 다시는 그런 아우성을 듣지 않을 거라고 생각했다.

내가 아란을 만나봐야겠다고 결심한 것은 바로 이 무렵이다. 자녀들이 틸웨젬베에서 일하고 있거나 일한 적이 있다는 콜웨지 주변 마을의 부모들한테서 그의 이름이 계속 나왔다. 이 부모들은 그가 자기 배를 불리려고 아이들을 등쳐먹는 냉혹한 정보원이라는 이미지를 굳혔지만, 따지고 보면 아란만 그런 것은 아니었다. 질베르에게 만남을 주선해달라고 부탁했더니, 좋은 생각이 아니라면서 완강하게 반대했다. 그러면서 이렇게 조언했다. "아란은 매우 위험한 사람이에요. 그가 당신 얼굴을 모르는 게 가장 좋습니다." 그는 만남을 주선하려는 시도만으로도 자신은 물론이고 동료 및 가족들에게 심각한 역풍이 불어닥칠 수 있다고 걱정했다. 아란은 레바논 조직범죄단과 무예 주지사, 그리고 추측컨대 조제프 카빌라의 비호까지 받고 있다면서 말이다. 출소 이후에는 운송 트럭 여러 대, 구리 벨트의 부동산 이곳저곳, 장인광산협동조합의 부분 소유권 등 사업적 이권을 확장했다는 얘기도 들려왔다. 그가 어린이들을 착취할 경제적 필요성은 전혀 없을 듯했다. 그렇다면 도대체 왜 그러는 걸까?

이 질문을 아란에게 직접 하지는 못했지만, 나는 하니(Hani)라는 또 한 명의 레바논 출신 코발트 상인을 만날 수 있었다. 우리는 콜웨지 소재 아시엔다(Hacienda) 호텔의 고풍스러운 안뜰에 있는 야외 레스토랑에서 만났다. 마른 체격에 40대 중반인 그는 검정색 운동화와 검정색 청바지, 회색 셔츠와 회색 스카프 차림이었다. 하니가 도착하고 얼마 지나지 않아 호텔의 전기가 나가는 바람에 우리는 촛불을 켜고 이야기를 나눴다.

"레바논 사람들이 콩고에 온 지는 오래됐어요." 하니가 말을 꺼냈다. "식민지 시대에 무역상으로 이주했죠. 대부분은 다이아몬드 거래 때문에 카사이로 갔어요. 우리는 중동 국가들의 시장과 연결되어 있어서 다이아몬드 장사가 쏠쏠했거든요."

하니는 레바논 사람들이 루붐바시와 콜웨지에 있는 자기들만의 커뮤니티에 산다고 했다. 그들은 자주 레스토랑과 바에 모이곤 하는데, 하니는 거기서 아란을 몇 번 본 적이 있다고 했다.

"루붐바시에는 가급적 자주 갑니다." 하니가 말했다. "거기는 할 일이 더 많거든요. 우리는 미코노스(Mykonos) 레스토랑에서 만나요. 아란도 가끔 오죠. 우리는 축구 경기를 보고, 레바논 소식을 공유합니다."

하니는 대수롭지 않게 대하기에는 아란이 너무 위험한 인물이라는, 내가 익히 들었던 경고를 되풀이했다. 그가 콩고에서 벌어지는 레바논 범죄 활동의 주도자 중 한 명이며, '범죄 조직'의 돈세탁과도 연루되어 있다고 했다.

"범죄 조직이라면 무슨 말씀이신지?" 내가 물었다.

"헤즈볼라(Hezbollah)"라고 그가 대답했다. 나이지리아 조직과 소말리아 해적 등 다른 집단도 나열했다. "콩고는 이런 집단들이 자금을 세탁하기에 가장 쉬운 곳이거든요."

이 문제를 좀더 조사해보니 레바논의 테러 조직 자금 세탁에 관한 하니의 말에 일리가 있는 것 같았다. 하위층의 더러운 돈은 레바논의 광물 및 다이아몬드 거래망을 통해 세탁되고, 그런 다음 은행에 입금되거나 암호 화폐 지갑에까지 들어가는 모양이었다. 좀더 상위층에서는 대기업들이 연루되어 있는데, 그중 대표적인 곳이 킨샤사에 본사를 둔 콩고 퓌튀르(Congo Futur)라는 상품 거래 회사로 아란의 협력자인 레바논 출신 카심 타지딘(Kassim Tajideen)이 운영하고 있었다. 타지딘은 마침 헤즈볼라의 중요한 재정 후원자였다. 미국 재무부는 콩고 퓌튀르가 헤즈볼라를 위해 BGFI뱅크의 계좌를 이용해 수백만 달러를 세탁하는 민주콩고 기업 네트워크의 일부라는 혐의를 제기하며 2010년 이 회사를 표적 제재 대상으로 지정했다. 이 은행은 조제프 카빌라가 중국 광산 회사들과의 부당 거래를 용이하게 하기 위해 이용했던 바로 그곳이다.[5]

마이크 해머 미국 대사에 따르면, 미국 정부는 민주콩고의 레바논 자금 세탁망과 헤즈볼라 같은 테러 조직하고의 유착 관계를 잘 알고 있다고 한다. "미국 정부는 이곳에서 특정 레바논인들과 〔테러리스트의〕 연계를 우려하고 있습니다. 우리가 추적하고 있는 게 그쪽입니다. 분명히 연결 고리와 악당들이 있습니다. 우리는 문제를 알아차리면 콩고 정부와 접촉하고, 헤즈볼라를 지원하는 콩고 기업들을 포착하면 제재를 가하고 있죠."

아란의 활동에 대해 하니와 계속 얘기하는 사이, 레스토랑은 정부 관계자로 보이는 고객들로 가득 차기 시작했다. 하던 대화를 계속하기에는 하니가 불편해졌기에 우리는 그의 개인적 배경으로 대화 주제를 바꿨다. 하니는 이미 이곳에 살고 있던 사촌의, 돈을 벌 수 있다는 말에 혹해서 2014년 민주콩고로 이주했다고 설명했다.

"레바논에는 어떤 종류의 삶도 없어요. 레바논은 실패한 나라죠. 이곳은 그래도 나름 장사를 할 수 있거든요."

하니는 콜웨지 동쪽 고속도로에서 구리·코발트 창고를 운영했다. 장인 광부, 네고시앙, 정부군 병사 등 코발트를 팔러 오는 사람이면 누구한테든 사들였다. 그는 자기 창고의 주요 구매자가 중국 광산 회사들이라고 했다. 나는 그들이 구매자인지 어떻게 아느냐고 물었다.

"그들의 트럭을 아니까요. 우리는 어떤 트럭이 어떤 회사 것인지 다 압니다."

창고는 콩고 국적자만 소유하고 운영할 수 있는데, 어떻게 그걸 확보했는지 물었다.

"허가증을 얻는 데 1000달러가 들었어요."

"그게 전부인가요?"

"네."

하니는 보통 하루에 300~400킬로그램의 구리·코발트 광석을 사들여서 등급과 시기에 따라 구매 가격의 2~3배에 되팔았다. 하니의 운영비는 주정부의 누군가(구체적으로 누구인지는 밝히기를 꺼렸다)에게 매달 지불하는 수백 달러의 수수료, 창고 경호원 2명에게 각각 지급하는 일당 50달러, 운송비가 다였다. 하니는 보통 우기에는 한 달에 3000달러, 건기에는 5000달러 정도의 이윤을 낸다고 했다.

나는 그가 구매하는 코발트 광석의 출처에 의문을 가진 적이 있는지 물었다.

"무슨 뜻이신지?"

"제 말은, 그 광석이 아란이 그러는 것처럼 아동 노동으로 생산된 것인지, 아니면 어떤 다른 종류의 학대를 통해 생산된 것인지 확인해보려 했냐는 거죠."

그는 웃더니, 식탁의 촛불로 담배에 불을 붙였다.

"여기서는 그런 것 묻지 않습니다."

"왜죠?"

"구매할 코발트가 하나도 없을 테니까요."

카니나 변두리에 우뚝 서 있는 코무스의 노천 광산은 풍경을 압도한다. 중국에 본사를 둔 쯔진 광업은 제카민과의 합작 투자를 통해 이 광산의 지분 72퍼센트를 소유하고 있다. 쯔진은 2014년에 이곳의 화유 코발트 지분도 7790만 달러에 인수했다. 양사는 여전히 전략적 파트너이며, 코무스는 코발트 공급량의 대부분을 화유로 운송해 정제하는데, 2021년에는 그 양이 약 1400톤에 육박했다.[6] 코무스의 정문은 내가 여러 차례 시도했지만 들여 보내주지 않았던 경비대가 지키고 있다. 다행히도 내가 코무스에 대해 알고 싶었던 많은 것을 광구 바로 밖에서 확인할 수 있었다.

카니나의 집들은 카파타와 마찬가지로 철판 지붕을 얹은 붉은 벽돌 오두막이 대부분이다. 아이들이 수업료를 내는 능력에 따라 다니다 안 다니다 하는 몇몇 반(半)가동 학교가 있는 것도 비슷하다. 전기 공급은 들쭉날쭉하고 위생 시설이 없다. 카니나의 여러 주민과 이야기를 해봤는데, 하나같이 코무스 광구에서 발생하는 지속적이고 성가신 공해를 하소연했다.

한 주민은 광산의 폭파에 대해 불평했다. "흙먼지가 우리 집으로 떨어져요. 사방이 더럽죠. 밤에 집이 흔들려서 잠을 잘 수 없다니까요."

또 다른 주민은 자욱한 노란색 가스가 집 위를 떠다니다가 음식과 물에 떨어진다고 말했다.

코무스는 텐케 풍구루메의 중국 몰리브데넘 컴퍼니처럼 자체 가공 시설을 갖추고 있다. 카니나 주민들 역시 자신을 비롯해 음식과 동물, 소지품과 자녀들이 겨자색 먼지에 뒤덮이는 일이 다반사다.

"코무스는 활동 범위가 광산으로 제한되어 있어요. ……우리가 항의해도 정부는 들으려고도 안 해요. 코무스도 마찬가지고요. 아무도 그들을 막을 수 없죠." 세 번째 주민이 말했다.

코무스 광산 현장이 야기하는 문제는 오염만이 아니다. 아동 노동이 상당히 많이 벌어지는 곳이기도 하다. 수백 명의 아이들이 매일 광구 바로 밖에서 돌을 골라내는 일을 했다. 수작업으로 돌을 선별하는 일명 트리에르(trieur)다. 아이들은 왜 중국인 소유의 거대한 구리·코발트 광구 밖에서 손으로 돌을 골라내고 있을까? 상황을 이해하려면 산업 채굴과 장인 채굴 작업의 차이를 알아보는 것이 가장 좋은 방법이다.

산업 채굴이 삽으로 하는 수술이라면, 장인 채굴은 메스로 하는 수술과 같다. 산업 채굴 공정은 대형 기계로 몇 톤의 흙과 돌과 광석을 무차별적으로 수집해 자갈로 분쇄하고 가공 처리해서 가치 있는 광물을 추출한다. 설계 자체가 힘은 과잉으로 들고 수익률은 낮은 대규모 사업이다. 반면, 장인 광부들은 더 정밀한 도구를 사용해 고등급 광석 매장지를 파거나 터널을 뚫은 다음 가치 없는 흙과 돌은 남겨두고 광석만 추출할 수 있다. 또는 코무스 밖 돌무더기에서 작업하는 아이들처럼 가치 있는 돌만 손으로 골라내고 나머지는 버릴 수 있다. 이런 장인 채굴 기술로 산업 채굴보다 고등급 코발트를 톤당 10~15배까지 더 많이 생산할 수 있다. 민주콩고의 많은 구리·코발트 산업 광산이 자신들의 광구에 장인 채굴을 비공식적으로 허용하는 주된 이유가 바로 이것이며, 장인 광부들이 캔 고등급 광석을 창고에서 구매해 산업 생산량을 보충하는 경향이 있는 것도 그래서다. 코무스는 세 번째 선택지를 생각해낸 듯하다. 요컨대 몇 톤의 돌과 흙을 무차별적으로 광구 밖에 버려서 아이들로 하여금 가치 있는 광석을 골라내게끔 하는 것이다.

보안 요원들이 여기저기 눈에 띄는 코무스 광산 주변을 걷고 있는데, 길가에 5미터 높이까지 수북하게 쌓인 돌무더기 여러 개가 보였다. 수백 명의 아이들이 그 위에 걸터앉거나 무릎을 꿇거나 웅크린 채 코발트 함유 광석 조각을 골라내고 있었다. 거의 대부분 카니나에서 온 아이들이었다. 그들의 가족은 기본 생계를 충족할 돈이 필요했고, 그래서 아이들은 코무스 현장 밖에서 돌 고르는 일에 쉽게 끌려 들어갔다. "코발트 돌은 한쪽으로 던지고, 그 밖의 돌은 다른 쪽으로 던져요. 코발트가 자루에 다 차면 저기 도로 옆에 있는 창고로 가져가요." 에마뉘엘(Emmanuel, 8세)이라는 소년이 설명했다. 대부분의 아이가 에마뉘엘이 말한 것과 똑같은 방식으로 일한다고 했다. 그들은 보통 아침나절에 돌을 골라내기 시작해 대여섯 시간 동안 일했다. 먼지를 꽤 많이 들이마신다는 것과 베인 상처와 가벼운 부상 말고는 틸웨젬베, 마샴바 이스트, 말로 호수 같은 곳에서 일하는 아이들보다는 비교적 안전한 작업 환경이었다.

나는 아이들이 광석을 판다는 창고로 가봤다. 창고는 코무스 광구 바로 바깥 도로에 자리 잡고 있었다. 창고라고는 해도 테이블 몇 개를 비치한 것에 지나지 않고, 상호를 쓴 방수포를 걸어두는 수고조차 하지 않은 곳들이었다. 창고를 운영하는 사람은 모두 중국인이었다. 그들은 내용물을 대충 검사하고 자루당 0.40~0.50달러로 정해진 금액을 아이들에게 지불했다. 대부분의 아이들은 하루에 자루 한두 개를 간신히 채웠다. 창고 근처에는 코무스 광산 정문의 보안 요원들과 똑같이 회색 제복을 입은 경비가 몇 명 있었다. 나는 창고에 있던 광석이 트럭에 실려 바로 코무스 광구로 운송되는 것을 볼 때까지만 이 지역에 머물렀다. 이 시스템에는 내가 방문한 날에 본 것 이상으로 뭔가 다른 게 있을 것 같지 않았다. 내가 목격했던 잔인하고 위험한 환경을 감안하면, 콩고의 장인 광산 부문치고는 비교적 안전한 형태의 아동 노동인 것 같아 이상하게도 안심이 됐다.

그런데 알고 보니 코무스 현장 옆에서 버려진 돌을 줍는 아이들이 입을 잠재적인 피해를 나는 심각할 정도로 오해했다. 2020년 10월 26일, 왓츠앱(WhatsApp: 우리나라의 카카오톡 같은 메시징 앱―옮긴이)을 통해 콜웨지의 동료한테서 휴대폰 동영상을 하나 받았다. 첫 장면은 비명을 지르는 카나나 주민들로 시작됐다. 흰색 지프차 두 대가 코무스 광구의 정문을 쏜살같이 통과하는 동안, 돌과 유리병이 차량으로 날아들었다. 정문 바로 뒤로는 굴착기 한 대가 불길에 휩싸여 있었다. 영상 촬영자가 광산 입구 쪽으로 천천히 걸어갔다. 또 다른 지프차가 광구 안으로 재빨리 들어갔다. 더 많은 돌과 병이 날아들었다.

촬영자는 광산 입구 근처에 도착하자 휴대폰을 바닥으로 기울였다. 땅 위에 죽은 소년의 피투성이 시신이 놓여 있었다. 아이는 맨발이고, 팔은 차렷 자세였다. 노란색 셔츠의 오른쪽 어깨 위가 피에 흠뻑 젖어 있었다. 머리 뒤쪽도 피가 흥건했다. 그 옆에서는 아이의 어머니가 무릎을 꿇고 슬픔에 겨워 울부짖었다. 어머니는 아이의 셔츠를 끌어내려 가슴팍 오른쪽의 총상을 보여주었다. 카메라는 2미터쯤 떨어진 땅바닥에 누워 있는 두 번째 시신으로 이동했다. 역시 맨발이고, 무릎까지 말아 올린 회색 바지를 입고 있었다. 파란색 셔츠도 왼쪽 어깨 위쪽이 피에 흠뻑 젖어 있었다. 그 애의 어머니도 시신 곁에서 울부짖었다. 주민들은 아이들을 살해한 데 대한 처벌을 요구하며 카메라를 향해 소리쳤다.

영상을 보낸 동료는 13세와 14세인 두 소년이 창고 중개상들이 주는 얼마 안 되는 돈보다 좀더 벌어보려다 죽은 것이라고 말했다. 소년들이 코발트 돌 자루를 들고 코무스 창고와 반대 방향으로 걸어가자 코무스 보안 요원들이 즉시 총을 쏴 쓰러뜨린 것이다.

몇 달 새 나는 코무스에서의 폭력 증거를 더 많이 받았다. 구타와 폭동은 풍구루메 주민들과 텐케 풍구루메 광산 사이에 벌어졌던 상황과 비슷하게 반복적으로 발생하는 모양이었다. 내가 마지막으로 받은 동영상은 2021년 7월 22일에 한 수녀님이 보낸 것이다. 화면에는 코무스 보안 요원들이 땅바닥에 누워 있는 콩고 노동자들을 굵은 밧줄로 잔인하게 채찍질하는 광경이 담겨 있었다. 노동자들은 채찍에 맞을 때마다 비명을 질렀는데, 120년 전 시코트로 채찍질을 당하던 레오폴드 왕의 노예들을 연상시키는 장면이었다. 검은색 코무스 제복을 입고 주황색 안전모를 쓴 중국인 3명이 그 처벌 광경을 지켜보고 있었다. 그중 한 명이 요원들에게 채찍을 더 세게 휘두르라고 지시했다.

무솜포

작은 지류들이 콩고강으로 합쳐지듯 장인 광부들이 채굴한 코발트는 수백 가지 다른 공급처를 거쳐 국제 코발트 공급망으로 합쳐진다. 일차적인 진입 경로는 창고다. 어떤 창고는 말로 호수 옆에 있는 것처럼 공식적인 단지(團地)로 이뤄졌고, 또 어떤 창고는 코무스 밖에 설치된 것처럼 길가의 테이블이 전부다. 수작업으로 채굴한 코발트는 그것이 어떤 조건에서 생산되었는지 묻지 않는 거래상들의 이런 추적 불가능한 시스템을 거쳐 이동한다. 돌을 씻는 과정에서 여성과 소녀들이 유독한 물에 서서히 중독되고 있지는 않는가? 구덩이 벽 붕괴 사고로 소년들이 다리를 잃지는 않는가? 흙을 파면서 아이들이 유독성 미립자를 흡입하고 있지는 않는가? 사람들은 적절한 임금을 받고 있는가? 아이들이 충격을 당하고 있지는 않는가? 아무도 묻지 않고, 아무도 신경 쓰지 않았다. 민주콩고의 최대 구리·코발트 구매 시장인 무솜포에서조차.

　무솜포 시장은 콜웨지에서 동쪽으로 약 15킬로미터 떨어진 고속도로에 위치한다. 단지에는 50~60개의 창고가 있다. 운영자는 대부분 중국인이다. 창고는 벽돌과 금속 그리고 시멘트 혼합 구조물이다. 구매자와 판매자 사이를 철제 울타리 장벽으로 가로막은 곳이 많다. 몇몇 창고는 무장 경비들이 지킨다. 보통은 창고 상호를 전면 벽에 스프레이 페인트로 표시했다. 앙드레(Andre), 지프(Jeef), 지라프(Girafe), 무쿠브와켄(Mukubwaken), 판다(Panda), 사라(Sarah), 빅 쇼(Big Show), 뤼시앙(Lucien), 송(Song), 초메카(Tshomeka), 야닉(Yanick), 수앙(Soin), 망가(Manga), 스타(Star), 칼로니(Kaloni), 바라카(Baraka), 슈앙(Shuang) 등이다. 1818, 1217, 1208, 5555, 008, 888, 999, 111, 414, 555 등 단순히 번호로만 명명된 창고도 수십 개 있다. 각 창고는 '보스'가 운영한다. 무솜포에는 코발트 광석 자루를 가득 실은 픽업트럭, 자동차, 오토바이가 끊이지 않고 들어온다. 이들은 코발트 판매자이며, 거의 다 네고시앙이다. 인근 현장에서 무솜포까지 자전거로 자루를 실어 나를 수 있는 장인 광부는 극소수에 불과하다. 구매자들은 창고에서 사들인 코발트 자루를 실어 나를 대형 화물 트럭을 타고 무솜포에 도착한다. 이 대형 화물 트럭은 예외 없이 산업 광산 회사 소유다.

　나는 시장을 이리저리 거닐었다. 대부분의 창고에는 절개한 라피아 자루나 비닐 시트로 덮은 작은 테이블을 놓고 중국 청년이 한두 명 앉아 있었다. 근처 플라스틱 의자에는 콩고인 경비대원들이 앉았다. 어떤 창고에는 3~4미터 높이의 코발트 자루가 쌓여 있었다. 무솜포의 창고를 다 합치면 분명 수천 자루는 될 것이다. 대부분의 창고 벽에는 낙서가 적혀 있고, 전면에는 가격표가 붙어 있었다. 가격표에는 놀랍게도 20퍼센트 등급까지 있었다. "저희 가게에 오신 것을 환영합니다"와 "좋은 조건" 같은 문구도 적혀 있었다.

때마침 나는 오카탕가주와 루알라바주 전역에 있는 창고들의 가격 데이터를 수집하는 중이었다. 무솜포의 가격은 최상인 것으로 나타났다. 콜웨지의 카술로 지역보다는 20~25퍼센트, 카밀롬베와 카나나 그리고 말로 호수보다는 최대 35퍼센트, 풍구루메와 캄보베 그리고 리카시보다는 최대 50퍼센트, 키푸시 인근 창고들보다는 최대 60퍼센트 더 높았다. 모든 것을 종합할 때, 헤테로제나이트는 판매처가 어딘지와 무관하게 같은 등급이면 비슷한 가격에 팔려야 하는데, 그렇다면 이런 가격 차이 뒤에는 분명 다른 시장의 힘이 있다는 얘기였다. 아마도 말로 호수의 창고에서는 군인들이 코발트 판매를 강제했기 때문에 그 지역의 가격이 하락했을 것이다. 무솜포에서는 공개적인 경쟁으로 가격이 상승했을 테고 말이다. 그리고 키푸시 인근의 가격이 그토록 낮은 이유는 네고시앙을 통하지 않고는 시장에 접근할 수 없기 때문일 것이다. 이유야 어떻든 협상력 및 시장 접근성 부족과 함께 창고의 책정 가격 격차가 장인 광부들에게는 상당한 불이익을 줬다. 중개 단계를 없애고 장인 광부들이 생산물을 표준 가격으로 광산 회사에 직접 판매할 수 있도록 한다면 그들에게 훨씬 더 이로울 것이라고 반복해서 말할 수밖에 없다. 그게 아니라면 먹고살 만한 고정 임금을 그들에게 지급해야 한다. 그러나 이런 개혁이 이뤄진다 한들 코발트 채굴 근로 조건에 대해서는 광산 회사와 그들의 후방 산업 고객들한테는 여전히 아무런 책임도 없을 것이다. 이 시스템은 설계 자체가 불투명하고 추적이 불가능하다.

나는 1818 창고 근처에서 걸음을 멈추고 거래를 관찰했다. 한 콩고 네고시앙이 이 창고를 운영하는 펭(Peng)이라는 보스한테 판매할 헤테로제나이트 자루 2개를 오토바이에 싣고 왔다. 네고시앙은 각 자루의 입구를 동여맨 끈을 풀어 내용물을 보여줬다. 펭이 메토렉스를 돌에 갖다 대자 3.1퍼센트 등급이 나왔다. 펭이 수기로 쓴 가격표에는 3퍼센트 등급 코발트가 킬로그램당 1800콩고프랑(약 1.00달러)의 요율로 적혀 있었다. 네고시앙은 흥정에 들어갔다. 논의가 가격에 관한 것인지 아니면 등급에 관한 것인지는 확인할 수 없었다. 대화는 활발했지만, 결코 적대적이지는 않았다. 두 상인은 합의에 도달했고, 펭은 평평한 금속 저울에 자루를 올려 무게를 쟀다. 다 합쳐 71.6킬로그램. 펭은 큼직한 플라스틱 버튼이 달린 대형 계산기에 숫자를 입력하고, 그 결과를 네고시앙에게 보여줬다. 그가 고개를 끄덕이자 펭은 금속 상자의 자물쇠를 풀고 산더미처럼 쌓인 꼬깃꼬깃한 500콩고프랑짜리 지폐를 하나씩 꺼내며 셌다. 네고시앙은 자루들을 다시 끈으로 묶어두고 자기 돈을 챙기더니, 담배를 피우며 휴식을 취하고 있는 네고시앙 무리 쪽으로 오토바이를 끌고 갔다. 펭의 경비원들이 자루를 수레에 싣더니 창고의 철제 울타리 뒤로 가져가 기존에 있던 19개의 자루 위에 쌓았다. 불과 몇 분만에 콜웨지 근처 어딘가에서 알 수 없는 조건하에 채굴된 코발트가 공급망으로 들어온 것이다.

나는 네고시앙들이 모여 있는 곳으로 다가가 말을 걸었다. 그들은 20~30대 청년들로, 청바지와 운동화에 바깥 날씨가 꽤 더운데도 가벼운 재킷까지 걸치고 있었다. 그중 한 명은 재킷 안에 유타(Utah) 대학교 마스코트인 붉은꼬리매가 그려진 티셔츠를 입었다. 나는 그들이 창고에 판매한 헤테로제나이트의 출처를 물었다. 그들은 콜웨지의 카술로 지역에서 온 것이라고 대답했다.

"카술로에 있는 창고들의 가격이 무솜포만큼 좋지가 않거든요." 네고시앙 중 한 명인 라지(Razi)가 말했다. "몇몇 채굴꾼은 여기다 코발트를 팔아달라며 우리하고 합의를 하죠."

장인 광부들은 왜 직접 무솜포로 코발트를 가져오지 않느냐고 질문했다.

"오토바이가 없잖아요!" 다른 네고시앙 중 한 명이 대답했다.

장인 광부들과의 합의에 관해 좀더 알려줄 수 있겠냐고 물었더니, 코발트 판매 대금을 50 대 50으로 나눈다고 했다.

키푸시의 시스템처럼 오토바이를 보유한 네고시앙의 하루 수입은 그들이 무솜포에서 판매한 코발트를 생산한 장인 광부들과 같았다. 펭과 막 거래를 끝낸 라지만 해도 코발트 두 자루로 약 36달러를 벌었다. 나머지 36달러는 표면상으로는 카술로에서 코발트를 생산한 장인 광부들이 나눠 갖게 될 것이다. 나눠 갖는 인원이 몇 명이냐에 따라 달라질 텐데도 불구하고, 그 수입이 내가 조사한 대부분의 장인 채굴 지역보다 훨씬 더 많았다. 간단히 설명하자면 이랬다. 즉, 아마도 카술로 지하의 헤테로제나이트 매장지에는 구리 벨트 전체에서 최고 등급의 코발트가 묻혀 있을 것이다. 하지만 왠지 앞뒤가 맞지 않았다. 카술로 창고들의 가격은 무솜포보다 평균 20~25퍼센트 낮은데, 왜 장인 광부는 최대 25퍼센트 높은 판매가 대신 자기 수입의 절반을 네고시앙과 나눠 가지려는 걸까? 카술로를 방문해보니 해답이 나왔다. 군인들이 광석을 창고에 팔아넘긴 후 이곳 장인 광부들의 몫을 종종 갈취했던 것이다.

무솜포의 네고시앙들은 시장이 어떻게 돌아가는지 아는 최고의 정보원이었고, 그래서 나는 그중 가능한 한 많은 이들과 이야기를 나눴다.

어떤 이들은 그때그때 최고가를 제시하는 창고에 헤테로제나이트를 판다고 했고, 또 어떤 이들은 특정 창고에만 넘기기로 합의를 봤다고도 했다. 모든 네고시앙이 수입의 절반을 먹는 건 아니라는 것도 알았다. 3분의 1을 가져가는 사람, 4분의 1을 가져가는 사람도 있었다. 장인 광부들에게 협상할 여지가 있다는 것 말고는 이런 차이가 어떻게 생기는지 확인할 방도는 없었다. 무솜포에서 넘긴 코발트는 어떻게 되느냐고 여러 네고시앙한테 물었더니, 여기서 팔린 헤테로제나이트의 주요 구매자는 CDM·코무스·시코마인스·케마프·KCC라고 했다.

무솜포를 떠나기 전에 나는 기니가 치푸키에서 온 코발트를 대부분 구매한다고 언급했던 555 창고를 찾아냈다. 1818 창고에서 동쪽으로 약 40미터 떨어진 곳이었다. 나는 한동안 먼발치에 서서 네고시앙 네 팀이 이 창고에 오는 것을 지켜봤다. 세 쌍은 오토바이로, 한 쌍은 타이어가 완전히 납작해질 만큼 코발트를 잔뜩 실은 픽업트럭을 타고 왔다. 네고시앙들은 울타리 뒤에 계속 있던 첸(Chen)이라는 이름의 보스와 속전속결로 거래를 끝냈다. 자루를 실은 후, 그들은 루붐바시 방향 고속도로를 따라 동쪽으로 달렸다. 다섯 번째로 도착한 차량은 빨간색 페인트칠을 한 독특한 화물 트럭이었다. 카술로의 주요 CDM 광구 안에서 나는 이것과 똑같은 트럭을 더 많이 보게 될 터였다. 연회색 점프슈트를 입은 콩고 남자 2명이 트럭에서 내려 555 창고에서 첸과 얘기하는 모습을 지켜봤다. 이윽고 그들은 창고에서 코발트 자루를 24개 남짓 꺼내 트럭에 싣더니 고속도로를 달려갔다.

CDM의 화물 트럭이 떠난 뒤, 시간이 늦어지면서 활발하던 무솜포의 분위기도 잠잠해졌다. 555 창고는 첸과 그의 경비 요원들을 제외하면 한동안 텅 비어 있었다. 나는 대화를 시작할 수 있지 않을까 싶어 가까이 다가갔다. 첸은 카고 바지에 평범한 파란색 셔츠를 입었다. 양말 없이 운동화만 신은 채 나무 테이블에 다리를 올리고 스마트폰을 톡톡 두드렸다. 내가 다가갔던 많은 중국인 창고 거래상들과 달리 첸은 꽤 서글서글하고 이야기도 흔쾌히 해줬다. 그는 푸젠성(福建省) 출신으로 555 창고에서 일한 지 2년 됐다고 했다. 월급도 꽤 많고 민주콩고에 와서 일할 수 있어 좋지만, 가족이 보고 싶다고 했다. 1년에 딱 한 번 음력 설날인 춘절 때만 중국에 가서 가족들을 만났다. 이렇게 이역만리 콩고까지 와서 1년씩 아내하고 아이들과 떨어져 지내는 이유가 뭐냐고 물었다.

"중국은 경쟁이 너무 심해요. 저 같은 사람은 중국에서 발전할 수 없죠. 아프리카는 광대한 곳입니다. 경쟁이 별로 치열하지 않아요. 이곳에서 기회를 찾을 수 있습니다."

첸은 콜웨지의 담장으로 둘러싸인 중국인 거주지의 한 아파트에 살았는데, 대다수 중국인 체류자들이 이 구역에서 지낸다고 했다. 구내에 중국 식료품점 겸 레스토랑도 있었다. 근처에는 사설 중국식 의료원도 있었다.

"이곳은 중국보다 덜 북적거려요. 공해도 덜하고요. 가족을 이곳으로 데려오려고 합니다. 더 나은 생활을 할 수 있을 거예요."

나는 555 창고 어디에도 가격표가 표시되어 있지 않다는 것을 알아챘다. 첸이 그 이유를 설명했다. "네고시앙들은 가격을 놓고 말이 많기 때문에 제 휴대폰으로 런던 금속거래소 가격을 확인해서 보여줍니다. 제가 순도에 따라 이 가격의 몇 퍼센트를 제시하면, 그들도 따지지 않죠."

창고는 콩고 국적자만 소유하고 운영할 수 있게 되어 있는데, 첸이 어떻게 이곳을 차렸는지 알고 싶었다.

"CDM이 창고를 마련해줬습니다."

CDM이 어떻게 창고를 세웠는지 아느냐고 묻자, 우리 사이에 다음과 같은 대화가 오갔다.

> 첸: 여기서는 적절한 대가를 지불하면 누구나 사업을 할 수 있어요.
>
> 나: 뇌물 말씀이신가요?
>
> 첸: 네. 좋은 시스템이죠.
>
> 나: 뇌물이 좋다는 말씀이신가요?
>
> 첸: 중국에서는 엘리트 계층에 속해 있지 않으면 뇌물도 통하지 않습니다. 여기서는 돈으로 엘리트가 될 수 있어요. 그토록 많은 중국인이 아프리카에 오는 이유죠.
>
> 나: 그렇군요.

나는 몇 년 새 무솜포를 세 차례 방문했는데, 그때 보고 들은 모든 것을 바탕으로 할 때 콩고 최대의 광산 회사 일부가 장인 광부들이 캐고 네고시앙들이 시장에 내다 판 코발트 광석으로 자사의 생산량을 보충하고 있는 듯했다. 무솜포 이후부터는 코발트의 행방을 확인할 길이 없었다. 모든 자루가 동일한 운송 트럭에 실렸다가 동일한 시설에서 가공 처리를 위해 내려졌으니 말이다. 무솜포의 기능은 장인 광부들이 채굴한 코발트를 공식 공급망으로 진입시키기 위한 대규모 중앙 집중식 세탁 메커니즘에 지나지 않는 것 같았다.

무솜포의 코발트 구매 업체 중 내가 특히 관심을 가진 것은 두 곳, 바로 CDM과 케마프였다. 이들은 루알라바주에서 장인 채굴 시범 현장을 운영하는 업체였다. 시범 광산은 장인 광부들의 안전한 작업 환경,

아동 노동 금지, 공정한 임금, 위험한 터널 굴착 금지, 그리고 무엇보다도 이 현장에서 채굴한 코발트를 다른 출처의 코발트와 절대 섞지 않는다는 철통같은 보증을 의미했다. 이러한 확약은 코발트 구매자에게 그들의 공급망이 아동 노동이나 기타 학대로 오염되지 않았음을 보장하는 것으로 여겨졌다. 첸 말고도 CDM과 케마프가 장인 광부들이 채굴한 코발트를 다른 시장에서 대놓고 구입한다고 말해준 사람은 더 있었다.

이제 그런 시범 현장을 방문할 차례였다.

케마프 시범 현장

케마프의 장인 채굴 시범 현장은 콜웨지의 북쪽에 위치한 무코마(Mukoma) 마을 인근의 무토시 광산에 있었다. 케마프는 2016년 제카민과의 합작 투자를 통해 이 광구에 대한 권리를 확보했다. 나는 현장이 워싱턴 D.C.에 본사를 둔 NGO 팩트와의 협력으로 설계되었다는 이야기를 들은 터라 기대가 더 컸다. 팩트는 40개 이상의 국가에서 여성들의 역량 강화부터 지속 가능성, 보건 및 사회 복지, 장인 채굴에 이르기까지 다양한 사안과 관련해 활동하는 유명한 단체다.

케마프 시범 현장은 2017년에 출범했다. 나는 무토시 현장을 방문하기에 앞서 2019년 9월 민주콩고에 본거지를 둔 팩트 팀원 몇 명을 콜웨지에서 만났다. 그들은 팩트 본부의 부정적 반응이 두려워 익명으로 얘기하겠다고 요청했다. 나와 얘기하는데 왜 부정적 반응이 있을 수 있냐고 물었더니, 외부인한테 무토시 현장에 대해 말해서는 안 된다고 했다. 그들은 무토시에 시범 현장을 구축하기 위해 애플, 마이크로소프트, 구글, 델 그리고 트라피구라(Trafigura)라는 상품 거래 업체로부터 수백만 달러의 지원을 받았다면서 특정 이미지를 유지해야 한다고 설명했다. 이 현장의 목적은 기부자를 포함한 케마프 고객들에게 깨끗한 코발트 공급원을 제공하는 것이었다. 케마프에서 공급하는 광물은 대부분 시범 현장의 주요 기업 파드니이기도 한 트라피구라로 보내졌다.

콜웨지의 팩트 팀은 무토시 시범 현장에서 시행한 몇 가지 정책을 늘어놓았다. 즉, 코미아콜(COMIAKOL) 장인광산협동조합에 등록된 성인 노동자만이 광산에서 일할 수 있다. 미등록 노동자의 출입을 막기 위해 광구를 침투 불가능한 전기 울타리로 둘러싼다. 모든 노동자에게 작업복과 개인 보호 장비를 지급한다. 알코올이나 임산부 출입은 허용되지 않는다. 장인 광부들이 헤테로제나이트에 포함된 안전하지 않은 수준의 우라늄에 노출되지 않도록 케마프의 방사선 담당자가 매월 검사를 실시한다. 현장에서 채굴한 모든 광석은 루붐바시에 있는 케마프의 가공 시설로 운송하는 동안 다른 코발트 공급분과 구분되도록 라벨을 부착한 자루에 보관한다. 그리고 가공 시설에서 라벨을 부착한 수산화코발트는 바로 트라피구라로 운송한다. 팩트 팀은 이상의 모든 절차가 유지되고 있는지 확인하기 위해 현장에서 정기적인 감사를 실시한다고도 했다. 마지막으로, 그들은 시범 현장을 위해 기부받은 수백만 달러 중 일부는 콜웨지 인근의 장인 광산에서 최소 2000명의 아이들을 골라 초등 교육을 마칠 때까지 학교에 다니도록 하는 활동에 지원할 것이라고 했다.

나는 팩트 팀에 그들의 운전기사들이 무솜포 같은 시장에서 코발트를 구매했는지부터 시작해 케마프 공급망에 관한 몇 가지 질문을 던졌다. 그들이 설계한 정책에 따르면, 운전기사들이 다른 공급처로부터 코발트를 구매하는 것은 허용되지 않는다. 하지만 그들은 최근 몇 달 동안 시범 현장의 생산량 감소 문제가 있었고, 이로 인해 루붐바시의 가공 시설로 가는 길에 무솜포에서 트럭에 코발트를 더 채워야 하는 상황이 발생했음을 인정했다. 그러나 무토시 시범 현장에서 공급된 코발트는 항상 라벨을 부착해 별도 보관하므로 그것이 문제가 되지는 않는다고 강조했다. 그들은 무토시의 장인들이 생산한 코발트는 가공 시설에서 따로 묶어 처리한 후 라벨을 재부착해 자루에 담는다고 덧붙였다. 라벨을 부착한 코발트든 그렇지 않은 코발트든 모두 일차적으로 트라피구라로 수출되었으므로, 나는 회사 측에서 라벨을 부착한 무토시의 코발트를 다른 공급처에서 도착한 코발트와 별도 보관하는지도 물어봤다. 팩트 직원은 그럴 가능성은 낮다고 인정하면서도 차마 더 말을 잇지는 못했다. 이런 관행이 공급망의 최상위까지 유지되지 않는다면, 자루에 라벨을 붙이는 것은 별 의미가 없다. 그들에게 무토시의 시범 현장을 좀더 자세히 살펴볼 수 있도록 견학 일정을 잡아달라고 요청했지만 불가능하다는 답변이 돌아왔다.

며칠 후, 나는 코미아콜 협동조합의 지도자 한 명을 통해 무토시 광산 방문 일정을 잡을 수 있었다. 현장이 가까워지자 팩트 직원이 얘기했던 침투 불가능한 철조망이 나타날 것으로 기대했다. 하지만 알고 보니 그것은 마치 빨랫줄을 옆으로 돌려놓은 것처럼 고정한 쇠기둥에 가느다란 철사를 약 18인치 간격으로 감은 스파게티 두께의 철사 울타리였다. 가느다란 철사는 이곳저곳이 늘어나 사람 한 명 지나갈 정도의 구멍이 나 있었다. 울타리는 전기도 통하지 않았다.

광구 입구에 다다르자 3개의 표지판이 보였는데, 가장 큰 것에는 프랑스어와 영어로 다음 같은 문구가 적혀 있었다. "우리의 가치—투명하고 역동적이며 서로를 존중하고 책임감을 가지며 사회적 의무를 진다. 우리의 비전―책임감 있는 가치 주도의 광산 회사 구축. 안전은 우리의 최우선 과제." 두 번째 표지판은 빨간색 원 안에 임산부가 있고, 그 위를 가로지르는 선이 그려진 그림이었다. 세 번째 표지판은 그림이 2개였다. 하나는 빨간색 원 안에 선이 그어진 젖병 그림, 다른 하나는 빨간색 원 안에 선이 그어진 두 아이의 그림이었다. 표지판 옆에는 남녀의 입구를 구분한 보안 검색대가 있었다. 케마프 직원은 입장을 허용하기 전에 코미아콜 협동조합에 가입된 노동자 배지를 확인했다. 코미아콜에 가입하려면 18세 이상임을 증명하는 유권자 등록증을 만들어야 했다. 직원들은 15세와 16세 아이들이 18세임을 증명해 현장에서 일할 허가를 받으려고 유권자 등록증을 위조하는 경우가 흔하다고 나중에 시인했다.

선글라스를 낀 근엄한 얼굴의 무장 경비대원이 정문을 열고 케마프 사무실로 나를 안내했다. 전기가 통하지 않는 두 번째 가느다란 철사 울타리 뒤편, 현장으로 약 20미터 더 들어간 곳에 자리한 사무실은 금속 컨테이너 안에 차려져 있었다. 첫 번째 컨테이너는 관리팀, 두 번째 컨테이너는 지원팀 직원이 썼다. 세 번째 컨테이너에는 부상당한 인부들을 치료할 진료소가 있었다. 방문을 주선해준 코미아콜 관계자 실뱅(Sylvain)이 동료 3명과 함께 나를 따뜻하게 반겨줬다.

음주 측정기 검사를 통과한 후, 나는 코미아콜 팀으로부터 정문 표지판에 적혀 있는 비전과 임무, 무토시 작업장의 부상 통계, 케마프의 다른 광산 및 가공 시설 설명으로 이뤄진 광산 관련 구두 프레젠테이션을 받았다. 실뱅은 코미아콜이 현장의 모든 장인 광부를 관리하며, 거기에 대해 고정된 월 수수료를 생산량의 일정 비율과 함께 케마프로부터 받는다고 했다. 그는 전체 광산업에서 장인 채굴이 차지하는 중요성을 특별히 언급했다. "장인 광부들이 채굴한 코발트는 기계적으로 채굴한 코발트보다 등급이 높고, 따라서 장인 채굴은 광산업에 필요합니다. 직접 보시겠지만, 저희는 이곳에서 장인 광부들의 근로 조건을 개선하기 위해 노력하고 있습니다." 무토시에서 일하는 장인 광부가 몇 명이나 되는지 실뱅에게 물었다. 그는 코미아콜에 등록된 장인 광부는 약 5000명이라고 했다. 하지만 최근 몇 달 동안은 800~900명만 매일 광구에 출근했다고 한다. 그는 그 원인을 2019년의 코발트 가격 폭락 때문이라고 지적했다. 그로 인해 장인 광부들의 임금 지급이 지연되었다는 것이다. 많은 장인 광부가 인근 창고에 판매해 돈을 더 빨리 받으려고 코발트 자루를 현장 밖으로 가져간다는 이야기도 덧붙였다.

실뱅은 그리고 나서 광산 배치도를 보여줬다. 사무실 뒤에 대형 노천 광산, 정문 근처에 작은 세척 웅덩이, 주요 구덩이 뒤편에 훨씬 큰 웅덩이, 몇 개의 다른 채굴 구역, 그리고 큰 세척 웅덩이 뒤편에 작은 폐석 투기 구역이 있었다. 실뱅은 광산에 술과 임산부 출입을 금지시킨 데 자부심을 가졌다. 하지만 내가 캐묻자 금지령이 임신한 게 눈에 띄는 여성한테만 해당한다는 것과 코발트와 우라늄의 독성 노출이 태아의 발달에 유해한 영향을 미칠 수 있다는 사실을 인정했다. 프레젠테이션이 끝난 후, 나는 주황색 형광 조끼와 노란색 안전모를 받아 착용하고 광산을 둘러보았다. 그 전에 사진 촬영을 하지 말라는 것과 정문에서 가장 가까운 노천 광산만 볼 수 있다는 지시를 받았다.

노천 구덩이는 사무실 본관 뒤쪽으로 약 30미터 떨어진 곳에 있었다. 걸어가는 동안 실뱅은 광구에서 일하는 노동자들의 다양한 범주를 설명했다. 팀은 맡은 임무에 따라 분류되었다. 한 팀은 커다란 구덩이에서 작은 구덩이를 팠다. 다른 팀은 거기에서 광석을 채굴했다. 세 번째 팀은 그 광석을 자루에 담아 세척 통으로 옮겼는데, 여기가 여성들이 돌을 씻는 장소였다. 남성들 일부는 살라카테(salakate)로 일하기도 했는데, 이는 광산 주변의 자질구레한 일을 도맡아 하는 사람을 말한다. 실뱅은 작업 구역마다 현장에 화장실과 깨끗한 식수가 비치되어 있어 위생 상태를 증진하고 수인성 질병을 예방할 수 있다고 했다. 또 현장에서는 터널 굴착을 허용하지 않는다고 강조했는데, 그 말을 들으니 크게 안심이 되었다.

우리는 지름 약 120미터에 그다지 깊지 않은 노천 구덩이에 도착했다. 구덩이의 흙은 내가 콜웨지 주변의 다른 광산들에서 봐서 익숙한 구리색보다 더 회색을 띠고 있었다. 방문 당시 약 100명의 장인 광부가 큰 구덩이 곳곳에서 작은 구덩이와 얕은 갱도를 파고 있었다. 광부들은 모두 팔과 무릎과 가슴에 패치를 덧댄 남색 작업복을 입었다. 패치에는 형광 녹색 두 줄 한가운데에 회색이 한 줄 들어가 있었다. 모두가 안전모를 착용했다. 전부는 아니지만 일부가 두꺼운 작업용 장갑을 끼고 있었다. 마스크나 고글을 쓴 노동자는 아무도 없었다. 몇몇 소년은 15~16세로 보였다. 채굴자 몇 명과 얘기해도 되냐고 물었지만 허락받지 못했다.

채굴하고 세척한 코발트는 그다음에 어떻게 하느냐고 실뱅에게 질문했다. 그는 코미아콜이 자루를 트럭에 싣고 킴웨홀루(Kimwehulu)라는 지역의 창고로 운송한다고 대답했다. 창고에서는 광석을 파쇄해 표본의 등급을 분석하는데, 이 과정이 어떤 때는 하루 이상 걸릴 수도 있다고 했다. 표본 분석이 끝나면, 장인 광부들은 등급에 따라 돈을 받았다. 케마프는 2퍼센트 등급 미만은 구매하지 않는데, 이럴 경우 코미아콜은 광석을 다른 창고에 팔 수 있는 옵션을 가졌다. 실뱅에 의하면, 장인 광부들의 평균 일당은 생산량에 따라 다르기는 해도 채굴 담당 2~3달러, 세척 담당 1달러 정도였다.

나는 케마프가 장인 광부들에게 생산 단가에 따른 임금이 아닌 고정 임금을 주는 방안을 고려한 적이 있냐고 질문했다. 그렇게 하면 노동자들에게 더 큰 경제적·심적 안정감을 줄 테고, 돈을 더 많이 또는 더 빨리 받을 수 있는 외부 창고에 코발트를 팔아넘기는 일도 방지할 수 있지 않겠냐고 말이다. 실뱅은 코발트 가격 변동 때문에 고정 임금은 불가능하다고 답했지만, 그것은 납득할 수 없는 논리였다. 산업 광산 직원은 기초 원자재 가격에 변동이 있어도 고정 급여를 받는데, 그렇다면 장인 광부라고 왜 달라야 하는가? 생산 단가에 따른 임금 시스템이란 본질적으로 시장 리스크를 광산 회사가 노동자에게 전가하는 체제였다. 그렇게 함으로써 장인 광부에게 상당한 압박을 가해 그들이 뼈 빠지게 땅을 파고, 위험을 더욱 무릅쓰고, 소득을 높이려 자녀를 광산으로 데려오도록 만들었다.

고정 임금 대 생산 단가 임금 논의에 이어 실뱅은 청하지도 않은 정보를 제공했다. "이곳의 코발트는 등급이 낮은 편이라 많은 크루제르가 광석의 등급이 더 높은 광구 밖에서 채굴한 사람들한테 코발트를 사들입니다. 수입을 늘리려고 이것을 자신들의 생산량에 포함시키죠."

"그 광석은 어떻게 현장으로 가져오나요?"

"아이들이 울타리를 통과해 가져옵니다."

"아이들이 직접 캔 코발트를 팔기도 하나요?"

"네, 그러기도 하죠."

우리는 근처에 있는 세척용 웅덩이로 갔다. 젊은 여자 여럿이 무릎을 굵고 자갈부터 주먹 2배 크기까지 다양한 크기의 돌들을 염분이 있는 더러운 물웅덩이에서 씻고 있었다. 이곳은 내게 참관 허가를 내주지 않은 노천 구덩이 뒤편의 가장 큰 세척장이 아니었다. 이 작은 세척장에 있는 여성들은 물속에 축적된 온갖 독성 물질로부터 손이나 다리를 보호할 안전 장비가 하나도 없었다. 몇몇 여성이 씻은 돌을 라피아 자루에 담는 모습을 지켜보면서, 나는 팩트 직원들이 설명한 대로 어떤 시점에 광석 자루에 라벨을 붙이는지 실뱅에게 물었다.

"저희는 자루에 라벨을 붙이지 않습니다."

그의 대답에 놀란 나는 루붐바시의 가공 시설로 운송하는 동안 케마프의 트럭들에 다른 공급처의 광석이 추가되는지 물었다. 실뱅은 운전기사들이 운송 최대 적재량을 채우기 위해 도중에 창고에서 코발트를 구매하라는 지시를 받는다고 했다.

"무솜포의 창고 같은 곳 말입니까?"

"그렇습니다."

견학을 마치고 실뱅은 나를 본관으로 다시 안내했다. 가는 길에 나는 현장의 방사능 수준을 점검하는 방사선 담당자에 대해 질문했다. 실뱅은 담당자가 최종 점검을 언제 했는지 대답하지 못했다. 내가 마지막으로 던진 질문은 팩트 직원이 내게 말한 대로 그들이 현장의 작업 환경을 정기적으로 감사하는지 여부였다.

"팩트 직원은 이곳에 절대 오지 않습니다. 초기에 회계와 재무 관리에 관한 조언만 해줬습니다." 실뱅이 대답했다.

견학 내내 현장에서 작업 중인 장인 광부들과의 인터뷰는 금지됐지만,

현장 밖에서 인터뷰를 진행하는 데는 별문제가 없었다. 이 대화 덕분에 무토시의 광산 운영에 대해 좀더 이해할 수 있는 귀중한 정보를 얻었다. 무토시에서 일했다는 장인 광부 칼렝가(Kalenga)는 이런 말을 했다.

무토시의 크루제르 대부분이 임금 문제 때문에 일을 그만뒀어요. 케마프는 코발트 가격이 낮아서 그런 거라고 말해요. 자기들이 수익을 잃었으니까 우리 임금을 삭감해야 한다는 거죠. 어떤 때는 3~4주 동안 돈을 못 받기도 했어요. 이런 이유로 대부분의 크루제르가 무토시를 떠났죠. 우리는 케마프 광구 밖에서 더 많이 벌 수 있고, 일을 한 바로 그날 돈을 받습니다.

또 다른 장인 광부 마샬라(Mashala)가 한마디 보탰다.

당연히 우리는 광구 밖의 코발트를 살 수밖에 없어요. 광구에 있는 코발트의 순도가 매우 낮고, 이제는 흙을 치우고 그걸 폐기 더미까지 운반하는 데 많은 시간을 써야 하거든요. 케마프는 예전에 굴착기로 이 작업을 했는데, 이제는 유류비를 줄여야 한대요. 이 작업이 매일 2시간씩 걸리다 보니 우리가 땅을 파는 시간이 줄고 우리 벌이도 줄어듭니다. 그래서 임금을 메우려고 코발트를 구입할 수밖에 없는 겁니다.

그에 반해 세척 담당 쥘리(Julie)는 자신이 겪은 개선점을 솔직하게 털어놨다.

무토시에서는 여자들이 예전만큼 남자들한테 시달리지 않아요. 다른 곳에서 일할 때는 남자들이 우리를 늘 괴롭혔거든요. 세스캄 공무원과 광산 경찰이 우릴 괴롭히곤 했어요. 무토시에서는 그런 일이 없죠. 우리는 여기가 안전하다고 느껴요.

쥘리가 말한 또 다른 장점은 개선된 위생 기준이었다.

이 점이 우리한테는 훨씬 더 좋은데요, 다른 광산에서 일할 때는 제가 항상 아팠거든요. 지금은 그렇게 아프지 않아요. 그래서 약값이 안 들죠. 그 돈을 제 아이들을 학교에 보내는 데 써요.

마옴비(Maombi)라는 두 번째 세척 일꾼이 거들었다.

맞아요. 우리가 괴롭힘을 덜 당하는 건 사실입니다. 케마프 광구에 있는 동안에는 남자들이 공격할 가능성이 없어 수입이 줄어드는 것은 신경 안 써요. 이게 아주 고맙죠.

무토시 광산을 둘러보는 동안 내가 보고 들은 모든 것과 이후 현장에서 일하는 장인 광부들과의 인터뷰를 종합하건대, 케마프 시범 현장의 작업 환경은 콜웨지에서 몇몇 팩트 직원들이 얘기한 것과 일치하지 않았다. 구체적으로 말하면, 아이들이 채굴한 코발트가 가느다란 철사 울타리를 통과해 무토시로 유입되고 있는 듯했다. 10대들은 위조한 유권자 등록증을 가지고 현장에서 일했다. 방사능 담당자는 방사선 수치를 정기적으로 점검하지 않았다. 코발트 자루에는 라벨을 부착하지 않았고, 출처를 알 수 없는 코발트를 외부 창고에서 사들여 루붐바시에 있는 케마프의 정제 시설로 가져가 뒤섞었다. 결정적으로, 임금 감액이나

체불은 많은 장인 광부들의 의욕을 꺾는 주된 요인으로 사업 전체의 생존을 저해하고 있는 듯했다. 이른바 공급망의 투명성과 추적성은 허구임이 드러났다.

이런 결점을 접어둔다면, 무토시 광산은 민주콩고의 다른 장인 채굴 현장과 비교했을 때 특히 여성 노동자에게 개선된 사항이 몇 가지 있었다. 내가 조사한 대부분의 현장에서 여성들은 지속적인 괴롭힘과 성폭행에 시달렸다. 그들은 노동에 비해 턱없이 적은 임금을 받으면서도 가계를 꾸리고 자녀들을 돌봐야 했다. 비록 케마프에서 적은 임금을 받더라도 성폭행이 줄어든 것은 그들의 삶에서 엄청난 개선이었다. 깨끗한 식수와 화장실 그리고 최소한의 보호 장비도 질병과 독성 노출을 줄이는 데 일조했다. 광산은 아이들이나 (눈에 띄는) 임산부들로 가득하지 않았다. 또 어떤 종류의 터널 굴착도 없어 보였는데, 이게 최악의 비극이 발생하는 상황을 막아줬다.

무토시 시범 현장을 방문하고 난 뒤 확인하고 싶은 문제가 하나 있어 나는 콜웨지의 팩트 팀을 다시 한번 만났다. 나는 그들이 당시 2년째 운영하고 있다는 프로그램을 통해 2000명의 아이들 중 정확히 몇 명을 학교에 집어넣었는지 질문했다. 그들은 219명이 학교에 등록했다고 했다.

"등록을 했다면 …… 지금은 몇 명이 학교에 다니고 있습니까?"

그들은 대답하지 못했다.

케마프 현장은 이러한 단점들에도 불구하고 좀더 안전하고 좀더 존엄한 방식으로 장인 광산을 조직하는 게 가능하다는 것을 보여줬다. 내가 광산에서 밝혀낸 문제점도 의지만 있다면 개선할 수 있는 것들이었다. 하지만 안타깝게도 케마프와 그 동업자들은 상반된 접근 방식을 취한 듯했다. 내가 방문하고 몇 달 뒤, 콜웨지의 동료들로부터 케마프가 팩트와의 제휴를 종료하고 장인 광산을 폐쇄했다는 소식을 들었다.

CDM 시범 현장

콜웨지의 두 번째 시범 광산은 CDM, 곧 콩고 둥팡 광업 소속이다. 이 곳은 카술로라는 지역 한가운데에 위치한다. 전 세계 어디에도 카술로 같은 곳은 없다. 코발트를 건지려는 광란의 쟁탈전이 벌어지는 정점이 다. 카술로의 실태를 이해하는 가장 좋은 방법은 전설적인 캘리포니아 의 골드러시를 되돌아보는 것이다.

1848년 1월 24일, 캘리포니아주 콜로마(Coloma)의 제임스 마셜(James Marshall)이라는 제재소 운영자가 강바닥에서 금덩어리를 발견했다. 이 소식은 순식간에 퍼졌고, 미국 전역에서 보물을 찾는 사람들이 부를 거 머쥐려고 캘리포니아로 몰려들었다. 그들은 산을 파헤치고, 나무를 베 고, 강을 막고, 시에라네바다산맥에 수천 개의 광산 갱도를 팠다. 고출 력 물 분사기로 산비탈 전체를 깎아내는 수압식 채굴이 당시의 기법이 었다. 골드러시가 초래한 환경 및 인권 피해는 상당히 컸다. 캘리포니 아의 농업 부문은 댐으로 막힌 강과 광산 유출수로 큰 타격을 입었다. 금광이 발견되는 곳마다 원주민은 대대로 살아오던 땅에서 내쫓겼다. 현지 주민과 시굴업자들 사이에는 폭력 사태가 빈발했다. 이 땅은 범죄 와 아수라장의 무법천지가 되었다.

카술로의 '마셜 씨'가 누구인지 내게 확실히 얘기해준 사람은 없지만, 2014년에 한 현지 주민이 자기 집 옆에서 우물을 파다가 헤테로제나이트 덩어리 하나를 발견했는데, 그것의 코발트 함량이 전 세계 어느 곳보다 높은 무려 20퍼센트로 밝혀졌다는 소문이 있다. 카술로 주민들은 잽싸게 삽과 가래와 강철봉을 있는 대로 들고 나와 동네 곳곳에 터널을 파기 시작했다. 푸른 금덩어리 쟁탈전에 합류하려고 사람들이 카술로로 대거 몰려들었다. 현지 주민들은 흩어졌고, 땅은 황폐해졌으며, 분쟁이 속출했다. 카술로에 얼마나 많은 터널이 있는지 정확한 수치는 없지만, 주민들이 추정하기로는 2000개 이상이다.

2017년 4월, 무예 주지사는 1200만 달러를 받는 조건으로 카술로의 모든 코발트에 대한 구매 독점권을 CDM에 넘겼다. CDM은 아울러 장인광산협동조합인 코미쿠와 협력해 지역 내에 장인 채굴 구역을 설치할 수 있는 권리도 받았다. 코미쿠는 무예 주지사의 아들 중 한 명인 이브 무예가 소유한 곳이다. 거래의 일환으로 CDM은 광구 구역에 거주하는 가구들에 의무적으로 재정착 보상금을 지급해야 했다. 이 과정을 담당한 야브 카충(Yav Katshung)은 루알라바 주지사의 비서실장이자 CDM의 민주콩고 측 최고 자문위원이었으므로 이는 명백한 이해관계 충돌이었다. 총 554가구가 미래의 광구 안에 살고 있는 것으로 확인되었다. 주민들은 카충으로부터 두 가지 선택지를 받았다. 집의 가치에 따라 400~2000달러의 고정 지급금을 받든가, 아니면 카술로에서 약 20킬로미터 떨어진 사무킨다(Samukinda)라는 마을에 건설 중인 신축 주택으로 이주하는 것이었다.

나는 CDM 광구 구역에 살았던 몇몇 가족과 이야기를 나눴다. 그들이 쫓겨난 지 1년 후의 일이다. 그들은 자신들이 아는 한 554가구에는 약간의 보상만 이뤄졌고 그나마도 약속한 액수보다 적었다고 말했다. 사무킨다로 이주하는 쪽을 선택한 가구는 거의 없었는데, 그곳이 수입원과 너무 멀었기 때문이다. 게다가 이주한 카술로 주민들을 위해 사무 킨다에 지었다는 새집은 작고 엉성하고 미완성 상태였다. 나와 대화를 나눈 가족들은 결국 인근 마을에 끼어 지내게 됐고, 입에 풀칠이라도 하려고 고군분투 중이었다. 카마탄다 같은 마을이든, 풍구루메 같은 소도시든, 아니면 콜웨지 같은 대도시든 광산업으로 인한 이주의 결과는 언제나 똑같았다. 빈곤은 악화하고, 고생은 가중되고, 절박함은 커졌다. 하지만 그 무엇도 CDM이 신속하게 소중한 광구에 벽을 세우고 장인 광산 시범 현장을 설립하는 것을 막을 수는 없었다. 이곳의 연간 코발트 생산량은 8100톤에 달한다.[7]

카술로에 있는 CDM 광구 입구에 도착하자 공화국 수비대 병사들이 내게 인사를 건넸다. 보안이 삼엄한 현장을 돌아봐도 좋다는 허가를 무예 주지사실로부터 받았기에 내가 올 줄 알고 있었던 것이다. CDM 광산 입구의 통제 시스템은 케마프가 무토시 광산에 갖춰놓은 것과 비슷했다. 남녀 별도의 출입구부터 보안 요원들이 입장을 허락하기 전에 코미쿠 신분증을 확인하는 것까지. 정문에는 케마프처럼 간결한 회사 강령은 없었지만, 붉은색 원 안에 선을 쫙 그은 임산부와 어린이와 술병의 똑같은 그림은 눈에 띄었다.

내가 방문했던 대부분의 공식 광구들과 달리 CDM은 굳이 음주 측정기 검사를 요구하지 않았다. 철저한 소지품 수색 후 보안 게이트를 통과하자 입구 바로 오른쪽, 작은 진료소 옆에 위치한 CDM 본관으로 안내를 받았다. 안에는 일상적인 업무를 처리하는 대여섯 명의 CDM 직원이 있었다. 정문 왼쪽에는 무솜포에서 내가 본 것과 똑같은 빨간색 화물 트럭이 12대 정도 주차되어 있었다. 트럭 맞은편에는 격납고처럼 생긴 2개의 구조물 아래 지은 창고도 13개 있었다. 창고는 CDM 직원들이 운영했다. 현장으로 100여 미터 더 들어간 곳에는 대형 노천 광산이 있었다.

나는 CDM 사무실 안의 회의 테이블 앞에 앉았다. 현장 책임자인 리(Li)는 근처 책상에 앉아 담배를 피우며 스마트폰으로 통화를 하고 있었다. 그가 중국어로 통화하며 가끔 흘겨봤지만 나를 무시하는 기색이 역력했다. 몇 분 있으니 코미쿠의 고위 간부들이 회의 테이블에 합류했다. 현장 견학 허가를 받았는데도 그들은 내 의도에 대해 논의하고 싶어 했다. 최근 몇몇 언론인이 카술로 내부의 실태를 폭로하려 했기 때문에 이 지역에 긴장이 고조된 상태였다. 이에 대응해 CDM은 2018년 초 지역 전체에 콘크리트 장벽을 세우고 보안 요원을 배치해 허가받지 않은 외부인의 출입을 막았다. 나는 문제를 일으키려는 의도는 전혀 없다고 코미쿠 간부들을 안심시켰다. 케마프의 코미아콜 팀과 마찬가지로 코미쿠 팀도 CDM 광산에 대한 구두 프레젠테이션을 했다. 그들은 장인광산협동조합의 중요성을 강조하는 것부터 시작했다.

"광산협동조합은 장인 채굴에 형식상의 절차와 안전을 보장합니다." 코미쿠의 대표 한 명이 설명했다.

코미쿠는 모든 노동자를 등록하고, 현장의 채굴을 감시하며, 안전한 작업 환경을 유지하고, 현장에 어린이가 없도록 한다고 했다. 그 대가로 코미쿠는 CDM으로부터 매달 고정된 관리 수수료와 생산량의 일정 비율을 받았다.

"장인 광부들이 혼자서 땅을 파면 너무 많은 위험을 감수해야 합니다. 그들은 자녀들도 광산에 투입하죠. 저희는 가족들에게 아이들은 학교에 있어야 한다는 점을 교육하려고 노력하고 있습니다." 다른 코미쿠 관계자가 말했다.

만일 가족이 수업료를 감당하지 못하면 어떻게 되느냐고 질문했다.

"학교에 수업료가 없어야죠"라는 대답이 나왔다. 이렇게 말하면 마치 문제가 해결되기라도 하는 것처럼 말이다.

코미쿠 팀은 현지 상황도 모르면서 장인 채굴의 피해에 대해 '엉뚱한 이야기'를 늘어놓는 외국인들에게 이의를 제기했다. 자기네 광산은 위험한 작업에 대한 국제 표준을 준수하고 있다고 내게 장담했다. 하지만 콩고에서는 15세 소년이 스스로를 성인으로 여긴다는 점을 국제 사회도 알아야 한다고 주장했다. 유럽인과 미국인이 콩고에서 성인이 되는 요건을 판단할 입장은 아니라는 것이었다. 15세 소년은 이미 여느 성인이 그러하듯 자기 가족을 부양해야 한다고 했다.

맞는 말이었다. 부자 나라들의 규범을 가난한 나라에 무턱대고 강요할 수는 없을 것이다. 18세가 성인이 되는 마법의 숫자인 근거는 무엇일까? 가족을 부양하고 싶어 하는 콩고의 강하고 사려 깊은 15세 남자가 서구의 18세 고등학생 못지않은 성인일 수도 있다. 하지만 문제는 어디엔가 선을 긋지 않으면 취약한 아이들은 언제나 착취당할 것이며, 가난한 나라의 10대 청소년 전부에 대해 누가 '성인'이라는 결정을 내리고 '성인'의 업무를 수행할 수 있을 만큼 충분히 성숙한지 판단하는 게 불가능하다는 데 있다. 민주콩고 전역의 가족들이 생존을 위해 자녀를 학교에 보낼지 아니면 일터로 보낼지 선택할 수 없는 상황에 직면했다는 사실은 그들이 세계 경제로부터 버림받은 것만큼이나 콩고라는 국가로부터도 버림받았음을 의미한다.

코미쿠 관계자들과의 미팅이 끝나고 견학 시간이 되었다. 나는 사진을 찍지 말라는 지시와 함께 장폴(Jean-Paul)이라는 코미쿠 직원이 나와 동행할 거라는 얘길 들었다. 우리는 주황색과 노란색이 섞인 조끼와 올리브색 안전모를 받았다. 구덩이로 걸어가는 동안 장폴은 이곳에 등록된 장인 광부가 1만 4000명이 넘고, 하루에 광구 안에서 일하는 인원은 보통 1만 명이라고 설명했다. 장인 광부들은 팀을 짜서 가장 큰 구덩이 안팎에 터널을 파고 헤테로제나이트를 채취했다. 나는 거기서 이 시범 현장과 케마프 현장의 첫 번째 차이점에 주목했다. 즉, CDM은 터널 굴착을 허용했다.

CDM 시범 현장의 노천 구덩이는 지름 약 200미터에 깊이는 약 30미터였다. 구덩이 안팎의 흙은 진한 구리색으로 다른 광산에서 본 것보다 색이 짙었다. 구덩이 바닥에는 150개 넘는 터널 입구가 대략 3미터 간격으로 줄지어 있었다. 100명 정도의 장인 광부들이 지표면에서 작업 중인 게 보였다. 터널 아래에는 분명 이보다 몇 배 더 많은 인원이 일하고 있을 것이다. 헤테로제나이트 더미가 구덩이 여기저기에 흩어져 있었다. 케마프 현장과 달리 CDM 현장에서 내가 본 장인 광부들은 작업복을 입지도, 어떤 종류의 보호 장비도 착용하지 않았다. 견학하는 동안은 임산부나 술병을 보지 못했다.

구덩이로 걸어 들어가던 우리는 터널에서 나오는 인부들 무리와 마주쳤다. 두 사람이 터널 위에 나무판자를 놓고 두 다리를 쫙 벌린 채 서서 밧줄로 한 번에 한 명씩 끌어올렸다. 9명이 터널을 빠져나왔는데, 그중 2명은 18세 미만으로 보였다. 이 팀의 리더는 피스통(Fiston)이라는 청년이었다. 그는 마른 근육질 체격으로 갈색 반바지에 주황색 셔츠를 입고 플라스틱 조리를 신고 있었다. 오른쪽 허벅지에는 작은 근육 한 덩어리가 사라지고 없었다. 피스통이 CDM 현장에서 일하는 게 어떤 것인지 설명해줬다. "이곳에 등록해서 일하기 전에 우리는 카술로에서 땅을 팠어요. 여기서 작업을 시작하고 터널을 파는 동안 매주 임금을 받았죠. 헤테로제나이트 광맥을 찾는 데만 한 달 넘게 걸렸어요."

피스통의 팀은 헤테로제나이트 광맥을 발견한 뒤부터 그들이 받은 선급금 25달러를 상환해야 했다. 피스통은 코미쿠의 등록증 비용도 갚아야 했는데, 그 금액이 150달러라고 했다. 그들이 터널에서 캔 헤테로제나이트는 광구 내 CDM 장고들에 판매하는 것만 허용되었다. 게다가 버는 돈의 절반은 부채 상환을 위해 공제하고 나머지 절반만 수입으로 가져갔다. 피스통과 팀원들은 부채가 얼마나 남았는지 잘 몰랐지만, 코미쿠와 CDM 보스들이 알아서 기록하고 있으며 요청하면 자기들한테 보여줄 거라고 말했다.

피스통에게 터널이 얼마나 깊은지 물었더니 자기들은 40미터까지 팠다고 했다. 내가 여태껏 들어본 어떤 터널보다도 더 깊었다. 그는 CDM 광구의 몇몇 터널은 60미터 깊이인데, 그중 일부는 지하로 연결되어 있다고 말했다. 그렇게 깊은 땅속에서 어떻게 숨을 쉴 수 있느냐고 물었다. 그러자 CDM이 일부 팀에 공급한 20개 정도의 공기 펌프가 있는데, 그것이 터널을 환기하는 데 도움을 준다는 대답이 돌아왔다. 또 터널의 버팀목으로 쓰도록 광구의 나무들에서 가지를 잘라내는 데 사용하는 도끼도 제공받았다고 했다. 나는 CDM 현장에서 터널이 무너진 적이 있는지 물었다. 피스통은 장폴과 나를 번갈아 보더니 없다고 말했다. 장폴이 대화를 감시하고 있는 상황에서 터널 붕괴나 부상 같은 민감한 부분을 더 캐묻는 것은 불가능했다. 나는 노천 구덩이에 있는 두 팀과 더 이야기를 나눴는데, 그들도 피스통 팀과 다를 게 없는 정보를 전해주었다.

우리는 구멍이 숭숭 뚫린 구덩이 뒤쪽을 돌아서 비탈길을 따라 평지로 올라갔다. 순간, 하나만 있는 줄 알았던 노천 구덩이가 나무숲 뒤에 더 있다는 걸 알았다. 나는 장폴에게 다른 구덩이도 볼 수 있는지 물어봤다. 그는 망설이는 것 같더니 동료 코미쿠 직원들과 상의해보겠다고 했다. 우리는 본관으로 돌아왔다. 여러모로 한참을 검토한 끝에 코미쿠는 내게 다른 노천 구덩이를 둘러봐도 좋다고 허락했다. 하지만 장인 광부들과 더 이상 대화를 해서는 안 된다고 했다.

나는 장폴과 함께 가장 큰 구덩이를 지나 좌회전한 다음, 첫 번째 구덩이 크기의 적어도 2배는 되는 지표면 채굴 구역에 도착했다. 이곳에는 300개 정도의 터널 입구가 있는 것 같은데, 대부분 분홍색 방수포로 덮여 있었다. 광구 주위를 시계 방향으로 돌면서 나무가 우거진 여러 곳을 헤치고 가다 보니 4개의 노천 구덩이가 더 나왔다. 각 구덩이마다 수백 개의 터널이 있었다. 지하에서는 또 얼마나 많은 사람이 땅을 파고 있을지 알 길이 없었지만, 아마도 수천 명은 될 것 같았다. 광구 뒤쪽에 있는 구덩이 2개는 개발이 가장 덜 되어 터널 수가 제일 적었다. 추정컨대 카술로의 CDM 광구에는 다 합쳐서 적어도 1100개의 터널이 있는 듯했다. 공기 펌프 20개로 그것들 전부를 충분히 환기하는 것은 불가능하고, 나뭇가지로 충분한 버팀목을 대는 것도 가능할 리 없었다.

CDM 시범 현장 견학의 종착지는 광구 앞쪽에 있는 격납고 같은 구조물의 창고들이었다. 수백 명의 장인 광부들이 헤테로제나이트로 꽉 채운 주황색과 흰색의 라피아 자루 더미 옆에 모여 있는 광경은 혼란스러웠다. '보스 반(Boss Van)'과 '보스 리우(Boss Liu)' 같은 상호의 창고 13개가 격납고 뒤쪽에 줄지어 있었다. 창고는 금속 울타리를 친 나무 부스였다. 안에는 보스 외에도 양손에 커다란 금속 망치를 들고 헤테로제나이트 돌을 잘게 부수는 콩고인들이 있었다. 배낭과 기타 개인 소지품들을 벽에 박힌 못에 걸어놓았다. 각 창고의 정면에는 검정색 매직펜으로 쓴 가격표가 붙어 있었다. 카술로에 있는 CDM 현장의 헤테로제 나이트는 콩고 최고 등급인 20퍼센트 이상으로 알려져 있는데도, 가격표의 상한선은 10퍼센트였다. CDM 광구 내 창고에서 제시하는 킬로그램당 가격 역시 CDM 중개상들이 운영하는 창고는 물론 카술로 지역 전체 창고들이 제시하는 가격보다 20~25퍼센트 낮았다. 이런 가격 격차는 CDM 시범 현장 안에서 일하는 장인 광부들이 선지급 임금과 장비 비용을 하위 시장(submarket) 이자율로 상환하고 있음을 의미했는데, 코송고가 틸웨젬베에서 일하던 시스템처럼 부채 노예나 마찬가지인 체제였다.

자갈 크기로 파쇄된 돌은 장인 광부들이 라피아 자루에 담아 정문 근처에 있는 화물 트럭에 실었다. 트럭들은 주변에 매캐한 회색 연기를 내뿜으며 공회전을 했다. 그날 파쇄된 헤테로제나이트 자루들은 CDM 화물 트럭 7대에 가득 실려 있었다. 세마프 관계자는 CDM의 로열티 지급을 결정하기 위해 각 트럭의 무게를 기록했다. 이 무게는 CDM이 코미쿠에 지불하는 생산 수수료를 결정하는 데도 쓰였다. 트럭들이 출발하기 시작하자 코미쿠 관계자 몇 명이 나를 배웅하려고 다가와서는 부탁이라기보다 지시처럼 들리는 요구를 했다. 루알라바주에서 활동하는 주요 협동조합들이 나하고의 미팅을 요청했다는 것이다. 나는 시간과 장소가 자세히 적힌 종이 한 장을 받았다.

CDM 시범 현장은 케마프의 현장보다 '시범'이라는 그 명칭에 더 심각하게 위배됐다. 나는 광구에서 일하는 10대 소년을 최소 24명은 보았다. 노동자들의 개인 보호 장비도 전혀 없었다. 광구 곳곳에서 터널 굴착이 진행되었고, 이는 장인 광부들이 한 번에 몇 시간씩 지하에 웅크리고 앉아서 마스크도 없이 독성 미립자가 가득한 공기를 들이마신다는 얘기였다. CDM 현장의 어떤 누구도 터널이 무너졌다고 말하지 않았지만, 그랬을 가능성은 충분히 있었다. 장인 광부들이 가격을 협상하거나 대체 시장을 찾지 못하게 하는 것과 더불어 부채 노예 시스템도 또 다른 착취 방식이었다. 본질적으로 CDM 시범 현장은 생산을 극대화하고 노동자의 복지와 안전과 수입을 최소화하도록 설계된 것처럼 보이는 극도로 위험하고 착취적인 시스템 위에 격식이라는 얇은 외피를 덧씌워놓았다. 얼마 되지도 않는 작업복과 안전 장비 비용조차 들이지 않았다. 그런데 왜 1만 4000명 넘는 장인 광부들이 CDM 광구에 등록되어 있을까?

나는 이 의문을 좀더 탐구해보려고 광구 외곽의 CDM 시범 현장에서 일하는 7명의 장인 광부를 인터뷰했다. 내가 얻은 첫 번째 해답은 카술로 지역 전체에서 땅을 팔 장소를 찾기가 대단히 어렵다는 것이었다. 거의 모든 땅과 채굴 현장이 기업들 차지였다. 인터뷰 대상자 중 일부는 카술로 주민인데 채굴할 부지가 없거나 현재 현장에서 채굴 팀에 들어가지 못했다고 했다. "사람들은 가족이나 오랫동안 알고 지낸 사람들하고만 땅을 파거든요." 이게 내가 들은 얘기다. 장인 광부들은 광구 내 창고들의 가격이 이 지역의 길 건너편에 있는 창고들의 가격보다 낮다는 것을 알지만, 이런 불이익도 땅을 팔 믿을 만한 장소를 확보하는 거래의 일부라고 여겼다. 그 모든 위험에도 불구하고 이들은 CDM 시범 현장에서 일하는 편이 카술로에서 땅을 파는 것보다 더 안전하다고 느꼈다. 특히 적어도 일부 터널에는 버팀목이 있다는 게 이 일을 덜 위험해 보이게 만들었다. 나는 CDM 광구 내에서 터널 붕괴 사고가 일어났는지 질문했고, 장인 광부들은 지난 15개월 동안 두 건의 사고가 있었다고 회상했다. 그들이 아는 한 주 갱도의 부분적인 붕괴였다고 했다.

얼마나 많은 사람이 다치거나 사망했는지는 그들도 알지 못했다.

루알라바주에서 가장 큰 세 장인광산협동조합과의 만남은 CDM 시험 현장을 방문하고 이틀 뒤에 부유한 현지인과 외국인을 대상으로 영업하는 스포츠 바 '타베른 라 바비에르(Taverne La Bavière)'에서 이뤄졌다. 바에는 축구 경기를 방영하는 여러 개의 TV 화면과 몇몇 당구대 그리고 만국기 장식이 있었다. 세 협동조합의 고위 간부인 페터(Peter, CMKK 소속), 프랑수아(François, 코미쿠 소속), 레옹(Leon, 코미아콜 소속)이 나를 맞이했다. 그들은 내가 콜웨지 인근의 장인 광산 지역들을 방문했다는 사실을 알고 있었고, 협동조합이 장인 광산 부문에서 담당하는 역할을 내가 정확히 파악하고 있는지 확인하기 위해 이 만남을 요청했다고 했다. 이 사안에 관해서는 이미 충분히 전달받은 터였지만, 또 한 번의 설명회 자리를 내가 끝까지 지켜야 하는 상황은 불가피해 보였다.

그들은 프리무스(Primus) 맥주를 계속 들이켜며 협동조합이 장인 광산 부문의 근로 조건을 개선하는 데 필수적이라고 설명했다.

"협동조합이 없다면 장인 광부들은 착취로부터 보호받지 못할 것입니다." 페터가 말했다. 그는 크루제르라는 용어에 반대한다면서 "폄하하는 단어"이기 때문이라고 덧붙였다. "장인 광부가 땅만 파는 기계 같다는 느낌을 주거든요."

대화 내용은 광산협동조합의 중요성에 대한 케케묵은 정보가 대부분이었지만, 결국 콩고에 있는 중국 기업의 부정적 측면에 대한 비판으로 옮아갔다. 프랑수아는 중국 광산 회사들이 콩고에 와서 콩고 자원으로 부자가 된 반면, 콩고 국민은 여전히 가난하다고 불평했다. 이 점에 대해서는 나도 이견이 없었지만, 오로지 중국인들만 탓하는 것은 너무 편의적인 발상인 듯했다. 가령 콩고 정부가 받은 세금과 로열티에서 그 많은 돈이 증발해버린 것이라든가, 광산 부문 세수를 정부가 구리 벨트의 극빈층에게 공평하게 분배하지 않는 것은 중국인들 책임이 아니었다. 나는 위험을 무릅쓰고, 콩고 정부도 중국인들과 마찬가지로 똑같은 위법 행위를 저지른 것으로 간주할 수 있다고 말했다. 국민의 살림살이가 피폐해지는 동안 광산업으로 쌓은 부를 가지고 달아났으니 말이다. 대단히 놀랍게도 그들 역시 동의했다.

"광구 판매 수익이 국민과 적절하게 공유되지 않은 것은 사실입니다." 레옹이 말했다.

"로열티 지급도 마찬가지죠." 프랑수아가 덧붙였다.

"그래서 협동조합이 중요합니다. 우리는 장인 광부들에게 최대한 임금을 보장합니다. 그들의 이익을 보호하죠." 레옹이 말했다.

내가 인터뷰한 수십 명의 장인 광부들이 협동조합을 착취의 핵심 대리인으로 묘사했다는 사실은 굳이 지적하지 않았다. 어쩌면 일부 협동조합은 이들 말대로 운영되고 있을지도 모른다. 하지만 내가 보고 들은 모든 것을 바탕으로 판단할 때 CMKK, 코미쿠, 코미아콜은 상위 공급망의 모든 이들이 자기 사업장에서 나온 코발트가 아동 노동이나 위험한 근로 조건 없이 생산된다고 주장할 수 있도록 해주기는 해도 힘 있는 소유주들의 배를 불리는 것 말고는 별다른 기능을 못 하는 듯했다. 나는 이 간부들에게 아동 노동 문제를 집중적으로 캐물었고, 예상대로 그들은 자신들이 관리하는 현장에는 일하는 아이들이 없다고 장담했다. 하지만 이는 내가 조사한 내용과 일치하지 않았다. 그들은 또한 ZEA에서 일하는 사람들 대부분이 광산협동조합에 등록되어 있다고 주장했는데, 이것도 내가 조사한 내용과 일치하지 않았다. 오히려 공식 ZEA 와 심지어 틸웨젬베 같은 대규모 현장의 많은 협동조합이 아이들을 포함한 일꾼을 작업장에서 일하게끔 해주는 대가로 당일 수수료를 착복한다는 얘기를 들었다. 하지만 오카탕가주와 루알라바주에 있는 수십만 명의 장인 광부를 수용하기에는 ZEA가 충분치 않다는 간부들의 지적은 타당했다. 그들은 많은 ZEA가 마을 바로 옆에 위치해 아이들이 학교에 가기보다는 현장에서 땅을 파게 될 가능성이 더 높다고 인정하기도 했다. 나는 18세까지 교육은 무상으로 제공해야 마땅한데 왜 콩고에서는 학교 지원금이 불충분한지 설명해줄 수 있겠냐고 물었다. 그들은 어떤 대답도 내놓지 못했다. 어디에서도 그런 일은 이뤄지지 않았다.

민주콩고 정부의 공교육 지원 부족은 이 나라의 빈곤 수준과 아동 노동을 심각하게 악화시키는 도무지 납득할 수 없는 실패다. 학교 운영에 필요한 아동 1인당 수업료는 매월 5~6달러라는 너무나 적은 금액이라 조금만 지원해도 문제를 해결하는 데 도움을 줄 수 있다. 달리 표현하면, 콩고 아이들이 광산을 나와 학교에 계속 다니게 하는 데 필요한 1인당 월 수업료는 타베른 라 바비에르의 프리무스 맥주 두 잔에 해당하는 금액이다.

내가 떠날 무렵, 관계자들은 세 번째 맥주를 주문했다.

지하 세계

아프리카를 탐험한 모든 유럽인 중에서 아마 데이비드 리빙스턴보다 이 대륙 사람들에게 마음을 더 쏟은 이는 없을 것이다. 그러므로

1873년 5월 1일 잠비아 동부에서 세상을 떠난 후 충복이던 수시(Susi)와 추마(Chuma)가 리빙스턴의 심장을 음푼두나무(mpundu tree) 아래 묻은 것은 너무나 온당한 일이었다. 이들은 영국으로 가는 배에 실을 수 있도록 그의 시신을 방부 처리하고 무늬가 새겨진 돛천에 싸서 잔지바르까지 2400킬로미터를 운반했다. 사망하고 거의 1년 후, 리빙스턴의 장례는 웨스트민스터 사원에서 국장으로 치러졌다. 그의 마지막 안식처를 표시하는 비문에는 고인이 일기에 썼던 마지막 말이 새겨져 있다. "내가 고독에 더할 수 있는 말은 이것뿐이다. 미국인이든 영국인이든 튀르키예인이든 세상의 이 아물지 않은 상처를 치유하는 데 힘이 되어줄 모든 이에게 부디 하늘의 풍요로운 축복이 내리길." 리빙스턴은 무역과 기독교를 통해, 아프리카 동부를 유린했던 '참담한 노예 매매'가 근절되길 꿈꿨다. 운명은 비극적인 사실을 보기도 전에 그를 데려갔다. 아프리카 내륙을 무역과 기독교에 개방하려던 그의 노력이 결국은 그가 그토록 사랑했던 사람들에게 헤아릴 수 없는 고통을 안겨주고 말았으니 말이다. 그러한 고통이 콩고보다 더 큰 곳은 없었다.

카술로는 아프리카 심장부의 새로운 상처다. 매일 생사를 오가며 절망하고 술에 취한 일꾼들이 정신없는 벌집 같은 터널에서 우글거린다. 카술로의 채굴꾼은 누구나 생매장될지도 모른다는 죽음의 공포 속에 살아간다. 이곳은 위험의 집약지, 콩고 코발트 채굴 시스템 전체의 증류소다. 모든 광기와 폭력과 굴욕이 여기서 정점으로 치닫는다. 카술로는 글로벌 경제의 모든 문제점을 드러내는 민낯이기도 하다. 여기서는 자원 말고는 아무것도 중요하지 않다. 사람과 환경은 쓰다 버리면 그만이다. 문명의 요소는 모조리 폐기됐다. 도덕적 경계가 없는 무절제한 광란이다. 카술로 사람들은 "폭력적인 죽음의 끊임없는 공포와 위험 속에서" 하루하루를 견디며, 홉스적인(Hobbesian) 투쟁 상태에서 혼자 방어하고 싸우다가 죽도록 방치된다(또는 부추김을 당한다). 카술로는 끔찍한 진실의 벼랑 끝으로 우리를 내몬다. 우리는 이곳에서 코발트 공급망 맨 위에 있는 리바이어던(leviathan:《성경》에 나오는 바다 괴물. 홉스는 동명의 책에서 국가 권력을 이것에 비유했다―옮긴이)들이 우리기 보지 않길 바라는 어두운 비밀을 발견한다. 그들은 이곳에 사는 사람들과 더불어 이런 불편한 소문이 영원히 묻히길 바란다. 장벽을 세워 카술로를 분리한 것도 바로 이런 이유 때문이다. 아무도 진실을 알아서는 안 된다. 1960년대 베를린의 덥고 먼지 낀 버전인 이 장벽을 공화국 수비대와 민주콩고 정부군이 순찰을 돌고 있지만, 장벽을 건설하기 시작한 이래 지금까지 구축되었던 모든 벽이 그렇듯 여기에도 균열은 있다. 나의 능숙한 가이드 클로드(Claude)는 카술로 주민이라 이 벽의 비밀을 잘 알고 있었다. 그는 폐철로 근처의 동쪽 변두리로 나를 데려갔다. 거기서 우리는 아무도 지키지 않는 장벽의 틈새를 찾아 안으로 들어갔다.

"카술로는 공동묘지예요." 클로드는 신앙심을 잃어버린 사제의 눈빛으로 내게 말했다. "여기에 몇 명이 묻혀 있는지는 아무도 몰라요."

카술로의 본질은 악마의 도박이다. 터널을 파는 이들은 두둑한 돈을 챙길 수 있다는 가능성에 목숨을 건다. 내가 카술로에서 조사한 '가장 두둑한' 소득은 하루 평균 실수입 7달러였다. 헤테로제나이트가 유난히 풍부한 광맥을 찾으면 12달러, 심지어 15달러까지 치솟는다. 모두가 노리는 로또 복권이다. 카술로에서 가장 운 좋은 터널 인부는 연간 약 3000달러를 번다. 참고로, 카술로에서 채굴된 코발트를 구매하는 테크 기업과 자동차 기업의 CEO들은 한 시간에 3000달러를 번다. 하루하루 일터로 갈 때마다 목숨을 걸 필요도 없이 그렇게 벌고 있다.

금요일 아침나절 카술로에 들어간 나는 곧이어 소년 2명, 술에 취한 남자 5명과 마주쳤다. 이 동네에서 내가 만난 성인 장인 광부들은 대부분 로토코(lotoko)라는, 불법 제조한 카사바 술을 마셨다. 술은 이들에게 터널로 내려가는 두려움을 가라앉히는 방법이었다. 남자 다섯이 나무 막대기로 텐트처럼 세운 분홍색 방수포 쪽으로 나를 안내했다. 소년 둘은 방수포 뒤로 날쌔게 숨더니 나를 수줍게 훔쳐봤다. 소년들의 아버지 이콜로(Ikolo)는 자기 집이 터널 바로 옆인데, 거기엔 조그만 땅뙈기도 있다고 했다. 눈이 충혈된 그는 혀 꼬부라진 소리로 말했다. 이콜로의 팀은 그날 아침 몇 시간만 잔 상태에서 다시 터널로 내려갈 준비를 하고 있었다. 또 다른 팀은 밤새도록 지하에서 작업을 했다. 이콜로는 터널 갱도 입구를 내게 보여줬다. 입구를 가로질러 나무판자가 하나 놓여 있었다. 그는 팔과 다리를 벽에 대고 밀면서 갱도를 내려간다고 했다.

이 터널은 바닥까지 30미터예요. 우리가 헤테로제나이트 광맥을 찾은 게 바로 거기거든요. 광맥은 땅속의 뱀과 같죠. 우리는 뱀을 찾으면 최대한 멀리까지 따라갑니다. 어느 방향으로 갈지, 어디까지 따라갈지를 알려면 경험이 필요하죠. 우리는 이것〔강철봉〕으로 벽을 쳐서 돌을 깹니다.

이콜로는 헤테로제나이트로 자루들이 충분히 찼다 싶으면 팀원 한 명이 터널 갱도를 타고 올라가 입구의 나무판자에 묶인 밧줄을 이용해 자루를 끌어 올린다고 설명했다. 자루는 판매할 준비를 마칠 때까지 이콜로의 집에 보관했다. "우리는 한 네고시앙과 합의를 봤어요." 이콜로가 얘기했다. "그가 트럭을 기찻길 근처로 가져오면 우리는 거기에 자루들을 싣습니다."

"그 네고시앙은 코발트를 어디다 판매하나요?" 내가 물었다.

"무솜포." 이콜로가 대답했다.

네고시앙과의 합의에 대해 물었더니, 그가 무솜포의 광석 판매 대금 중 절반을 자기들한테 준다고 했다. 이콜로에 따르면, 이 액수가 카술로의 창고에서 자신들이 벌어들일 돈보다 훨씬 더 크다고 했다. 군인들이 돈을 갈취하기 때문이다.

터널을 파는 위험한 생활은 이콜로 자신이 꿈꿨던 삶이 아니었다. 풍구루메 출신인 그는 거기서 자동차 수리점을 운영했다. 2012년에 결혼했고, 아내와 함께 콜웨지로 이사할 예정이었다. 당시 카술로는 그가 집과 작은 부지를 구입할 수 있는 조용한 동네였다. 콜웨지로 가는 주요 도로에 수리점을 열 생각이었는데, 2014년 카술로에서 우물을 파던 한 남자가 코발트를 발견하면서 모든 게 달라졌다. 처음에 이콜로는 너도나도 땅을 파는 분위기에 저항했지만, 이윽고 동네는 채굴꾼과 급증하는 인구를 뒷받침할 가게들의 출현으로 주체할 수 없는 지경이 되었다. 하룻밤 사이 자영업을 하기에는 너무 비싸고 경쟁이 치열해진 것이다. 이콜로는 횡재 가능성이 있더라도 위험한 터널 굴착은 어떻게든 피하려고 잡다한 수리 일을 하며 생계를 이어갔다. 그러다 두 아들이 태어났고, 생활비가 추가되니 가족은 입에 풀칠하기도 힘들었다.

"매일 한 끼밖에 못 먹었어요. 아들들은 허기지고 아팠어요. 선택의 여지가 없었죠."

2018년 초에 이콜로는 아는 사람들을 모아 자기 소유 땅에 터널을 파기 시작했다. 목표는 아이들이 종일 학교 교육을 받을 만큼 돈을 버는 것이었다.

"저는 학교에 다닌 적이 없거든요. 우리 애들이 이렇게 사는 건 바라지 않습니다."

이콜로는 무릎을 꿇더니 손가락으로 흙바닥에 터널 모양을 그렸다. 주 갱도는 아래로 곧장 내려간 다음, 더 뚫을 수 없는 기반암에서 한 번 꺾였다가 다시 광맥까지 아래로 이어졌다. 그들은 주 갱도 바닥에서 L 자 모양으로 5개월 동안 터널을 뚫었다. 버팀목도 공기 펌프도 없었다.

"터널에서는 숨 쉬기가 아주 어려워요." 이콜로가 말했다. "더워서 땀이 나죠."

헤테로제나이트 광맥을 헤집으면서 땅속에 있을 때 어떤 느낌이냐고 물었다.

"모두 조용히 있어야 해요. 터널이 무너질지도 모른다는 걸 알거든요. 바보가 아니니까요. 내려가기 전에 기도를 해요. 작업에 집중합니다. 어차피 우리의 생사는 신의 손안에 있으니까요."

그러곤 카술로에서는 매달 한 번씩은 터널이 무너질 거라고 덧붙였다. 사고가 나면 모든 사람이 안다면서. "바로 당일에 소식을 듣죠. 우리는 그 가족들이 우리 가족도 위로해주길 바라면서 그들을 위로합니다."

우기에는 카술로의 터널 사고가 더 잦고 순식간에 홍수까지 일어난다고 했다. 갑작스럽게 폭우가 쏟아지면 지하에 있는 채굴꾼은 익사할 가능성이 높다.

질식이든 익사든 붕괴든 작업 자체가 마치 사형 선고나 다름없다. 위험을 감수할 만한 가치가 있느냐고 이콜로에게 물었다. 그는 잠시 침묵하더니 답변했다.

"이곳에는 다른 일이 없어요. 코발트가 유일한 가능성이죠. 저희는 터널로 내려갑니다. 코발트를 충분히 가지고 올라올 수 있으면, 저희의 걱정이 하루 동안은 끝나는 거죠."

그러곤 네 살과 다섯 살짜리 두 아들을 처연하게 바라봤다.

"터널에 들어갈 때마다 이 아이들을 다시 볼 수 있을까 생각해요."

이콜로는 아이들 볼에 입을 맞추고 터널로 내려갔다. 바깥의 빛에 어슴푸레 보이던 그의 모습이 이내 어둠 속으로 사라졌다. 나는 이콜로의 아이들을 바라보며 아버지가 어디로 가는지 그 애들이 과연 알고 있을까 궁금했다. 그게 아버지를 보는 마지막 순간일 수도 있다는 사실을 알까? 만일 그렇다면 아버지를 기억할까? 무자비한 땅속에 웅크리고 있는 매 순간, 만에 하나 터널 벽이 무너지면 마지막이 될 수도 있다고 생각하며 이콜로가 견뎌냈을 불안감을 차마 상상조차 할 수 없었다. 이콜로는 오래오래 살아서 아들들을 교육시키고 그 애들에게 더 나은 삶을 제공하길 바랐지만 그러한 열망은 오늘, 내일, 아니면 그다음 날 그와 함께 묻힐 수도 있었다. 만일 최악의 상황이 일어난다면, 아이들은 언젠가 아버지와 똑같이 악마의 거래에 직면할 것이다. 단지 살아남기 위해 목숨을 걸고 지하 세계로 뛰어들 것이다.

나는 이콜로의 터널에서 카술로 중심부 쪽으로 더 걸어갔다. 주변엔 온통 암울한 광경이 펼쳐졌다. 그곳은 열기와 폭력의 악취가 풍겼다. 땅은 헤집어져 엉망이었다. 온통 비탈과 구멍 천지였다. 모든 공간이 오두막, 채굴 장비 가게, 음식과 주류 시장, 미용실, 휴대폰 충전 카드 키오스크, 오토바이, 자전거, 잡석 더미, 라피아 자루 무더기, 구리·코발트 창고 따위로 압축되어 있었다. 커다란 검은색 스피커에서는 목을 비틀며 쥐어짜는 음색의 팝 음악이 쿵쿵거렸다. 해머, 망치, 금속 철봉이 바닥에 여기저기 널브러져 있었다. 흙길은 부서진 상자, 비닐봉지, 빈 술병들로 지저분했다. 아이들은 어지러운 이 미로를 날쎄게 지나다녔다. 10대 소년들은 녹슨 자전거를 타고 흙길을 따라 헤테로제나이트 자루를 힘겹게 운반했다. 사방이 터널과 방수포였다. 한때 고무의 무게로 삶을 측정해야 했던 조상들의 후손은 이제 코발트 무게로 삶을 측정해야 했다.

판잣집 사창가 근처에서 사내들 사이에 싸움이 벌어졌다. 한 마담이 금색 테두리에 선명한 남색과 하늘색이 섞인 파뉴로 치장하고 문 앞에 서 있었다. 마담은 미국 달러를 선호했다. 10달러에 흔쾌히 업소를 둘러볼 수 있게 해줬는데, 여자들에게 말을 거는 것은 허용되지 않았다. 그중 몇몇은 14세 정도로 어려 보였다. 업소는 지붕이 없고 먼지투성이 매트리스가 바닥에 깔린, 벽돌 벽으로 칸막이를 한 샹브르(chambre, 방)들로 이뤄져 있었다. 땅바닥에는 담배꽁초와 술병과 온갖 쓰레기가 나뒹굴었다. 일부 벽에는 반나체 여성들의 화보가 붙어 있었다. 뒤쪽 샹브르 중 하나에 진보라색 원피스를 입고 머리를 땋은 어린 소녀가 보였다. 그 순진한 광채가 지저분한 주변 환경과 무척이나 대조적이었다. 내가 이곳을 둘러보는 동안 마담은 목 뒤에 뜨거운 숨결이 느껴질 만큼 바짝 붙어 나를 따라왔다. 그러다 결국 짜증이 난 듯 나를 밖으로 데리고 나왔다. 나는 카술로에 이런 업소가 몇 군데나 있는지 아느냐고 물었다. 마담은 어깨를 으쓱하고 입술을 소리 나게 한 번 빨더니 말했다. "10개쯤 되려나. 잘 모르겠네요." 그러면서 임금을 받은 날이면 채굴꾼들이 자기네 가게를 찾아온다고 했다. "축하하고 싶은 거죠. 살아 있음을 느끼고 싶어 하거든요." 반면 군인들은 돈도 안 내고 여자를 차지했다.

그날 나머지 시간을 나는 카술로 곳곳에서 터널을 파는 몇 팀을 만나며 보냈다. 그들의 이야기를 듣다 보니 혼돈 아래 질서 같은 게 느껴졌다. 후원자, 채굴꾼, 판매자, 구매자, 관리자들의 미시 경제가 포함된 확고한 시스템이 있었다. 내가 코발트 생태계를 이해하는 데 가장 큰 도움을 준 팀은 이 동네 중심부 인근 채굴 현장에서 일했다. 이 14~25세의 팀으로 이뤄진 남성 4명과 10대 2명은 방 4개짜리 벽돌집 옆의 터널 단지를 굴착하는 30명 넘는 대규모 무리의 일원이었다.

이 하위 그룹의 맏형인 무톰보(Mutombo)가 터널 구역을 안내해주기로 했다. 그는 짙은 갈색 트레이닝 바지에 초록색 하이네켄 티셔츠 차림이었다. 근육질에 혈기가 왕성하고 뉴욕 거리의 사회 초년생 같은 자신감이 엿보이는 청년이었다. 무톰보는 자기 팀이 형제와 사촌들이라고 설명했다. 그들은 자기 팀원이나 다른 팀 사람 소유의 집에서 땅을 파는 게 아니었다. 집주인 자크(Jacques)는 루붐바시에 살았다. 카술로 인근에 사는 그의 동생 레지(Régis)가 이 집에서 30명의 채굴꾼을 관리했다. 요컨대 자크와 레지는 이곳에서 땅을 파는 장인 광부들의 스폰서인 '구덩이 주인'이었다. 후원금을 대주는 이 스폰서 시스템은 CDM 시범 현장 내부와 동일하게 돌아갔다. 무톰보는 이렇게 설명했다.

우리가 터널을 파기 시작하면 스폰서가 매주 임금을 줘요. 굴착 도구, 물 펌프 한 개, 공기 펌프 2개, 전조등도 주고요. ……이곳 거주자들의 땅을 파려고 여러 마을에서 사람들이 와요. 모두가 코발트를 찾으려고 오는 거죠. "꿀을 먹으려면 벌을 따라가라"는 속담처럼요.

무톰보는 자기들이 헤테로제나이트 광맥을 찾는 데 세 달이 걸렸고, 약 한 달간 그 광맥을 개발하고 있는 중이라고 했다. 이 터널에서 캔 헤테로제나이트는 레지가 집에서 그리 멀지 않은 창고에 내다 팔았다. 수입 배분은 레지 쪽이 유리한 60 대 40. 무톰보는 벌이가 가장 좋은 날은 10달러를 가지고 걸어서 귀가했다. 채굴꾼이 후원금을 되갚은 후에는 어떻게 되느냐고 물었더니, 무톰보는 확실하지는 않지만 그때는 50 대 50으로 시스템이 바뀔 것 같다고 했다. 결정적으로, 장인 광부들은 레지와 함께 창고에 같이 가지는 못했다. 레지가 광석의 판매가를 정확하게 전달한다고 믿는 도리밖에 없었다.

"우리는 내려가고, 파고, 올라옵니다. 먼지를 씻어내고요. 이게 우리의 삶입니다. 오직 전진할 뿐이죠." 무톰보가 말했다.

무톰보는 담배에 불을 붙이고 아련하게 연기를 내뿜었다. 우리는 그의 배경과 카술로에 오게 된 사연에 대해 좀더 이야기를 나눴다.

"저는 리카시에서 태어났어요. 형이 7명이라는 게 믿어지세요? 어머니는 딸을 원해서 계속 낳았고, 제가 태어나자 아버지는 이렇게 말했대요. '당신은 마녀가 틀림없어! 이 남자애들 넷을 데려가서 여자애 한 명과 바꿔오시오!'"

무톰보는 파안대소했다. 내가 장인 광부의 웃음소리를 들은 건 처음이었다. 무톰보는 8학년 때 학교를 관뒀고, 파토케가 일했던 토코텐스 등 리카시 인근의 장인 광산들에서 코발트를 캐기 시작했다.

"교육이 중요하다고 말씀하실 거라는 건 알지만, 저는 부모님을 돕고 싶었어요. 내게 필요한 물건도 사고 싶었고요." 무톰보가 말했다.

무톰보의 형 중 3명은 장인 광부였고, 한 명은 은돌라(Ndola)의 시멘트 제조업체에서 일하느라 잠비아로 이주했다. 나머지는 리카시와 루붐바시에서 일했다.

"저는 계획이 있어요. 영원히 땅을 파지는 않을 겁니다. 돈을 저축하고 있어요. 충분히 모으면 카술로에서 담배와 맥주를 파는 장사를 시작할 거예요. 모든 크루제르한테는 담배와 맥주가 필요하니까요!"

터널을 파며 꿈을 품는 장인 광부만큼 신의 섭리를 주제넘게 거역하는 사람이 세상에 또 있을까. 터널을 내려갈 때마다 그가 끔찍한 종말을 맞을 확률은 높아질 것이다. 그는 왜 이 일을 할까? 믿을 만한 대안의 부재가 그 해답의 일부는 될지언정 전부는 아니다. 장인 광부들을 카술로로 몰아가는 '일확천금'의 충동은 여전히 존재했다. 그것은 거대하며 흔히 비극으로 치닫는 도박이다. 모든 카지노가 그렇듯 결국은 상대방이 이긴다. 무톰보처럼 터널을 파는 인부는 가치 사슬의 최저 단계에서 일부분을 공유할 뿐이다. 그들의 노동 가치는 거의 다 빼돌려져 상류층에서 분배된다. 그럼에도 불구하고 무톰보는 광산 지역의 또래들에 비하면 비교적 넉넉한 수입을 확보하고 있었다. 그의 팀원은 각각 하루에 약 10킬로그램의 헤테로제나이트를 생산한다. 평균 4퍼센트 등급에 킬로그램당 약 1.30달러라고 가정했을 때, 팀원들은 스폰서와 60 대 40으로 나누면 하루에 평균 약 5.20달러를 버는 셈이다. 분배가 50 대 50으로 바뀌면 하루에 6.50달러로 늘어날 것이다. 내가 민주콩고에서 조사한 모든 코발트 장인 광부를 통틀어 최고의 평균 수입이다.

이 수치는 카술로의 코발트 총생산량이 어마어마하다는 사실을 시사하기도 한다. 터널을 파는 인부들이 각각 매월 약 250킬로그램의 헤테로제나이트를 생산하는데, 만일 그런 인부가 카술로에 1만 8000명 있다면 이 지역에서 연간 약 5만 4000톤의 헤테로제나이트를 생산한다는 얘기다. 카술로 지하에는 60만~80만 톤의 헤테로제나이트가 있다고 추정되므로, 이런 쟁탈전도 기껏해야 10년 혹은 15년 더 남았다. 그 기간 동안 카술로의 터널 일꾼들은 (콩고 기준으로) 많은 돈을 벌 것이다. 또 수

많은 생명이 희생될 것이다. 그리고 마침내 코발트가 고갈되면, 세상은 마치 잔뜩 배가 부른 사자처럼 카술로를 떠나 제 갈 길을 갈 것이다. 이것이 바로 루붐바시의 학생 글로리아가 경고했던 '재앙'이다. 일단 자원을 다 뺏기고 나면, 콩고 사람들한테는 무가치한 흙과 굶주린 배만 남을 것이다. 그사이 하루에 5달러 혹은 10달러를 벌 수 있다는 전망이 무톰보 같은 수천 명의 채굴꾼을 터널 안으로 유혹할 테고 말이다. 세계 경제가 여기에 달려 있다. 매일매일 터널 안으로 들어가는 무톰보의 행동이 가치 사슬의 모든 사람에게 수십억 달러에 달하는 가치를 창출하지만, 위험은 순전히 무톰보 같은 사람들이 떠맡는다. 이 시스템은 무톰보를 제외한 모든 이들한테는 장점뿐이고, 그가 창출한 부는 그의 성실한 어깨 저 위쪽에서 한껏 쌓여간다.

무톰보의 팀원들이 터널로 내려가기 시작했다. 나는 첫 번째 청년이 터널 벽에 발과 손을 대고 밀면서 심연으로 사라지는 것을 갱도 위에서 내려다봤다. 터널에 버팀목이 있는지 무톰보에게 물어봤다. 그런 건 없었다. 그가 아는 한 카술로의 어떤 터널에도 없다고 했다. 두 번째 팀원이 갱도를 내려가자, 무톰보는 터널 파는 과정을 더 자세히 얘기해줬다. 첫 번째는 스와힐리어와 프랑스어의 합성어인 쿠파냐 데쿠베르트(kufanya découverte)라는 단계인데, 이는 '발견하다'라는 뜻이다. 장인 광부들이 헤테로제나이트 광맥을 발견할 때까지 갱도를 삽으로 똑바로 파내려가는 단계다. 일단 광석을 발견하면, 아타캉(attaquant, 공격자)이 그 광맥을 따라갈 최상의 경로를 결정해 팀을 이끌었는데, 이 과정을 쿠프와타 필롱(kufwata filon)이라고 부른다.

무톰보는 자기가 팀의 아타캉이라고 했다. 이는 그가 매우 진지하게 생각하는 임무였다.

"코발트를 얼마나 깊이 추적해야 하는지 알려면 경험이 필요해요." 무톰보가 설명했다. "우리가 광맥을 따라갈 때 가장 불안한 순간이 바로 이때입니다. 1미터 더 팔 때마다 터널 붕괴 위험이 더 커지거든요."

무톰보는 집 옆의 디젤 발전기에 연결되어 터널 갱도를 구불구불 내려가는 전선 2개를 가리켰다. 밤을 꼴딱 새며 지하에 머물 때 숨을 쉬는 데 도움을 주는 공기 펌프용이라고 했다.

"주 갱도 밑바닥의 공간에서 눈을 조금 붙일 수 있고, 터널의 더 깊은 안쪽에서 잠을 잘 때도 있거든요. 이 기계가 우리를 질식하지 않게 해줍니다."

무톰보에게 필요 이상으로 지하에서 많은 시간을 보내느니 왜 지상으로 올라와 잠깐이라도 잠을 자지 않느냐고 물었다.

"신은 이미 우리의 운명을 결정하셨습니다. 우리가 터널에서 죽게 되어 있다면, 우리가 죽을 곳은 거기겠죠."

무톰보가 터널 갱도 아래에 대고 소리치더니 찢어진 라피아 자루를 묶어 만든 긴 밧줄을 떨어뜨렸다.

"보여드릴게요." 그가 위대한 보물을 엿보게 해주기라도 하듯 미소를 지으며 말했다.

무톰보는 라피아 밧줄 한쪽 끝을 왼쪽 손목에 감고 터널 입구의 나무 판자 위를 밟고는 양발을 쫙 벌린 자세를 취했다. 누군가 아래에서 소리를 질렀다. 무톰보는 빠르고 강한 동작으로 밧줄을 당기기 시작했다. 그가 당기고, 숨 쉬고, 또 당기는 동안 몸의 근육 하나하나가 팽팽해졌다. 나는 당연히 가방이 올라올 것으로 생각했다. 그러나 그가 계속 당기고 당겨서 마침내 모습을 드러낸 것은 최소 30킬로그램은 될 듯한 고등급 헤테로제나이트로 가득 찬 라피아 자루였다. 무톰보는 터널 옆에 자루를 내려놓고 호흡을 가다듬었다. 구슬 같은 땀방울이 이마에서 콧날을 따라 흘러내렸다. 셔츠 뒤쪽은 흠뻑 젖었다. 그가 판자에서 내려와 손목의 밧줄을 풀었다. 그러곤 자루 윗부분을 열더니 입이 귀에 걸리도록 활짝 웃었다.

"이게 코발트입니다."

나는 자루에서 주먹 크기의 헤테로제나이트 한 덩어리를 집어 들었다. 그것은 내가 키푸시에서 처음 쥐어본 덩어리와 비슷했다. 청록색과 하늘색의 묘한 혼합에 은빛 얼룩, 주황색과 불그스름한 반점이 반짝거렸다. 이 표본의 색이 더 진하고 화려했다. 이것이 카술로 땅속 여기저기서 마치 케이크 속 건포도처럼 발견되기를 기다리고 있는 세계 최고 등급의 광석 중 하나였다.

무톰보는 팀원 중 마지막으로 비단뱀의 뱃속으로 용감하게 들어갔다. 카술로의 모든 채굴꾼처럼 그도 더 나은 삶을 위한 꿈에 집착했다. 목표를 달성하기 위해 그는 지상과 터널, 산 자와 죽은 자의 두 세계 사이에 갇힌 그림자처럼 살아야 한다. 하지만 카술로의 대부분 장인 광부들과 달리 술을 마시지 않았다. 두려움에 정면으로 맞섰다. 그는 자신이 덤으로 주어진 삶을 살고 있다는 걸 알고 있는 것 같았다. 자크와 레지에게 진 빚을 하루하루 갚을 때마다 죽은 자들에 대한 그의 빚은 커질 테고, 언젠가 그들도 정산을 마칠 것이다. 그럼에도 불구하고 그는 푸른색 황금을 찾아 땅속을 뒤져야만 한다. 카술로에서는 돈과 죽음이 늘 함께한다. 채굴꾼들은 그중 하나만 가질 수는 없다.

무톰보는 내려가기 전에 내 손을 꽉 잡았다. 서로를 이해하는 순간, 우리 눈이 마주쳤다. 나는 그를 다시 만나지 않겠지만, 우리는 그의 세계에서 나의 세계로 흘러가는 돌의 흐름에 의해 영원히 연결되어 있을 것이다.

나는 무톰보가 터널 아래로 기어 내려가는 걸 지켜봤다. 어둠 속으로 사라지기 직전, 그가 내 쪽을 올려다보고 미소를 지었다. 빛이 지상에 처음 내려온 그 순간처럼.

무톰보 팀이 캐낸 헤테로제나이트는 채굴 현장에서 그리 멀지 않은 곳에 위치한 창고에서 공급망 위로 올라가는 여정을 시작했다. 조사를 위해 그곳으로 걸어갔지만, 군인들이 창고들을 순찰하는 중이었다. 멀리서도 금속 판잣집 전면에 1~20퍼센트 등급에 따라 손으로 쓴 가격표가 보였다. 10퍼센트 이상 받은 장인 광부가 있다는 얘기는 카술로에서 한 번도 들은 적이 없었다. 창고 안에는 높게 쌓인 헤테로제나이트 자루들에 둘러싸인 플라스틱 의자에 중국인 한 명이 앉아 있었다. 군인들이 있어 그와 얘기하는 게 불가능했다. 나는 카술로의 다른 여러 창고에서도 비슷한 제약에 부딪혔다. 군인들이 감시하지 않는 곳에서도 짧은 대화만 가능했다. 클로드가 88 창고의 관리자 시(Xi) 보스를 안다면서 어느 날 저녁 카술로 밖에서 그와의 만남을 주선해줬다.

약속한 그날 저녁, 나는 클로드와 함께 콜웨지 외곽에 있는 길가의 치킨집으로 갔다. 자동차와 오토바이들이 유령처럼 희뿌연 매연과 먼지 속을 지나갔다. 시를 기다리는 동안 클로드는 중국과 콩고 공동체들 사이의 갈등에 관해 좀더 얘기해줬다. 자신들의 땅이 약탈당하고 자신들의 공동체에는 거의 아무런 이득도 없다시피 한 채 자원이 채굴되는 것을 지켜본 콩고 국민은 분노가 커졌고, 이따금 폭발하기도 했다. 텐케 풍구루메에서 프로메스와 아사드가 말했던 폭동, 코무스에서 어린이들이 총에 맞아 죽은 후 일어난 가슴 아픈 폭동 영상이 일부 사례다. 나는 클로드가 중국과 콩고 공동체들 사이의 역학 관계에 대해 매우 신중하게 접근한다는 생각이 들었다. 그는 언젠가 "그들이 다 도대체 어디서 왔는지 보기 위해" 중국에 가보고 싶다는 바람을 드러내기도 했다. 클로드는 시 보스를 포함해 중국인 공동체의 몇몇 사람과 우호적인 관계를 맺고 있는, 내가 만나본 유일한 콩고인이기도 했다. 하지만 콩고인은 중국인과 친목을 맺지 않는 게 일반적이었다.

"우리가 중국인들과 맺는 관계는 거래뿐이죠." 클로드가 말했다.

클로드는 중국인과 콩고인 공동체들이 소통을 하지 않아 의혹이 곪아 터졌다고 말했다.

"양쪽 다 편견이 많거든요."

나는 몇 가지 예를 들어달라고 부탁했다.

"콩고인들은 중국인이 우리를 동물처럼 취급한다고 느껴요. 아니면 우리를 더럽다고 생각하거나. 그들은 콩고 사람이 손댄 음식은 절대 먹지 않아요. 그들이 자기들 식당에서만 밥을 먹는 이유가 바로 그거죠."

그리고 화제를 바꿔 이런 말도 했다. "중국인들은 감정이 없어요. 마치 로봇 같죠. 그렇지 않고서야 어떻게 한 번에 1년씩 가족과 떨어져 지낼 수 있겠어요?"

콩고인이 중국인에 대해 갖고 있는 가장 큰 불만은 아마 이것일 터이다. "그들은 시신을 태운다니까요!" 화장은 대부분의 콩고인에게 충격적인 관습이었다. 클로드는 콜웨지 근처 작업 현장에서 사고로 사망한 어느 중국인 건설 노동자의 이야기를 들려줬다. 시신을 중국으로 돌려보낼 수 없어 가족들이 그를 콩고에서 화장해달라고 요청했단다.

"자기들 공동체에서 예식을 준비하더라고요. 시신을 태웠죠. 도저히 믿을 수가 없었어요. 재가 되면 어떻게 그가 조상들과 만나겠냐고요?!"

나는 클로드에게 인도에도 같은 전통이 있다고 말했다. 그는 정중하게 어깨를 으쓱했다. 그건 그냥 납득할 수 없는 것일 뿐이다.

문화적 차이에도 불구하고 클로드는 많은 콩고인이 중국인에 대해 내키지는 않지만 존경심은 갖고 있다고 했다. "그들은 목표에 도달하기 위해 힘을 합쳐 일합니다. 콩고인은 자신을 위해서만 일하거든요. 그래서 중국은 발전한 나라고, 콩고는 가난하죠. 많은 콩고인이 이것을 부러워해요."

시가 도착해서 클로드와 반갑게 인사를 나눴다. 두 사람은 서로 어울려 다니지는 않았지만, 1년 좀 넘게 알고 지낸 사이였다. 88 창고에서 심한 기침으로 매우 아파 보이던 시를 클로드가 발견한 게 첫 만남이었다.

"클로드가 약을 가져다줬고, 저한테 아주 친절했어요." 시가 말했다.

클로드의 예상대로 시는 치킨집에서 아무것도 먹지 않았다. 클로드는 치킨 스튜 한 그릇을 주문했고, 나는 탄산음료를 마셨다. 시는 그날 밤 콜웨지의 중국인 구내식당에서 늦은 저녁을 먹을 거라고 했다.

"그 식당에 위성 안테나가 있어 중국 방송을 볼 수 있거든요." 시는 휴대폰으로 스트리밍 드라마를 보는 것도 즐겼다. 그가 가장 좋아하는 드라마는 〈가디언(Guardian)〉이라는 판타지 범죄물이었다. 다른 행성에서 인간과 함께 살면서 한정된 자원을 놓고 싸우는 외계 종족 이야기다.

클로드는 내가 어떤 사람인지, 그리고 코발트 광산에서 수행하는 내 연구에 대해 시에게 좀더 말해주었다.

"여기서 얘기할 수 있어 좋네요." 시가 말했다. "카술로였다면 군인들이 우리를 괴롭힐 거예요."

시는 32세이고 우한(武漢) 출신이었다. 우리가 만난 시기는 지금 생각해보니 코로나19 팬데믹이 그의 고향에서 발발해 전 세계로 퍼지기 1년 정도 전이었다. 그 무렵 그는 콩고에 거의 2년을 머무르고 있었다. 처음 배치된 곳은 루붐바시에 있는 CDM의 가공 시설이었다. 그 후 무숌포에 있는 창고에서 일을 돕다가 카술로의 88 창고 운영직을 맡게 되었다. 그는 보통 일주일에 6일, 아침 10시부터 저녁 6시까지 일한다고 했다. 장인 광부들이나 구덩이를 맡고 있는 보스들로부터 헤테로제나이트를 구입해 거래 내역을 기록하고, 가끔 가격과 등급에 관해 언쟁도 했다. 그는 돈을 자물쇠 달린 상자에 보관했다가 일과가 끝나면 CDM 광산의 상사에게 전달했다. 그가 사들인 헤테로제나이트는 CDM 현장에서 일하는 인부들에 의해 창고로 갔다가 픽업트럭에 실려 광구로 운송할 수 있는 지점으로 옮겨갔다. 나는 우한 출신이 어쩌다가 카술로의 창고에서 일하게 되었냐고 물었다. 그는 CDM의 온라인 관리직 채용 공고를 봤다고 했다. 면접을 보러 갔더니 자신이 살게 될 편안한 아파트 사진을 보여주었단다. 그는 직책을 수락했고, CDM은 그의 비자와 항공권을 마련해줬다. 그런데 콜웨지에 도착하고 보니 조건이 제시된 것과 달랐다.

"아파트가 별로인 데다 CDM의 다른 직원 3명과 같이 써야 하더라고요. 월급도 약속한 금액의 절반만 주고요. 내가 기대했던 일이 아니었어요." 시가 말했다.

다른 직업을 찾으러 고향으로 돌아가는 건 생각해본 적이 없냐고 물었더니, 계약 기간이 5년이라고 했다. 계약을 어기면 소문이 퍼질 테고, 다른 일자리를 찾는 것도 아주 어려워질 거라고 했다. 그는 CDM 일을 그만두면 고향에 돌아갈 서류를 받는 것도 쉽지 않을 거라고 덧붙였다.

"콩고를 떠나 남아프리카공화국으로 간 중국인을 많이 알아요." 시가 말했다. "그들이 중국으로 돌아가는 서류를 얻는 건 아주 어려울 거예요. 그들은 저처럼 가족이 있는 것도 아니죠. 그래서 저는 그런 위험을 감수할 수 없어요."

시의 아내와 아들은 우한에 있었다. 수천 마일 떨어진 곳의 일자리 하나 때문에 가족을 떠나는 게 쉽진 않았다. 하지만 중국에는 좋은 일자리가 없었고, 콩고 파견직은 그가 1년 넘게 구직한 끝에 찾아낸 유일한 선택지였다. 콩고에서 2년차가 되니 가족과 떨어져 지내는 게 특히 어려웠다.

"위챗(WeChat)으로만 가족의 얼굴을 볼 수 있죠." 시가 말했다. "제가 여기 왔을 때 아들이 두 살이었어요. 이제 네 살이죠. 내가 누구인지 그 애가 아는지 모르겠어요."

창고를 담당하는 시의 월급은 매월 약 1300달러였다. 그가 약속받은 금액의 절반이지만, 그래도 카술로에서 터널을 파는 이들이 받는 평균 임금의 거의 8배, 광산 지역 전체 장인 광부들이 받는 평균 임금의 20배가 넘었다.

시에게 공감하지 않기가 어려웠다. 그는 고향에서 멀리 떨어져 고립되고 단조로운 생활에 갇혀 있었다. 이콜로와 달리 코발트 공급망에서 훨씬 더 높은(훨씬 더 안전한) 위치에 있기는 했지만, 가족을 부양하기 위해 힘든 조건을 견디고 있었다. 시는 우리와 헤어지기 전에 이런 말을 남겼다. "기회가 있으면 루붐바시에 있는 CDM 보스들과 얘기해보세요. 그들은 잘살고 있어요. 개인 주택이 있고, 중국에도 자주 가죠. 콜웨지에 있는 우리의 삶이 왜 이렇게 형편없는지 그분들한테 좀 물어봐주세요."

나와 기꺼이 이야기를 나누려 한 유일한 CDM 간부가 아프리카 사람들이 얼마나 게으르고 무지한지를 불평하느라 바빠서 시 같은 창고 관리자의 삶의 질에 대해서는 걱정할 겨를도 없다는 사실을 나는 굳이 그에게 말하지 않았다.

카술로를 방문할 때마다 광기가 더 커지는 듯했다. 코발트 쟁탈전으로 공기가 과열됐다. 인간의 모든 감정, 즉 희망·공포·탐욕·걱정·분노·시기 그리고 무엇보다도 고통이 터널마다 분출했다. 가장 큰 고통을 감내하는 것은 카술로의 어머니들이었다. 그들 대부분이 나와 얘기하길 원하지 않았다. 슬픔 다음에는 영혼을 갉아먹는 고통이 있다. 상실 다음에는 삶을 파괴하는 참사가 있다. 콩고에서는 인간의 마음이 견딜 수 있는 한계에 부딪힐 때가 너무나 많다. 이 땅은 괴물들로 가득 차 있고, 카술로 지하에 사는 괴물은 1000개의 머리를 가진 히드라(hydra)처럼 입을 떡 벌린 채 먹잇감이 들어오길 기다린다.

카술로를 두 번째로 방문했을 때, 나는 졸리(Jolie)라는 한 젊은 엄마를 만났다. 졸리는 사고에 대해 이야기해주겠다고 했지만, 내가 금이 간 벽돌 벽과 녹슨 지붕을 이고 있는 작은 집에 들어서는 순간, 이미 나를 부른 걸 후회하는 것 같았다. 슬픔이 그의 가냘픈 체구를 짓누르고 있었다. 큰 눈은 얼굴 깊숙이 퀭하니 들어갔다. 손목의 뼈는 살 위로 솟은 듯했다. 이를 해골처럼 악물었다. 목의 피부에는 마치 변색된 리본처럼 줄이 그어져 있었다. 숨소리는 끝이 탁했지만, 나오는 목소리는 왠지 꾀꼬리의 잔잔한 지저귐을 떠올리게 했다.

졸리는 몇 달 동안 통잠을 이루지 못했다고 했다. 밤새도록 금속 지붕의 녹슨 자국을 바라봤다. 벽돌과 금속 사이의 좁은 틈으로 미광이 들어왔다. 그림자가 그의 마음에 장난을 쳤다. 의식에서 선잠으로 넘어 가는 순간, 형상이 나타났다. 얼굴은 볼 수 없었지만 누군지는 알 수 있 었다. 비명을 지르려 했지만, 소리가 나오지 않았다. 몸을 일으키려 했 지만, 옴짝달싹할 수 없었다. 붙잡고 싶었지만, 팔을 들 수 없었다. 이 를 너무 세게 악물어 잇몸에서 빠져나올 것만 같았다. 결국 겁에 질려 불쑥 잠에서 깼다. 몇 분 동안 꿈인지 생시인지 구분할 수 없었다.

졸리는 남편 크리스팽(Crispin)과 아들 프로스페르(Prosper, 16세)가 카 술로의 터널 붕괴 사고 현장에 매몰됐다는 소식을 들은 그 순간을 떠올 리게 하는 모든 것을 두려워하며 매일매일을 살았다.

"제 삶은 그날 끝났어요. 저는 귀신이랍니다."

졸리는 공포에 떨며 붕괴 현장으로 달려갔던 날을 기억했다. 그 이상 자세한 내용은 언급하지 않았다. 그리고 결국 죽은 듯한 침묵 상태의 집으로 돌아왔다. 말리려고 널어놓은 옷들에서 여전히 남편과 아들의 냄새가 났다. 아침에 스튜를 먹던 그릇이 그들이 만진 마지막 물건이었 다. 이 숨 막히는 공간의 모든 것이 그들을 떠올리게 했다. 집은 고통이 었다. 밖으로 나가는 것은 훨씬 더 고통스러웠다.

"터널은 여기서 불과 10미터밖에 안 떨어져 있어요. 저는 매일 그 장 소를 지나가죠. 땅 밑을 쳐다봐요. 크리스팽과 프로스페르가 아직도 거 기 있어요. 제 발밑에요."

카술로에서 터널이 무너지면 대부분 시신을 수습하지 못한다. 가족은 사랑하는 이들에게 제대로 된 장례식을 치러줄 수 없다. 대신 매일 죽은 이들 위를 걸어 다닐 수밖에 없다. 이것이 바로 코발트 공급망 상위의 사람들이 우리가 보지 않길 바라는 현실이다. 이것이 바로 이곳에 영원히 묻히지 않으면 안 될 진실이다. 터널 붕괴와 관련한 무자비한 계획이 그것을 확실하게 보여주며, 모두가 그것을 안다. 엄청난 부는 희생된 영혼을 기반으로 구축됐고 사망자 총계가 어마어마하다는 사실을 가리는 그 불가해한 침묵. 어쩌면 그들은 이것에 기대는지도 모른다. 비극 가운데서도 터널 붕괴의 잔인함에서 운명의 장난으로 살아남은 극소수 사람들이 있다. 그들은 어쩌다 지표면에 아주 가까이 있었고, 누군가 그들을 땅에서 파낼 만큼만 생명의 끈을 오래 붙들고 있을 수 있었다. 카술로의 17세 소년 뤼시앙(Lucien)이 바로 그런 생존자였다.

뤼시앙은 방 2개짜리 오두막의 맨바닥에 침울하게 앉아 있었다. 어머니 알렉상드린(Alexandrine)과 아버지 조쉬에(Josué)가 그의 곁에 앉았다. 조쉬에는 내가 온 게 탐탁지 않다고 분명하게 밝혔다.

"여기서 뭘 하는 겁니까? 뭘 하는 거냐고요?" 그가 거듭 물었다.

나는 그의 아들에게 일어난 일을 알고 싶어 찾아왔다고 말했다.

"쟤를 보세요! 뭔 일이 일어났는지 보이잖아요."

"네. 하지만 어떻게 부상을 당했는지 설명해주실 수 있겠습니까?"

"무슨 소용이 있죠?"

"콩고 밖의 사람들이 뤼시앙 같은 아이들이 코발트를 캐다가 다친 것을 알게 된다면, 이곳의 조건을 개선하는 데 도움을 줄 수 있을 거예요."

"그렇다고 내 아들한테 도움이 되지는 않아요."

"그렇겠죠. ……하지만 다른 사람들의 아이한테는 도움이 될지도 모르잖아요."

조쉬에는 코웃음을 쳤지만, 결국에는 뤼시앙과 그 사고에 대해 이야기를 나눠도 좋다고 말했다.

뤼시앙은 키가 크고 마른 체격에 눈은 뭔가를 꿰뚫어보는 듯했다. 두 다리는 뼈가 완전히 으스러져 쇠막대기로 간신히 고정했다. 극도로 불안 상태인 듯했다. 이마에 불거져 나온 정맥으로 피가 빠르게 고동치며 흐르는 게 보일 정도였다. 마음을 가라앉히려 집중할 대상을 찾고 있는 듯 시선을 정면으로 획 던지며 이를 빠르게 악물었다. 뤼시앙은 몇 차례 말을 꺼내려다 말기를 반복했다. 어머니의 부드러운 격려에 힘입어 간신히 자신이 겪은 시련을 얘기할 수 있었다.

뤼시앙은 15세 때 카술로의 어마어마한 터널 단지 현장에서 조쥐에와 함께 일하기 시작했다. 그곳에서 채굴하는 팀들은 성인 남자들과 10대 소년들을 합쳐 50명 남짓 되었다. 60미터가 넘는 터널의 주 갱도는 여태껏 내가 들어본 것 중 가장 깊은 곳에 속했다. 갱도 바닥의 가장 큰 공간은 50명의 인부가 전부 모일 수 있을 만큼 넓었다. 그들은 헤테로제나이트 광맥을 따라가며 여기서 갈라지는 터널 3개를 더 팠다. 터널마다 공기 펌프와 물 펌프가 있었다. 모든 장인 광부가 머리띠 조명을 착용하고 곡괭이를 소지했다. 뤼시앙은 열심히 일했고, 하루에 5~6달러를 벌었다. 그 수입으로 동생 셋의 수업료를 낼 수 있다는 사실에 자부심을 느꼈다. 가족은 주 1회 치킨을 비롯한 먹을 식량을 구입할 수 있었고, 이따금 새 옷도 샀다.

사고가 일어난 날 아침, 아침 식사를 마친 뤼시앙은 곡괭이를 들고 집을 나섰다. 조쥐에는 기침과 고열에서 회복하던 중이라 집에 남았다. 몸을 움직이지 못하는 뤼시앙이 낮은 목소리로 그다음에 일어난 일을 얘기했다.

하루 일과가 끝나고 우리 팀은 터널에서 나갈 준비를 하려고 큰 공간에 모였어요. 올라갈 때 사용하곤 하던 나무에 밧줄을 묶었죠. 저는 친구 칼리(Kally)와 함께 거의 맨 앞에 있었어요. 그 애가 먼저 밧줄을 잡았죠. 저는 그 밑에 있었고요. 그런데 몇 분 지나지 않아 터널 전체가 우리 쪽으로 무너졌어요. 정말 순식간에 일어난 일이었어요. 마치 땅이 저를 집어삼킨 것 같았어요. 움직일 수가 없었죠. 숨을 거의 쉴 수 없었어요. 가슴에서 불이 났어요.

신의 자비로 사람들이 우리를 위해 땅을 파기 시작했어요. 칼리와 저는 맨 위쪽에 있었거든요. 사람들이 우리를 꺼내줬어요.

뤼시앙에 따르면 붕괴 당시 터널 안에는 약 50명의 장인 광부들이 있었는데, 자신과 칼리만 살아남았다고 했다. 주 갱도만 무너졌는지, 아니면 갱도 바닥에 있는 공간과 다른 터널 3개도 무너졌는지는 확실하지 않았다.

"다른 사람들이 어떻게 됐는지는 아무도 몰라요. 모든 터널이 한꺼번에 무너졌다면 바로 죽었겠죠. 하지만 가장 큰 터널만 무너졌다면, 갇혔을 거예요. 하루가 지나면 공기가 끊겼을 테고요."

뤼시앙은 붕괴 사고에서 살아남았지만, 양쪽 다리에 다발성 골절상을 입었다. 부모는 콜웨지의 병원에서 의사가 필요하다고 말한 최소 두세 번의 수술 중 단 한 번의 수술만 감당할 수 있었다. 동생들 셋은 더이상 수업료를 낼 수 없어 학교를 그만둬야 했다. 내가 뤼시앙을 만났을 때는 수술하고 몇 달이 지난 뒤였는데, 상처가 완전히 아물지 않은 상태였다. 그 애는 창백하고 쇠약해 보였으며, 다리뼈의 상태가 어떤지는 알 수 없었다. 뤼시앙은 수술 후 관리나 물리 치료를 하나도 받지 못했다. 뼈가 제대로, 아니 전혀 붙지 않은 게 분명했다. 아픈 아이를 바라보며 알렉상드린은 망연자실했다. "제 아들이 이 상태로 어떻게 살 수 있을까요? 애 인생은 만신창이가 됐어요." 그러곤 남편도 그때 아프지 않았다면 다른 사람들과 함께 터널 안에서 죽었을지도 모른다고 말했다.

조쥐에는 인터뷰 내내 말이 없었다. 나는 아들이 그 비극을 재연하는 걸 그가 왜 망설였는지 이해할 수 있었다. 인터뷰를 마치고 떠나려는데, 그가 내 팔을 잡더니 분노에 찬 얼굴로 나를 바라봤다.

"이제 우리 같은 사람들이 어떻게 일하는지 아시겠죠?"

"그런 것 같습니다."

"나한테 말해봐요."

"당신들은 끔찍한 환경에서 일하고 있고……."

"아뇨! 우리는 우리 무덤에서 일하고 있소."

마지막 진실

카밀롬베

───

극도의 우울감이 나를 덮쳤다. 그래, 바로 이 지점이었다. 하지만 거대한 황무지의 밤에 내 편이 되어줄 그림자 같은 벗, 잊히지 않을 멋진 기억 같은 건 없고, 그저 따분한 신문 '쇼'에 대한 끔찍한 기억과 인류 양심의 역사를 더럽힌 가장 부도덕한 전리품 쟁탈전에 대한 역겨운 깨달음만 있었다.

-조지프 콘래드, 〈지리학과 몇 명의 탐험가들〉, 《마지막 에세이》

리빙스턴 박사를 찾아내 유명해지겠다는 헨리 모턴 스탠리의 쇼는 콩고에 오늘날까지도 파문을 남긴 재앙적 결과를 불러일으켰다. 리빙스턴이 자신의 키니네 발견과 아프리카 내륙 탐험이 이 대륙에 유럽 식민지의 기초를 닦는 데 일조할 줄 몰랐던 것처럼, 스탠리도 수색을 시작할 때 장차 어떤 일이 벌어질지 알 수 없었을 것이다. 물론 스탠리가 콩고 북부를 누비며 레오폴드 왕을 대신해 원주민을 협박해서 그들의 영토를 탈취할 무렵에는 어떤 일이 닥칠지 분명히 감을 잡았겠지만, 그는 하여간 멈추지 않았다. 돈 때문에 그랬던 것일까? 명성 때문에? 왕을 기쁘게 하려고? 결국 그 이유가 무슨 의미가 있을까. 140년이 지난 지금도 사악한 전리품 쟁탈전이 콩고를 망치고 있다는 그 결과만이 중요할 뿐이다. 스탠리가 일으킨 변이는 보물이 차례차례 발견되고 약탈당하기를 반복하면서 수 세대에 걸쳐 재생산되었고, 오늘날 치명적인 코발트 쟁탈전으로 최고조에 이르렀다. 스탠리가 신문을 통해 쇼를 벌인 이래로 콩고인들이 입은 피해를 계산할 방도는 없으며, 1482년 디에구 캉이 로앙고만에 처음 닻을 내린 이래로 입은 피해 역시 마찬가지다. 수 세기 동안 노예제와 폭력이 콩고인을 괴롭혀왔고, 이들의 불행을 가중시킨 가장 최근의 위협이 바로 코발트 열풍이다.

카밀롬베에서의 여정을 마무리하기 전에 마지막으로 만나야 할 사람이 한 명 있다. 그는 비세트(Bisette)라는 이름의 여성이다. 나는 2019년 9월 22일 콜웨지 바로 근처에서 그와 이야기를 나눴다. 그날은 산에서 불어오는 시원한 바람과 함께 시작되었다. 이른 아침의 하늘은 백색광으로 표백되어 있었다. 나는 게스트하우스에서 양파를 넣은 오믈렛과 삶은 감자 그리고 인스턴트커피로 재빨리 아침 식사를 마쳤다. 고속도로를 타고 동쪽으로 달려 그날 인터뷰를 진행하기로 한 조용한 게스트하우스에 도착했다. 비세트는 이미 와 있었는데, 두 손을 정갈하게 무릎에 포갠 채 작은 테이블 앞에 앉아 있었다. 누렇게 뜬 피부에 무겁고 의기소침한 표정이었다. 오른쪽 눈 아래 작은 알 크기의 변색 된 피부가 영구적인 눈물방울처럼 보였다. 머리카락은 한 올도 없었다. 머리카락이 없는 것을 그도 굳이 숨기려 하지 않았다. 올리브색 셔츠의 심장 바로 윗부분에 박음질로 새긴 '서비스'라는 글자는 실밥이 다 해져 있었다. 그는 내게 장남인 라파엘(Raphael)에 대해 얘기하러 온 터였다.

비세트는 아들에 대해 자랑스럽게 말했다. "라파엘은 참 다정한 아이였어요. 아주 똑똑하고요. 학교 가는 것을 좋아했죠." 라파엘이 6학년이 되었을 때 가족은 더 이상 수업료를 감당할 수 없었다. 그 애는 내가 앞서 인터뷰했던 카불라가 총에 맞은 글렌코어 소유의 마샴바 이스트 광산에서 코발트를 캐기 시작했다. 가족은 라파엘이 다음 해 수업료를 낼 수 있을 만큼 돈을 벌면 학교로 돌아가 학업을 계속할 예정이었다.

"아들은 대학에 가서 선생님이 되고 싶어 했어요." 비세트가 말했다. "모든 아이들이 자신의 삶을 개선할 수 있도록 배우기를 바랐죠."

마샴바 이스트에서는 지표면을 팠기 때문에 라파엘은 하루에 1달러 정도밖에 벌지 못했고, 이걸로는 자신과 동생 다섯의 기본 생활비도 안 나왔다. 1년이 지나고, 다시 1년이 지나고, 학교로 돌아가겠다던 계획은 결국 포기했다. 라파엘의 몸에 힘이 붙자 터널이 유혹의 손길을 뻗쳤다. 그는 마샴바 이스트에서 터널을 파는 30명 넘는 장인 광부들 팀에 합류했다.

"아침에 집을 나가서 어두워진 후에야 돌아왔어요. 매일매일 너무 피곤해했죠. 어떤 때는 먹지도 않고 잠들곤 했어요."

터널 채굴꾼이 되자 라파엘의 수입은 하루 2~3달러로 나아졌다.

"저는 그 애가 터널을 안 팠으면 했어요. 하지만 가족을 돕고 싶어 했죠."

2018년 4월 16일, 라파엘은 여느 때처럼 아침 일찍 집에서 나갔다. 우기가 끝날 무렵이었고, 그래서 큰 폭풍우는 지나간 뒤였다. 공기는 상쾌하고, 물은 풍부했다.

"빨래를 하고 있는데, 조카인 눔비(Numbi)가 비명을 지르며 우리 집으로 뛰어 들어왔어요. 그 애도 마샴바 이스트에서 일하고 있었죠. 터널이 무너졌다고 했어요. 라파엘이 그 안에 있다고 했죠."

비세트는 남편과 함께 카파타에서 마샴바 이스트까지 달려갔다. 달려가면서 신에게 "제발 제 아들을 살려주세요"라고 기도했다.

광산에 도착했을 때 최악의 악몽은 현실이 됐다. 생존자가 하나도 없었다. 현장 인부들이 시신 몇 구를 간신히 빼냈다. 라파엘의 시신도 거기 포함됐다. 앞서 인터뷰한 뤼시앙처럼 그 애도 지표면에 가까이 있었지만, 구조자들의 손길이 제때 닿지 못했다.

"당신 아이의 시신을 품에 안고 있는 걸 상상하실 수 있나요?"

비세트와 남편은 라파엘의 시신을 집으로 옮겼다. 그리고 장례식을 준비하기 위해 아들의 싸늘한 몸을 씻겼다.

"그 애가 눈을 뜨기를 계속 기다렸어요."

라파엘의 죽음은 치테가 루보를, 졸리가 프로스페르를 잃은 때처럼 비세트에게는 도저히 감당할 수 없는 사건이었다. 라파엘이 떠난 후 그는 거의 먹지도, 잠을 자지도 않았다. 그때부터 머리카락이 빠지기 시작했다.

"우리 아들이 죽었을 때 저도 죽었어요."

비세트는 라파엘의 죽음과 그 이후 가족의 상황에 대한 추가 질문에는 대답하고 싶어 하지 않았다. 그저 아들이 죽은 날 무슨 일이 있었는지 들려주러 왔을 뿐이라고 했다. 증언을 마치고 그는 밖으로 나가더니 조용히 땅바닥에 주저앉았다.

무거운 침묵 속에 앉아 있는 비세트를 바라보며 나의 생각은 그 아이의 마지막 순간을 향해 부유했다. 바위와 흙 사태 아래서 그 아이는 고통스러워했을까? 칠흑 같은 어둠 속에서 공포에 사로잡혔을까? 마지막 숨을 거두며 엄마를 불렀을까? 이런 질문이 비세트한테는 분명 고문일 터이다. 자식을 코발트 터널에 산 채로 묻은 모든 부모에게 그렇듯이 말이다.

얼마 후 비세트는 내가 있는 곳으로 돌아와 떠날 준비가 되었다고 했다. 동료에게 마을까지 바래다주라고 미리 말해놨는데, 그는 대신 카밀롬베에 가봐야 한다고 말했다.

심장이 철렁 내려앉았다. 그날 그가 카밀롬베에 가야 할 이유는 단 한 가지 외에는 있을 수 없었다. 내가 그 전날 광산에 있었던 것과 같은 이유였다.

비세트의 얼굴이 지금까지도 내 뇌리에서 떠나지 않는다. 그는 이 어둠의 심장부에서 모든 어머니를 대신해 외쳤다. "우리 아이들이 개처럼 죽어가고 있어요."

전날인 2019년 9월 21일, 나는 KCC 광산 지역으로 갈 채비를 하느라 동이 트기 전에 일어났다. 카파타 마을, 말로 호수, KCC와 마샴바 이스트의 구덩이 벽 등을 하루 종일 돌아볼 계획이었다. 이 지역을 다녀온 지 약 1년이 지났기에 어떤 변화가 있는지 보고 싶었다.

나는 카파타를 향해 남서쪽으로 이동했다. 카니나의 붐비는 동네와 코무스의 거대한 붉은 구덩이 벽들, 그리고 골프 호수의 떠들썩한 세척 구역 입구를 지났다. 예정보다 몇 년 지연되기는 했지만 카파타를 향해 뻗어 있는 마지막 도로는 시코마인스와의 계약의 일환으로 마침내 포장을 끝낸 상태였다. 좁은 도로를 오르내리며 구리·코발트 광석을 운송하는 화물 트럭이 예전보다 많아진 듯했다. 나는 카파타 동쪽 끝에 도착해 도보로 마을에 들어갔다. 마을은 예전과 별반 다르지 않아 보였다. 걸음마를 뗀 아기들이 줄줄이 늘어선 오두막들 사이 흙바닥에서 놀고 있었다. 소녀들은 혼탁한 물이 채워진 플라스틱 용기를 날랐다. 할머니들은 오두막들 사이에 걸린 줄에 빨래를 널었다. 소년들은 해진 라피아 자루와 녹슨 채굴 도구를 들고 KCC 광구로 이동했다. 낡은 델 (Dell) 데스크톱을 갖춘 그 인터넷 카페도 여전히 마을에 있었다.

몇몇 주민에게 들으니 인근 광산 지역에 정부군과 기타 무장 경비대가 자주 등장하면서 마을의 긴장감이 높아져 있었다. 너무 많은 외부인이 광산에 대해 말하고 다녀서 이를 통제하려고 군인들을 배치했다는 것이었다. 또 마을 진입 도로를 포장하고 난 후 공해와 자동차 사고가 늘었다고 했다. 안타깝게도 아동 노동은 증가세인 듯했다. 마을 사람들은 코발트를 캐려고 학교를 그만두는 아이들이 훨씬 많아졌다고 했다. 창고에서 지급하는 코발트 판매 대금 감소, 식품 및 생활용품 비용 증가, 공급망에 코발트를 대야 하는 끊임없는 압박 등이 이유인 것 같았다.

낯익은 몇 사람과 재회한 뒤 말로 호수로 가기 전에 내가 카파타에서 꼭 찾아보고 싶은 사람이 한 명 있었다. 바로 엘로디였다. 승산이 없다는 것은 알지만, 그래도 시도해보고 싶었다. 엘로디가 다른 세계, 즉 '가족 없는 부랑아'들과 함께 산다고 했던 마을의 남쪽 변두리 주변을 수소문했다. 그리고 마침내 카사바를 굽고 있던 3명의 여성들한테서 엘로디와 아기가 몇 달 전 가시나무 아래서 죽은 채 발견되었다는 말을 들었다. 사람들이 엄마와 아기를 매장했다는데, 어디에 묻었는지는 그들도 몰랐다. 충격적인 소식이었다. 나는 왠지 엘로디가 아직 살아 있어 그 지역에서 만날지도 모른다는 희망을 갖고 있었다. ……하지만 콩고에서 희망이란 마치 뜨거운 석탄과 같다. 그것을 품으면, 뼛속까지 화상을 입고 만다.

나는 카파타 남쪽 끝에서 가시나무 한 그루를 발견하고 그 밑에 앉아 기도를 드렸다. 엘로디가 지친 하루를 마치고 나뭇가지 아래 누워 쉬는 광경을 상상했다. 그게 마지막이라는 것을 알고 있었을까? 아기는 이미 죽어 있었을까, 아니면 한동안 엄마의 시신 옆에서 시간을 보냈을까? 아기는 배가 고팠을까? 겁을 먹었을까? 엘로디는 겁이 났을까? 심장이 마지막으로 뛸 때 그의 머릿속에 어떤 생각이 스쳤을까? 분노, 슬픔, 아쉬움……. 아니 그의 말을 듣고 있을지 모를 아무 신에게 그냥 이렇게 속삭였을까? "집에 제발 데려다주세요."

카파타에서 말로 호수까지 무거운 발걸음을 옮겼다. 엘로디의 사망 소식이 여전히 마음을 짓눌렀다. 유칼립투스나무 숲을 지나 호수에 이르니 넓은 황무지가 펼쳐졌다. 몇 달 간의 건기와 폭염 때문에 말로 호수는 연못으로 변해 있었다. 나무는 시들고, 땅은 갈라졌다. 사람들은 녹초가 되어 불타는 대지 위를 느릿느릿 움직였다. 전에 왔을 때보다는 줄었지만, 유독한 물에서 돌을 씻는 여자들과 소녀들은 여전히 1000명이 넘었다. 나는 물가로 다가가 이야기를 나눌 소녀들을 찾았다.

10분쯤 지났을까. 말로 호숫가 너머에서 등골이 오싹해지는 첫 번째 비명이 들려왔다.

에불르망(Éboulement)! 에불르망!

시간이 멈췄다. 나는 호수를 벗어나 비명 소리를 쫓아갔다. 도로를 따라 CDM이 운영하는 인근 광산 현장으로 달렸다.

카밀롬베.

소식은 삽시간에 퍼졌다. 내가 도착한 것은 군인들이 사고 현장을 봉쇄한 뒤였다. 수백 명의 주민이 카파타에서 몰려왔다. 그건 모두가 두려워하던 악몽이었다.

에불르망. 붕괴.

잠자코 물러나 있으라고 가이드가 내게 경고했다. 상황을 예측하기가 너무 어려웠다. 내가 있는 곳에서는 지표면의 움푹 파인 지형으로 자갈이 덮여 있는 터널 입구를 간신히 알아볼 수 있었다. 마을 주민들은 봉쇄를 뚫고 터널로 가게 해달라고 요구했지만, 군인들이 무기를 겨누며 그들을 저지했다. 고함을 지르고 밀치는 광경은 전면적인 난투극으로 폭발할 기세였다. 광기가 카밀롬베의 가장자리에서 토네이도처럼 소용돌이쳤다. 사랑하는 이들이 무너진 터널에 갇혀 질식하고 있는데, 할 수 있는 게 아무것도 없었다. 드디어 군인들이 광구 안에서 일하던 장인 광부 몇 명에게 땅을 파고 생존자를 찾으라고 지시했다. 마을 사람들은 신에게 바치는 노래 〈밈보 야 뭉구(mimbo ya Mungu)〉를 불렀다.

카밀롬베의 인부들이 첫 번째 으스러진 시신을 끄집어냈을 때, 땅속에서 마지막 한 가닥 희망을 건져 올렸다는 신호인 양 엄청난 통곡이 터져 나왔다. 두 남자가 흙 속에서 한 아이를 들어 올려 황톳빛 자갈 위에 조심스레 눕혔다. 피투성이 얼굴은 극도의 공포에 사로잡혀 있고, 가느다란 체구는 불에 탄 호박색이나 녹슨 금속의 색깔처럼 엉겨 붙은 흙과 피로 얼룩져 있었다. 기껏해야 열다섯 살쯤 되었을 이 소년은 상상할 수 있는 가장 비참한 방식으로 짧은 삶을 마감했다. 간접적인 증언을 전해 듣는 것도 고통스러웠지만, 마침내 내 두 눈으로 터널 붕괴의 비극적인 결과를 보니 정말 처참했다.

2019년 9월 21일 카밀롬베의 터널 붕괴 사고로 63명의 성인 남성과 소년이 생매장되었다. 63구의 시신 중 단 4구만 수습되었다. 나머지는 마지막 공포의 자세 그대로 영원히 묻혀 있을 것이다. 이들의 죽음에 대해 아무도 책임을 인정하지 않았다. 사고는 결코 외부로 알려지지 않왔다.

이것이 콩고 코발트 채굴의 마지막 진실이었다. 코발트를 캐다가 생매장된 아이의 생명은 아무런 가치도 없다는 것. 이곳에서 죽은 모든 이들은 아무런 가치가 없었다. 중요한 건 전리품뿐이다.

저녁이 되자 사랑하는 가족을 막 잃은 가족들은 멍한 상태가 되었다. 어떤 이들은 정처 없이 돌아다녔다. 또 어떤 이들은 땅바닥에 주저앉아 울었다. 내가 비세트를 만난 건 그다음 날 아침이었다. 비세트는 카밀롬베 붕괴 당일 현장에 있었다. 마삼바 이스트의 터널 붕괴 때 라파엘의 사망 소식을 전했던 조카 눔비가 그 사고로 생매장되었던 것이다.

이것이 그가 "우리 아이들이 개처럼 죽어가고 있어요"라고 말했던 이유다.

타는 듯 붉은 태양이 지평선으로 넘어갈 때, 거친 바람이 평원을 휩쓸더니 카밀롬베의 묘지 위를 소용돌이처럼 빙빙 돌았다. 구름이 짐승 떼처럼 빠르게 모여들었다. 우기가 오려면 한 달은 더 남았지만, 귀청을 때리는 천둥소리가 하늘을 가르더니 마치 세상을 쓸어버리려는 것처럼 갑자기 장대비가 울부짖듯 퍼붓기 시작했다.

에필로그

중요한 것은 행동의 결실이 아니라 바로 행동입니다. 옳은 일을 해야 합니다. 어떤 결실이 생기는 것은 당신의 힘에 부칠 수도 있고, 시대와 맞지 않을 수도 있습니다. 하지만 그렇다고 옳은 일을 멈춰서는 안 됩니다. 당신의 행동에서 어떤 결과가 나올지 당신이 영영 모를 수도 있습니다. 하지만 아무것도 하지 않는다면, 결과는 없을 것입니다.

-마하트마 간디

카밀롬베 터널 붕괴 사고가 있고 몇 달 후, 나는 프랑수아 은쿠나 발루무에네(François Nkuna Balumuene) 주미 콩고 대사를 만났다. 풍채가 좋고 친절한 얼굴의 발루무에네 대사는 내가 자국에서의 경험을 얘기하는 동안 참을성 있게 경청했다. 우리는 외국 기업들이 콩고의 코발트로 창출한 부를 그들을 위해 코발트를 캐는 사람들과 더 많이 나눠 가져야 한다는 생각을 공유했다. 그리고 콩고 장인 광부들의 안전과 존엄성 보장의 중요성은 물론, 좀더 지속 가능한 채굴 관행으로 구리 벨트 전역의 환경을 보호해야 할 필요성에 대해서도 이야기를 나눴다. 우리가 공유한 의견들에도 불구하고, 발루무에네 대사는 외국인이 자국민을 대신해 그러한 주장을 해야 한다고는 생각하지 않는다는 점을 분명히 했다. 그는 대신 콩고인들이 자국에서 벌어지고 있는 일에 목소리를 내야 한다고 생각했고, 내가 정말 도움을 주길 바란다면 다시 돌아가서 현지 연구자들이 그렇게 할 수 있도록 지원해달라고 제안했다.

나는 그가 요청한 대로 하겠다고 말했다. 지속적인 변화는 착취당하는 자들이 스스로 목소리를 낼 수 있을 때 가장 잘 일어나며, 그럴 때 파급력 또한 크다. 올라우다 에퀴아노(Olaudah Equiano)가 1789년에 발표한 전직(前職) 노예의 첫 번째 증언은 영국 최초의 노예제 반대 운동에 없어서는 안 될 정당성을 부여했다. 에퀴아노의 책은 나중에 프레더릭 더글러스(Frederick Douglass)가 1845년 자신의 증언을 책으로 출판하는 데 영감을 주었는데, 이것도 미국 노예제 반대 운동에서 비슷한 역할을 했다. 콩고인이 그들 자신의 연구를 수행하고 **안전하게** 목소리를 낼 수 있는 힘을 키우는 것이 민주콩고 광산 지역에서 벌어지고 있는 재앙을 해결할 첫걸음이다. 그들의 삶을 개선할 방법에 관해 논의하는 회의들에서 자신들의 목소리를 통합하는 움직임을 명확히 보여야 할 텐데, 그런 일은 좀처럼 일어나지 않는다. 파리의 OECD 또는 제네바와 뉴욕의 유엔 본부에서, 장인 광부들이 참석한 코발트 채굴 관련 회의가 열렸다는 소리는 들어본 적이 없다. 이 문제와 관련해, 이런 회의에 참여하는 사람들 대다수가 과연 콩고의 장인 광산을 방문해 거기서 일하는 사람들에게 말을 걸어본 적이라도 있는지 의문이다. 콩고산 코발트를 구매하는 대형 테크 업체와 전기차 업체의 CEO들도 마찬가지다. 도움을 받을 이들의 직접적인 의견 수렴이 없다면 유의미한 해결책은 있을 수 없다. 현장의 목소리가 공급망 최상위에서 나오는 이야기와 정반대까지는 아니더라도 사뭇 다른 콩고에서는 특히 그렇다.

카밀롬베 붕괴 사건 이후, 나는 코로나19 팬데믹으로 인한 여행 제한 때문에 2021년까지 콩고에 돌아가지 못했다. 마침내 돌아가게 됐을 때, 상황이 팬데믹 때문에 상당히 악화했음은 명약관화했다. 대부분의 외국 광산 회사는 직원들의 안전 문제로 2020년과 2021년에 장기간 운영을 중단했다. 하지만 코발트 수요는 늘어만 갔다. 전 세계 수십억 명의 사람들이 집에서 근무나 학업을 지속하기 위해 어느 때보다 충전식 기기에 더 많이 의존했기 때문이다.

"코로나19로 광산이 문을 닫자, 코발트를 공급하라는 압력이 장인 광부들을 짓눌렀죠." 루알라바주에서 가장 큰 콜웨지 음왕게니(Mwangeni) 병원의 치후투(Tshihutu) 박사가 설명했다. 채굴꾼들이 극도로 붐비는 환경에서 작업하기 때문에 이 질병이 장인 광산 현장에서 특히 빠르게 확산했다고 그는 말했다. 구덩이나 터널에 들어가 있는 동안 사회적 거리를 두는 것은 실현 가능하지 않고, 마스크가 있어도 터널에서 흙을 헤집거나 살갗을 태울 듯이 더운 태양 아래 땅을 파면서 마스크를 착용하는 것은 불가능했다. 감염된 장인 광부들은 그들의 공동체에 바이러스를 퍼뜨렸다.

"장인 광산에 갔던 이들이 귀가하면 가족들에게 질병을 옮겼죠." 치후투 박사가 말했다.

설상가상으로 민주콩고의 백신 공급은 부족했다. 2021년 말에 고소득 국가는 성인 중 약 절반이 최소 2회 백신을 접종한 데 반해, 이 나라는 성인의 1퍼센트도 백신 접종을 완료하지 않은 상태였다. 루붐바시에 있는 캄펨바(Kampemba) 종합병원의 응고이(Ngoy) 박사는 정부가 운영하는 병원은 백신 공급 없이 보통 두세 달을 보냈다고 말했다. 나중에 공급받은 백신은 대개 중국산인 시노백(Sinovac)이었는데, 현지 주민들은 이것을 신뢰하지 않았다. 2021년 초에 국경 없는 의사회(Doctors Without Borders)의 도움으로 별도의 진료소를 세우기 전까지는 2020년 내내 검사조차 받을 수 없었다. 응고이 박사는 이 진료소의 양성 비율이 50퍼센트를 넘을 때도 있었다고 했다. 백신도 마스크도 검사소나 기타 보호 메커니즘도 없이 수많은 장인 광부와 구리 벨트의 주민들은 병에 걸렸다. 대부분은 병원 치료를 받을 형편이 안 되어 집에서 자가 치료를 했으니, 그들의 운명이 어찌 됐는지는 미지수다.

팬데믹 기간 동안 장인 광부들은 질병과 사망의 공격뿐 아니라 소득 폭락에도 직면했다. 코발트 공급망의 하위에 있던 구매자들이 증발했기 때문이다. 광산 지역의 창고 중개상은 대부분 무솜포의 펭 보스나 카술로의 시 보스 같은 중국인이다. 이들 대부분이 2020년 1월 음력 새해 축제 때 고향에 갔다가 돌아오지 못했다. 중국은 봉쇄됐고, 항공편 운항도 멈추었다. 남아 있는 소수의 창고 중개상들은 가격을 대폭 낮췄고, 이는 장인 광부들의 소득도 급격히 낮아졌다는 뜻이다. 2020년과 2021년 내내 코발트 가격이 올라가면서 공급망 상층부의 수익은 그 어느 때보다 상승했지만, 장인 광부들의 소득은 최저점을 찍었다. 가족들은 더 이상 의식주를 감당할 수 없었다. 수천 명의 아이들이 코발트를 캐서 가족의 생존을 돕기 위해 학교를 떠나야 했다.

나의 가이드 필리프는 코로나19 때문에 광산에 아이들의 수가 급증했다고 말했다. "그 아이들 대부분이 다시는 학교에 돌아가지 못하겠죠. 우리가 이룬 그토록 많은 진전이 물거품이 되고 만 거예요."

콜웨지에 있는 코무스 광산에서 콩고 노동자들이 옛날 아프리카 노예처럼 채찍질당하고 그것을 중국인 보스들이 구경하는 장면을 담은 동영상을 보내줬던 수녀님은 코로나19 이후 구리 벨트 전역의 어린이 중 3분의 2 이상이 학교에 다니지 않는 것으로 추산했다. 그에 따르면 이 아이들은 거의 다 코발트 광산에서 땅을 파고 있으며, 점점 더 "병들고, 다치고, 고아가 되어가고 있다". 악화하는 재앙을 떠올리며 그는 간단하고 명확한 질문을 던졌다.

아이들의 안녕은 물론, 그보다 더 최악으로 아이들이 생존할 권리 자체를 박탈하면서, 미래의 주인인 그들을 희생시키면서 도대체 어떻게 지속 가능한 미래를 세울 수 있다는 걸까요?

팬데믹 기간 동안 콩고 장인 광부들의 상황은 악화했지만, 그들이 겪는 피해를 전부는 아닐지라도 대부분 완화할 수 있는 현실적인 길이 우리 앞에 놓여 있다. 그 길은 책임감에서 시작된다. 콩고 장인 광부들이 직면한 최대 문제는 총기를 휴대한 군인도, 부도덕한 중국인 구매자도, 착취하는 광산협동조합도, 무너지는 터널도 아니다. 이들을 비롯해 그 밖의 적들은 더 커다란 위협의 징후에 불과하다. 가장 큰 문제는 공급망 최상위의 이해관계자들이 책임을 인정하지 않는다는 것이다. 그들 모두가 광부의 작업을 통해 이런저런 방식으로 이익을 취하면서도 말이다.

기업들은 무관용 정책에 관한 속 빈 성명서와 그 밖의 공허한 홍보 문구를 발표할 게 아니라 진정으로 도움이 될 한 가지 간단한 일을 해야 한다. 장인 광부를 기업 본사에서 일하는 사람들과 동등한 직원으로 대우하는 것이다. 우리라면 쿠퍼티노(Cupertino: 애플 본사가 있는 캘리포니아의 도시—옮긴이)의 아이들을 유독한 구덩이에 들어가 코발트를 캐오라고 보내지 않을 텐데, 그렇다면 콩고 아이들을 보내는 것은 도대체 왜 내버려두는가? 우리라면 아이들이 어떤 취급을 받고 있는지에 관한 전반적인 언론 성명을 독자적인 검증도 없이 받아들이지 않을 텐데, 콩고에 대해서는 도대체 왜 그렇게 하지 않는가? 우리라면 고향 마을을 독성 쓰레기 하치장처럼 취급하지 않을 텐데, 콩고에서는 도대체 왜 그것을 허용하는가? 가장 큰 테크놀로지 기업, 전기차 제조업체, 광산 회사들이 장인 광부를 그들의 코발트 공급망의 필수 일원으로 인정하고 그들을 다른 직원과 동등한 인간으로 대우한다면, 현재 장인 광부들이 겪는 재앙을 해결할 모든 조치를 취할 수 있을 것이다.

하지만 앞으로 나아갈 길은 국제 공급망의 인권 침해 문제를 해결하는 전형적인 '용두사미' 모델을 따라서는 안 된다. 잠깐 반짝 뜨거운 관심을 쏟고, 기업과 정부가 새 프로그램을 발표했다가도 세상의 시선이 다른 곳으로 옮겨가면 상황이 평소대로 돌아가는 일이 너무나 많다. 코발트 이해관계자들은 손쉬운 홍보성 발표와 반쪽짜리 해결책 말고 더 나은 모습을 보여야 할 것이다. 하지만 안타깝게도 이것이 바로 민주콩고 장인 광부들의 상황을 개선하기 위해서라며 최근 극구 치켜세운 두 가지 이니셔티브의 실체다.

첫 번째 이니셔티브는 콜웨지 외곽의 무솜포 시장과 관련이 있다. 코발트 하위 공급망의 투명성을 높여야 한다는 압력에 따라, 무솜포 시장을 장인 코발트를 팔 수 있는 유일한 장소로 지정하는 계획을 수립한 것이다. 장인 광부들에게 주는 가격은 소득 향상을 위해 표준화하되, 코발트 채굴에 아동 노동이 전혀 연루되지 않았다는 증거를 판매자들에게 요구하는 시스템을 시행하기로 했다. 이를 위한 무솜포 거래소(Musompo Trading Center) 신축 공사가 2019년 8월에 시작됐고, 이듬해 여름에 무예 주지사는 그 출범을 선언했다. "저희는 2020년 8월 말로 예정된 무솜포 거래소의 출범을 통해 장인 광산 부문을 개혁하겠다는 야심을 가지고 줄기차게 진행 중입니다. ……거래소 설립과 더불어 모든 창고 및 불법 판매대는 폐쇄될 것이며, 거래는 오직 여기서만 이뤄질 것입니다."[1]

상층부에서는 이 이니셔티브를 장인 광부와 공급망의 투명성을 위한 승리라며 칭송했으나, 빤히 보이는 문제점은 아무도 지적하지 않는 듯했다. 장인 광부들은 착취적인 네고시앙에게 의존하지 않고서는 코발트 자루를 센터로 운반할 길이 없는데, 이는 거래소 운영의 목적 자체에 부합하지 않는다. 아마 자전거가 있는 장인 광부는 몇 킬로미터 떨어진 곳이라면 코발트 자루를 싣고 무솜포에 갈 수도 있을 것이다. 하지만 만일 새로운 거래소가 모든 장인 채굴 코발트를 매매할 유일한 시장이 된다면, 카파타나 캄보베 또는 키푸시 인근 현장에서 일하는 장인 광부는 도대체 무슨 수로 코발트를 무솜포까지 실어 나르겠는가? 유일한 선택지는 시장 가격의 일부만 받고 네고시앙에게 코발트 자루를 지금처럼 그대로 팔고, 그런 다음 네고시앙들이 무솜포에서 그걸 판매하는 길밖에 없을 터이다. 네고시앙들이 아동 노동은 없었다고 아무리 확언하더라도 별 의미가 없는 것이다.

이런 명백한 설계상의 결함도 새 무솜포 거래소의 최대 문제점은 아니다. 가장 큰 문제는 출범 선언까지 했음에도 불구하고 전혀 가동되지 않고 있다는 사실이다. 2021년 11월 3일 방문했을 당시 거래소는 유령 그 자체였다. 파란색 페인트칠을 한 창고 수십 동이 있는 텅 빈 단지 주변을 돌아다니도록 나를 들여보낸 무장 경비 한 명 외에는 개미 새끼 한 마리 없었다. 콩고 밖에서 들은 얘기로는 모든 장인 채굴 코발트가 새 무솜포 거래소를 거친다고 했는데, 가서 보니 그냥 버려진 곳이었다. 콜웨지의 동료들로부터 거래소를 언제부터 운영할지 아직 아무 소식도 없다는 얘기를 전해 들었다. (만일) 운영을 시작한다 해도, 장인 광부의 99퍼센트는 자신들이 생산한 코발트를 거래소에 직접 판매하지 못할 것이다. 따라서 그들의 소득을 향상시킨다거나 아동이 채굴한 코발트를 공급망에서 근절시키는 데 이바지할 거라는 어떤 장담도 무의미했다.

그러는 동안 원래의 무솜포 시장은 번창하고 있었다. 2019년 내가 마지막으로 다녀온 이래 규모가 거의 2배나 커져서 고속도로를 따라 1킬로미터 이상을 차지했다. 최소 80개의 창고가 있고 오토바이, 픽업트럭, 화물 트럭 그리고 수천 개의 코발트 자루로 꽉 차 있었다. 그날 창고에서 인터뷰를 진행하지는 않았지만, 아무도 아동 노동이나 기타 학대에 관해서는 질문하지 않았을 거라고 확신한다.

세간의 이목을 끈 두 번째 이니셔티브는 카파타 인근의 글렌코어 광산들에서 나왔다. 광산에서 장인 광부의 부상과 사망 문제를 해결하라는 인권 단체들의 압력에 따라, 글렌코어는 KCC와 마삼바 이스트의 구덩이 벽 상단 전역에 콘크리트 장벽을 건설했다. 새로운 울타리는 장인 광부들이 광산에 들어가지 못하게 함으로써 심각한 사고로부터 그들을 보호하기 위함이었다. 2021년 11월 4일 KCC의 광구를 조사해보니 광산의 구덩이 수십 개와 터널에서 수백 명의 장인 광부가 코발트를 캐고 있었다. 결정적으로, 나는 수많은 장인 광부들이 장벽을 넘어 KCC 광산으로 들어가는 것을 목격했다.

"이걸 오르는 게 어렵죠." 장인 광부 한 명이 구덩이 벽을 가리키며 말했다. "콘크리트 장벽을 넘는 건 쉬워요."

다음 날인 2021년 11월 5일 아침, 내가 그 전날 장벽 반대편에서 인터뷰를 진행하는 동안 KCC 광산 내부의 터널이 무너졌다는 사실을 알았다. 보도에 따르면, 수많은 장인 광부들이 생매장되었다. 사고를 조사하려 했지만, 카밀롬베에서처럼 이미 정부군이 KCC 광산에 대한 접근을 봉쇄한 상태였다. 카파타의 지인들로부터 최종적으로 시신 5구를 수

습했고 아동을 포함해 20명 이상이 여전히 실종 상태라고 전해 들었다. 그날 저녁, 예전에 내게 샤바라 견학을 시켜줬던 코마가 협동조합 관계자를 내가 묵는 호텔에서 만났다. 그는 주지사실에서 미팅을 막 마치고 왔다며 회의 중 무너진 터널에서 수습한 시신 5구의 장례식을 준비해 달라는 요청을 받았다고 했다.

몇 주 전, 2012년에 틸웨젬베의 아동 노동 특집을 방영했던 BBC 프로그램 〈파노라마〉 팀의 한 동료가 콜웨지 주변의 코발트 채굴에 관한 에피소드를 준비 중이었다. 글렌코어 측은 콘크리트 장벽을 건설한 이래로 KCC 광산 내부에는 장인 광부가 없다고 그에게 장담했다. 나는 그에게 붕괴와 사망 소식을 전했다. 그는 글렌코어에 그 보고서를 제출했고, 회사는 KCC 광구에서 장인 광부들과 관련한 '사고'가 있었다고 BBC에 시인했다. 하지만 사망자는 단 한 명이라고 밝혔다. 이 소식은 2021년 12월 4일 〈파노라마〉에 의해 전파를 탔다. 그날 외부인이 마침 현장에 있지 않았다면, 카밀롬베 사고처럼 이 붕괴 소식은 아마도 보도되지 않았을 것이다. 얼마나 많은 터널 붕괴 사건과 사상자가 세상에 알려지지 않은 채 묻혔을까? 내가 방문하기 일주일 전에는 KCC에 붕괴 사고가 있었을까? 다음 주는 또 어떨까? 마샴바 이스트, 카술로, 틸웨젬베 혹은 카밀롬베는 어떨까? 아무도 알 수 없을 것이다.

이곳에서 죽은 이들은 여전히 집계되지 않고 있다.

마지막 목소리 하나가 콩고에서 우리를 향해 외친다. 이 나라에서 가장 위대한 자유의 투사요 초대 총리인 파트리스 루뭄바는 암살당하기 직전 아내 폴린(Pauline)에게 보낸 마지막 서신에서 자신이 꿈꾸는 콩고의 미래를 그렸다. 이 서신은 콩고 국민에게 보내는 것이라고 상상하며 읽어도 무방하다. 루뭄바의 꿈은 이 나라의 자원 쟁탈전과 자신들 사이에 아무것도 끼어들지 못하게 하려던 자들 때문에 비극적으로 무산되었다. 그리고 그것이 수 세기 동안 콩고의 악몽으로 이어지고 있다.

사랑하는 나의 동지여,

나는 그대가 이 글을 받을지, 언제 받을지, 그리고 그대가 이것을 읽을 무렵 내가 아직 살아 있을지 모르는 채 그대에게 씁니다. 조국의 독립을 위한 투쟁 내내 나는 단 한순간도 나의 동지들과 내가 평생을 바쳐온 신성한 대의가 마침내 승리할 것임을 의심한 적이 없습니다. 그러나 우리가 조국을 위해 바랐던 것, 고결한 삶과 온전한 존엄성과 제한 없는 독립의 권리를 벨기에 식민주의와 그들의 서구 동맹국들은 결코 원하지 않았습니다. 그들은 유엔의 특정 고위 관료들 가운데에서 직간접적이고 의도적·비의도적인 지지를 얻어냈습니다. 우리가 모든 신뢰를 걸고 도움을 요청했던 바로 그 단체, 유엔에서 말입니다.

그들은 우리 동포들을 일부 타락시켰습니다. 그들은 다른 동포들을 매수했습니다. 그들은 진실을 왜곡하고 우리의 독립을 더럽히기 위해 자신이 맡은 바를 다 했습니다. 무슨 말이 더 필요할까요? 죽었든 살았든, 자유롭든 아니면 식민주의자들의 명령으로 감옥에 갇혔든, 중요한 것은 나라는 사람이 아닙니다. 중요한 것은 콩고이며, 독립이 감옥이 되어버린 우리 불쌍한 국민이며, 때로는 자비로운 연민으로 때로는 환희와 기쁨으로 창살 밖에서 우리를 바라보고 있는 국민입니다. 그러나 내 믿음은 흔들리지 않을 것입니다. 나는 국민이 조만간 국내외의 모든 적을 제거할 것임을, 그들이 식민주의의 수치와 수모를 떨쳐내고 하나로 일어나 찬연한 빛 아래 존엄성을 되찾을 것임을 알고 있으며, 마음속 깊이 그걸 느낍니다.

우리는 혼자가 아닙니다. 아프리카, 아시아 그리고 전 세계 각지의 자유롭고 해방된 민족들이 우리나라에 더 이상 식민지 개척자와 용병이 없는 그날까지 투쟁을 포기하지 않을 수백만 콩고인의 편에 언제나 설 것입니다. 나는 내가 남기고 갈, 어쩌면 다시는 볼 수 없을 나의 아이들이 콩고의 미래가 아름다우며, 그들의 조국이 콩고 국민 모두에게 기대하듯 그들도 우리의 독립과 주권을 재건하는 신성한 임무를 완수하길 기대한다는 말을 듣기를 바랍니다. 정의 없이는 존엄성도 없으며, 독립 없이는 자유민도 없기 때문입니다.

어떤 잔혹한 공격도, 어떤 잔인한 학대도, 어떤 고문도 내가 자비를 구걸하게 만들지 못했습니다. 나는 노예제와 신성한 원칙에 대한 경멸 속에서 사느니 차라리 고개를 높이 쳐들고 흔들리지 않는 신념과 조국의 운명에 대한 가장 큰 확신을 가진 채 죽는 쪽을 선호합니다. 언젠가 역사가 말할 것입니다. 하지만 그것은 유엔, 워싱턴, 파리 또는 브뤼셀에서 가르치는 역사가 아니라 식민주의와 그 꼭두각시를 제거한 나라들에서 가르치는 역사일 것입니다. 아프리카는 우리만의 역사를 써나갈 것이며, 사하라 사막의 남과 북이 모두 영광과 존엄으로 가득 찬 역사가 될 것입니다.

나를 위해 울지 마세요, 동지여. 나는 지금 많은 고통을 겪고 있는 나의 조국이 독립과 자유를 수호할 것임을 알고 있습니다. 콩고 만세! 아프리카 만세![2]

감사의 글

———

이 책에서 가장 중요한 사람들, 헤아릴 수 없을 만큼 고맙고 또 고마운 사람들은 자신과 그 가족이 위험에 빠질 수 있어 차마 이름을 밝히지 못한 이들이다. 또한 콩고 구리 벨트의 광산 지역에 대한 심층 조사를 할 수 있게끔 해준 수많은 가이드와 통역사들이 없었다면 이 책은 존재하지 않았을 것이다. 이 모든 이들에게 무한한 감사를 드린다.

용기를 내서 자신의 이야기를 들려준 모든 콩고 사람들에게 나는 깊은 은혜를 입었다. 아이들, 아버지들, 미망인들, 고아들 그리고 자신의 가슴을 주먹으로 치던 어머니들. 여러분께 드린 약속을 나는 잊지 않을 것이다.

나의 훌륭한 에이전트 스티브 해리스(Steve Harris)는 내가 얘기를 꺼낸 순간 이 책의 중요성을 알아봤고, 그것의 완벽한 보금자리를 찾기 위해 동분서주하며 애를 써줬다.

조지 위트(George Witte)보다 더 나은 편집자는 아마 구할 수 없을 것이다. 그가 원고를 맡을 거라는 말을 들은 순간 나는 엄청난 안도감을 느꼈다. 그와 세인트 마틴스 출판사(St. Martin's Press)는 이 책의 면면을 아낌없이 지지해줬다. 나를 믿어주고 콩고 장인 광부들의 목소리를 세상에 알릴 수 있도록 도와준 데 대해 깊이 감사한다.

친애하는 나의 친구 케이트 네이스 데이(Kate Nace Day)는 초고를 읽고 날카로운 피드백을 해줬다. 너그럽게 경청할 사람이 필요할 때마다 곁에 있어주기도 했다. 미처 필요하다고 생각지 못했을 때도 그는 내 곁에 있었는데, 그때가 내게는 가장 중요한 시기였다.

노예제 반대 운동 분야의 정신적 동지인 제니퍼 브라이슨 클라크(Jennifer Bryson Clark)는 내가 원고를 더 명료하게 다듬는 데 예리한 지침을 줬다.

동료이자 친구인 페기 쾨니그(Peggy Koenig)는 이 책에 비판적인 논평을 마다하지 않았다. 아울러 현지 조사부터 에이전트 물색에 이르기까지 콩고에서의 조사를 친절하게 지지해줬는데, 여기에 대해서도 깊은 감사를 표한다.

머리 히츠먼과 킴 셰드(Kim Shedd)는 내가 코발트와 구리 벨트의 지질학을 이해할 수 있도록 끈기 있게 도움을 줬는데, 내가 광물과 암석과 광석의 차이조차 모르던 문외한이라는 점을 고려하면 그것은 절대 쉬운 일이 아니었다.

연구를 수행한다며 툭하면 민주콩고로 여행을 떠나는 바람에 우리 가족은 재정적으로 큰 타격을 입었다. 다행히도 이 어려움은 휴머니티 유나이티드(Humanity United), 영국 아카데미, 슈너 재단(Schooner Foundation), 브루스 코먼(Bruce Korman), 페기 쾨니그, 존 헤이즈(John Hayes)의 관대한 지원 덕분에 줄어들었다.

나는 애덤 호크실드(Adam Hochschild)에게도 특히 많은 빚을 졌다. 만나기 한참 전부터 그를 존경했고, 그가 나의 생뚱맞은 이메일에 친절하게 답해줬을 때 그를 만난다는 기대감에 떨 듯이 기뻤다. 버클리에서 함께했던 여러 생선 초밥 점심 중 첫 번째 식사 자리에서 그는 내가 이 책을 반드시 써야 한다며 설득했고, 내가 이 이야기를 어떻게 풀어가야 할지 그 방식을 제안해줬다. 그는 나의 소중한 멘토로서 모든 단계마다 힘이 되었다.

에드먼드 모렐과 로저 케이스먼트에게 말로는 다 못 할 존경심을 느낀다. 콩고의 정의를 위한 용기 있고 지칠 줄 모르는 그들의 활동은 내게 끊임없는 영감의 원천이었다. 120여 년 전 그 무지와 어둠의 시대에 이들이 이뤄낸 업적은 아직도 놀랍다.

무엇보다, 사랑하는 아내 아디티(Aditi)는 이 무거운 짐을 나와 함께 짊어졌고, 그것이 내게 미친 모든 영향을 우아하게 받아들였다. 때때로 나는 콩고에서 목격한 것들 때문에 비탄에 잠기고 분노에 몸서리치고 충격에 빠졌다. 이 여정의 매 순간을 그의 사랑과 힘이 있어 헤쳐 나갈 수 있었다. 아내가 없었다면 나는 암흑 속에서 기어 나오지 못했을 것이다.

주

정보원들과 그 가족 그리고 현재 진행형인 나의 연구를 위험에 빠뜨릴 수 있으므로, 예방 차원에서 이를 식별하는 데 쓰일 우려가 있는 정보를 피하고자 인터뷰 날짜와 장소에 대한 세부 사항은 제외했다.

모든 링크는 2022년 5월 4일에 최종 접속했다.

서문

1. 애플 성명서: https://www.apple.com/supplier-responsibility/pdf/Apple-Conflict-Minerals-Report.pdf. 삼성 성명서: https://images.samsung.com/is/content/samsung/assets/global/our-values/resource/Samsung-Child-Labour-Prohibition-Policy-Ver2.pdf. 테슬라 성명서: https://www.tesla.com/sites/default/files/about/legal/2018-conflict-minerals-report.pdf. 다임러 성명서: https://www.daimler.com/sustainability/human-rights/. 글렌코어 성명서: https://www.glencore.com/dam/jcr:031b5c7d-b69d-4b66-824a-a0d5aff4ec91/2020-Modern-Slavery-Statement.pdf.

2. https://globalbattery.org/cobalt-action-partnership/ 참조.

3. ASM에 관한 자료: https://delvedatabase.org.

4. "인류 양심의 역사": "Geography and Some Explorers," Conrad (1926), p. 25; "행정의 기초": Joseph Conrad letter to Roger Casement, December 21, 1903, Conrad (1991), p. 271; "흡혈귀처럼 증식": Grogan (1990), p. 227; "진정한 지상의 지옥": Casement (1904), p. 110; "인명 살상": Morel (1968), p. 4.

1 "이루 말할 수 없이 풍부한 자원"

1. Darton Commodities (2022), pp. 7, 19; 그리고 United States Geological Survey (2022), p. 53 참조.

2. Pakenham (1992), p. 12.

3. World Bank (2020), p. 103.

4. 세스캄은 장인 채굴이 주로 콜탄, 금, 구리, 다이아몬드 광산에 집중되어 있던 1999년에 창설되었다. 이 기구는 2003년 광산부 내의 공식 정부 부처로 탈바꿈했고, 2010년부터는 카탕가주에서 구리 및 코발트 장인 채굴에 더 집중하기 시작했다. 2017년 4월에는 세마프로 개명하고 지방 정부와 협력해 구리 벨트의 장인 채굴을 감독하는 데 더 많은 예산과 권한을 부여했다.

5. Darton Commodities (2022), p. 14.

6. 같은 책, p. 45.

7. United States Geological Survey (2022), p. 53.

8. 출처: 1) International Energy Agency (2020). 2) "Electric cars fend off supply challenges to more than double global sales": https://www.iea.org/commentaries/electric-cars-fend-off-supply-challenges-to-more-than-double-global-sales?utm_source=SendGrid&utm_medium=Email&utm_campaign=IEA+newsletters.

9. 출처: "Battery pack prices fall to an average of $132/kWh, but rising commodity prices start to bite": https://about.bnef.com/blog/battery-pack-prices-fall-to-an-average-of-132-kwh-but-rising-commodity-prices-start-to-bite/.

10. LCO 배터리는 코발트 비율이 60퍼센트, L-NMC 배터리는 6~20퍼센트, L-NCA 배터리는 6~9퍼센트다.

11. L-NMC 배터리의 가장 일반적인 제형에는 NMC-111, NMC-532, NMC-622, NMC-811이 있는데, 여기서 숫자는 니켈·망간·코발트의 비율을 나타낸다. 또한 NCA-111, NCA-811, NCA-622 등 L-NCA 배터리에도 여러 가지 구성이 있는데, 숫자는 니켈·코발트·알루미늄의 비율을 나타낸다.

12. Morel (1968), p. 42.

2 "여기서 태어나지 않은 게 더 낫죠"

1. Livingstone (1858), p. 357.

2. Arnot (1889), pp. 238-239.

3. Pakenham (1992), pp. 400, 409-410.

4. Martelli (1962), p. 159.

5. 같은 책, p. 194.

6. 같은 책, p. 201.

7. Darton Commodities (2022), p. 9.

8. "Biggest African Bank Leak Shows Kabila Allies Looted Funds": https://www.bloomberg.com/news/features/2021-11-28/africa-s-biggest-data-leak-reveals-china-money-role-in-kabila-s-congo-looting.

9. 이러한 광물의 채굴 환경에 대한 우려에 따라, 2010년 '도드-프랭크 월스트리트 개혁 및 소비자 보호법(Dodd-Frank Wall Street Reform and Consumer Protection Act)'의 일부를 탄탈룸, 주석, 텅스텐, 금 등 '3TG 분쟁 광물' 문제를 해결하는 데 할애했다. 이 법의 1502조는 미국 상장 기업이 공급망을 감시하고 자사 제품에 민주콩고의 3TG 광물이 포함되어 있는지를 공개하도록 요구하고 있다. 포함될 경우, 해당 기업은 인권 침해를 가중시키지 않도록 대체 공급원을 물색하는 노력을 취해야 한다. 코발트 수요는 이 법 통과 당시 아직 많지 않아 포함되지 않았다.

10. 완전전뇌증(holoprosencephaly, 完全前腦症)은 배아 전뇌가 대뇌 반구의 이중엽으로 충분히 분열하지 못해 발생하는 장애로, 심각한 두개골 및 안면 결손이 발생한다. 이 경우 태아는 대부분 출생 전에 사망한다. 이두기형(agnathia otocephaly, 耳頭畸形)은 아기가 턱 없이 태어나 귀가 턱 밑에 합쳐지고 때로는 눈이 한쪽만 생

기는 치명적인 선천적 결함이다.

3 그 산의 비밀

1. Helmreich (1986), chs. 2, 4.
2. "이 수치에 아무런 역할도 하지 않는": Morel (1968), p. 37; "폭력에 의해 강행되는": 같은 책, p. 58.
3. Morel (1902), pp. 347-348.
4. Morel (1968), p. 96.
5. "China Cash Flowed Through Congo Bank to Former President's Cronies": https://www.bloomberg.com/news/features/2021-11-28/africa-s-biggest-data-leak-reveals-china-money-role-in-kabila-s-congo-looting.
6. "Biggest African Bank Leak Shows Kabila Allies Looted Funds": https://www.bloomberg.com/news/articles/2021-11-19/biggest-african-bank-leak-shows-ex-congo-president-s-allies-looted-state.

4 전 세계의 식민지

1. "침략과 노예 무역: 1482년~1884년"의 자료: Franklin (1985); Hochschild (1998); Jeal (2007); Livingstone (1858) and (1866); Meredith (2005); Nzongola-Ntalaja (2002); Pakenham (1992); Stanley (1862) and (1878).
"식민화: 1885년~1960년"의 자료: Casement (1904); CRISP (1961); Hochschild (1998); Inglis (1973); Karl (1983); Meredith (2005); Stanley (1885); Vanthemsche (2018); Van Lierde (1972); Van Reybrouk (2014).
"희망의 탄생과 파괴: 1958년~1961년 1월"의 자료: CRISP (1961); Nzongola-Ntalaja (2002); Van Lierde (1972); Van Reybrouk (2014); Young (1965). 이 부분의 파트리스 루뭄바 암살과 관련한 세부 사항은 De Witte (2003)에서 가져왔다.
"지상의 지옥: 1961년 2월~2022년"의 자료: Kelley (1993); Martelli (1962); Meredith (2005); Nzongola-Ntalaja (2002); Stearns (2011); Vanthemsche(2018);

Van Reybrouk (2014); and Young (1965).

2. 노예 상인들은 1872년 버니 로벳 캐머런("진취적인 자본가들"을 기다리는 "이루 말할 수 없이 풍요로운 자원"에 관해 글을 쓴 저자)이 루알라바에서 냥웨를 지나가는 것도 차단했다.

3. 인권을 위한 케이스먼트의 탁월한 업적에도 불구하고 그의 일생은 비극으로 마무리된다. 제1차 세계대전 중에 그는 아일랜드의 자유를 위한 부활절 봉기를 지지했다. 이에 난해한 반역죄 규정에 의해 기소되어 교수형을 선고받았다. 우드로 윌슨, 캔터베리 대주교, 오스카 와일드, 아서 코넌 도일, 조지프 콘래드 등의 인사들이 그의 형 집행 취소를 촉구했다. 이에 대응해 검찰은 케이스먼트가 동성애자임을 드러내는 일기를 조작했다. 영국에서 동성애는 치명적인 죄였고, 여론은 케이스먼트에게 등을 돌렸다. 그는 1916년 8월 3일 51세의 나이에 펜턴빌 교도소(Pentonville Prison)에서 교수형에 처해졌다.

4. Van Lierde (1972), pp. 220-224.

5. De Witte (2003), p. 16.

5 "안 파면 못 먹어요"

1. Darton Commodities (2022), p. 9.

2. "Chinese Company Removed as Operator of Cobalt Mine in Congo": https://www.nytimes.com/2022/02/28/world/congo-cobalt-mining-china.html

3. 출처: "Glencore Full Year 2018 Production Report," p. 10: https://www.glencore.com/dam/jcr:3c1bb66d-e4f8-43f8-9664-b4541396c297/GLEN_2018-Q4_ProductionReport-.pdf.

4. 1) "Subpoena from United States Department of Justice": https://www.glencore.com/media-and-insights/news/Subpoena-from-United-States-Department-of-Justice; 2) "Investigation by the Serious Fraud Office": https://www.glencore.com/media-and-insights/news/investigation-by-the-serious-fraud-office; 3) "Investigation by the Office of the Attorney General of Switzerland": https://www.glencore.com/media-and-insights/news/investigation-by-the-office-of-

the-attorney-general-of-switzerland 참조.

5. "Panorama questions over Glencore mines": https://www.bbc.com/news/17702487.

6. 국제노동기구(ILO) 협약 제29항 제2(1)조는 강제 노동을 "어떤 사람으로부터 처벌하겠다는 협박을 받고, 당사자가 자발적으로 제공하지 않은 모든 노동이나 서비스"로 정의한다.

6 "우리는 우리 무덤에서 일하고 있소"

1. 출처: "Glencore Full Year 2021 Production Report," p. 11: https://www.glencore.com/dam/jcr:90d4d8f9-a85e-42ec-ad8a-b75b657f55d2/GLEN_2021-full-year_ProductionReport.pdf.

2. "Lualaba: Richard Muyej destitué de ses fonctions": https://cas-info.ca/2021/09/lualaba-richard-muyej-destitue-de-ses-fonctions/.

3. 출처: https://budget.gouv.cd/wp-content/uploads/budget2021/plf2021/doc1_expose_des_motifs_projet_de_loi-de_finances%202021%20et%20ses%20annexes.pdf.

4. "Announcement Regarding Fatalities of Illegal Artisanal Miners at KCC": https://www.glencore.com/media-and-insights/news/announcement-regarding-fatalities-of-illegal-artisanal-miners-at-kcc.

5. "The Terrorists' Treasury: How a Bank Linked to Congo's President Enabled Hezbollah Financiers to Bust U.S. Sanctions" October 2017: https://cdn.thesentry.org/wp-content/uploads/2016/09/TerroristsTreasury_TheSentry_October2017_final.pdf.

6. Darton Commodities (2022), p. 9.

7. 같은 책.

에필로그

1. "Lualaba: l'inauguration du Centre de négoce de Musompo en août 2020 va mettre fin aux comptoirs clandestins des minerais": https://deskeco. com/2020/07/13/lualaba-linauguration-du-centre-de-negoce-de-musompo-en-aout-2020-va-mettre-fin-aux-comptoirs; "Lualaba: Richard Muyej déterminé à réformer le secteur de l'artisanant minier": https://editeur.cd/newsdetails.php? newsid=41&cat=2&refid=4QZT2VjNt53E8eSIB7yUcvsYHFa0lzCdbMwnKoq9Gm JWuifDPRxgp61hOkLrXA 참조.

2. Van Lierde (1972), pp. 421-422.

참고문헌

———

Arnot, Frederick Stanley. (1889). *Garenganze or Seven Years' Pioneer Mission Work in Central Africa*. James E. Hawkins. London.

Cameron, Verney Lovett. (1877). *Across Africa*, 2 vols. Harper & Brothers Publishers. New York.

Casement, Roger. (1904). *The Casement Report*, in Peter Singleton-Gates and Maurice Girodias, *The Black Diaries: An Account of Roger Casement's Life and Times with a Collection of his Diaries and Public Writings* (New York: Grove Press, 1959), pp. 98-190.

Centre de Recherche et d'Information Socio-Politiques (CRISP). (1961). *Documents Belges et Africains*. Brussels.

Conrad, Joseph. (1991). *Heart of Darkness: An Authoritative Text, Background and Sources, Criticism*. Ed. Robert Kimbrough. Norton Critical Edition, 4th ed. W. W. Norton & Co. New York.

____. (1926). *The Last Essays*. J. M. Dent & Sons. London.

Darton Commodities. "Cobalt Market Review 2022." https://www.dartoncommod ities.co.uk/market-research/.

De Witte, Ludo. (2003). *The Assassination of Lumumba*. Verso Books. Brooklyn,

NY.

Franklin, John Hope. (1985). *George Washington Williams: A Biography.* University of Chicago Press. Chicago.

Grogan, Ewart S. (1900). *From the Cape to Cairo.* Hurst & Blackett. London.

Helmreich, Jonathan. (1986). *Gathering Rare Ores: The Diplomacy of Uranium Acquisition, 1943-1954.* Princeton University Press. Princeton, NJ.

Hitzman, M. W., A. A. Bookstrom, J. F. Slack, and M. L. Zientek. (2017). *Cobalt— Styles of Deposits and the Search for Primary Deposits.* U.S. Geological Survey Open-File Report 2017-1155. https://doi.org/10.3133/ofr20171155.

Hochschild, Adam. (2006). *Bury the Chains.* Houghton Mifflin. New York.

____. (1998). *King Leopold's Ghost.* Houghton Mifflin. New York.

Inglis, Brian. (1973). *Roger Casement.* Hodder and Stoughton. London.

International Energy Agency. (2020). "Global EV Outlook 2020." Paris.

Jeal, Tim. (2007). *Stanley: The Impossible Life of Africa's Greatest Explorer.* Yale University Press. New Haven, CT.

Karl, Frederick, and Laurence Davies, eds. (1983). *The Collected Letters of Joseph Conrad.* Vols. I, II, III. Cambridge University Press. Cambridge.

Kelley, Sean. (1993). *America's Tyrant: The CIA and Mobutu of Zaire.* American University Press. Washington, D.C.

Livingstone, David. (1858). *Missionary Travels and Researches in South Africa: Including a Sketch of Sixteen Years' Residence in the Interior of Africa.* Harper & Brothers Publishers. New York.

Livingstone, David, and Charles Livingstone. (1866). *Narrative of an Expedition to the Zambesi and Its Tributaries; and of the Discovery of the Lakes Shirwa and Nyassa.* Harper & Brothers Publishers. New York.

Martelli, George. (1962). *Leopold to Lumumba: A History of the Belgian Congo 1877-1960.* Chapman and Hall. London.

Meredith, Martin. (2005). *The Fate of Africa: A History of the Continent Since Independence.* Public Affairs. New York.

Morel, E. D. (1902). Affairs of West Africa. William Heinemann. London.

____. (1968). E. D. Morel's History of the Congo Reform Movement. Eds. William Roger Louis and Jean Stengers. Clarendon Press. Oxford.

Nzongola-Ntalaja, Georges. (2002). The Congo: From Léopold to Kabila: A People's History. Zed Books. London.

Pakenham, Thomas. (1992). The Scramble for Africa. HarperCollins. New York.

Stanley, Henry M. (1885). The Congo and the Founding of Its Free State: A Story of Work and Exploration, 2 vols. Harper & Brothers. New York.

____. (1872). How I Found Livingstone; Travels, Adventures and Discoveries in Central Africa; Including Four Months' Residence with Dr. Livingstone. Sampson Low, Marston, Low, and Searle. London.

____. (1878). Through the Dark Continent; or The Sources of the Nile Around the Great Lakes of Equatorial Africa and Down the Livingstone River to the Atlantic Ocean, 2 vols. Reprinted by Dover Publications. New York.

Stearns, Jason K. (2011). Dancing in the Glory of Monsters. Public Affairs. New York.

United States Geological Survey. (2022). "Mineral Commodities Summary 2022." USGS. Reston, VA.

Vanthemsche, Guy. (2018). Belgium and the Congo: 1885-1980. Cambridge University Press. Cambridge.

Van Lierde, Jean, ed. (1972). Lumumba Speaks: The Speeches and Writings of Patrice Lumumba, 1968-1961. Little, Brown & Co. Boston.

Van Reybrouk, David. (2014). Congo: The Epic History of a People. HarperCollins. New York.

World Bank. (2020). "Minerals for Climate Action: The Mineral Intensity of the Clean Energy Transition." Washington, D.C.

Young, Crawford. (1965). Politics in the Congo: Decolonization and Independence. Princeton University Press. Princeton, NJ.

찾아보기